Andreas Thiel

Wege am Limes

Andreas Thiel

Wege am Limes

55 Ausflüge in die Römerzeit

THEISS

Bibliografische Information Der Deutschen Bibliothek
Die Deutsche Bibliothek verzeichnet diese Publikation in der
Deutschen Nationalbibliografie; detaillierte bibliografische Daten
sind im Internet über http://dnb.ddb.de abrufbar.

Umschlaggestaltung: Neil McBeath, Stuttgart, unter Verwendung
von Abbildungen aus dem Bildarchiv Scala, Florenz (Detail aus dem Sockel
der Antoninus-Pius-Säule, Rom, Vatikan), von Jürgen Wackenhut,
Bad Herrenalb (Kastell Welzheim, Baden-Württemberg), sowie aus dem Band
(S. 24, 78, 86, 97, 127)

Kartografie: Peter Palm, Berlin

© Konrad Theiss Verlag GmbH, Stuttgart 2005
Alle Rechte vorbehalten
Lektorat: Alexandra Stickel, Stuttgart
Satz und Gestaltung: DOPPELPUNKT Auch & Grätzbach GbR, Leonberg
Druck und Bindung: Druckhaus Beltz, Hemsbach
ISBN 3-8062-1946-X

Inhalt

Mehr als nur eine Grenze

Der Limes hat viele Gesichter. Ruinen eines Turmes oder eines Kastells zwischen hohen Bäumen bedienen alle romantischen Klischees, die wir seit den ersten Schilderungen römischer Historiker erwarten: ein einsamer Außenposten des mächtigen Römischen Reiches irgendwo in dunklen germanischen Wäldern. Hier scheint tatsächlich seit 1800 Jahren die Zeit stehen geblieben zu sein. Aber es gibt auch den viel befahrenen Straßenzug, der schnurgerade durch die Landschaft führt, und erst tief unter dem Asphalt liegen die letzten Steine der ehemaligen Grenzmauer, die dem modernen Verkehrsweg ein stabiles Fundament geben. Oder die Häuserzeilen eines mittelalterlichen Ortskerns gliedern sich bei näherer Betrachtung in ein rechtwinkliges Muster,

das dem Grundriss eines Limeskastells entspricht, auf dem die heutige Siedlung im wahrsten Sinn des Wortes aufbaut. Und häufig genug stehen wir allein auf weiter Flur, und dem bloßen Auge bietet sich kein Anhaltspunkt dafür, dass wir uns mitten im Zentrum eines Militärlagers befinden, in dem einstmals 500 schwer bewaffnete Reiter auf ihren Einsatzbefehl warteten …

Vielleicht ist es ein Glück für uns heutige Besucher, dass die Denkmale entlang der einstigen Außengrenze Roms gegen seine germanischen Nachbarn im Lauf der Jahrhunderte so manche Veränderung über sich ergehen lassen mussten, und dass wir so an vielen Orten unsere Fantasie benötigen, um uns unser Bild von der Geschichte zu machen. Allzu gleichförmig und monoton wä-

Der erste Eindruck
vom Römischen Reich:
Palisade und Wacht-
turm bei Großerlach-
Grab.

ren sonst die aus dem Militärhandbuch heraus geplanten, standardisierten und ohne die Möglichkeit zur freien Gestaltung ausgeführten Limesbauten. Man stelle sich nur vor, einen 330 km langen Graben abzuwandern, der überall gleich breit ist, an seiner tiefsten Stelle stets spitz zuläuft und oft genug völlig gerade durch die Landschaft zieht, oder aber mehrere Stunden einer Steinmauer zu folgen, die zumindest einseitig den Blick verwehrt. Links und rechts unseres Weges gäbe es vermutlich außer Grasland, Büschen und jungen Bäumen nur wenig zu sehen. Auch das Erklimmen der Limestürme für eine bessere Übersicht würde an Attraktivität verlieren, lange bevor man den neunhundertsten und damit letzten erreicht hat, wenn jeder Turm nur Aussicht auf seine beiden Nachbarn böte. Und selbst bei einem Besuch der Kastelle kämen wir uns vermutlich eher vor wie in einem heutigen Discount-Supermarkt, nur statt der Waren in den Regalen fänden wir überall an gleicher Position die gleichen Gebäude: vor dem Tor die Gräben, dann die Wehrmauer, nach dem Eingang zu beiden Seiten zunächst Baracken, dann rechts Getreidespeicher, in der Mitte

das Stabsgebäude, links das Wohnhaus des Kommandanten, dahinter weitere Baracken, dazu noch alles sehr dicht gedrängt und rein funktional gebaut. – Natürlich ist diese Darstellung bewusst übertrieben. Aber wenn uns heute ein Platz besonders anspricht oder wir im Gegenteil nur wenig mit ihm anfangen können, der Besuch kein Erlebnis ist, dann liegt das selten genug an den Römern, sondern vielmehr an dem Schicksal der jeweiligen Stätte in den Jahrhunderten nach dem Ende des Limes.

Wie viel des antiken Originals ist noch sichtbar? Ist die Umgebung so, wie wir sie uns für die Antike vorstellen? Sprechen uns die Hinweistafeln an? Bei einer solchen Betrachtung zerfällt der Limes in einzelne Objekte oder kleine Abschnitte, in solche Orte, an denen etwas zu sehen ist, und solche, die man nicht besuchen muss. Doch für den Zeitgenossen bot der Limes ein sehr einheitliches Bild. Warum sollte er auch abwechslungsreich gestaltet sein? Es handelte sich schließlich um ein militärisches Bauwerk, das überall dieselbe Funktion erfüllen musste, und zwar lückenlos, da sonst die ganze Konstruktion sinnlos gewesen wäre.

Die Reichs-Limeskommission und die Einteilung der Limesstrecken

„Solange die Zufälligkeiten hier walten, solange man nur gräbt, wo zufällig Dilettanten und Geld sich dafür bereit finden, und an anderen Stellen, wo es viel nötiger und aussichtsvoll wäre, die Zerstörungsarbeit ihren stillen Gang unaufhaltsam weitergeht, solange bleibt diese Aufgabe der deutschen Geschichtsforschung ungelöst, und diese am wenigsten können wir späteren Generationen vermachen."

Mit Appellen wie diesem warb der spätere Literatur-Nobelpreisträger Theodor Mommsen (1813–1903) unermüdlich für eine systematische Erforschung des Limes in Deutschland. Ihm war bewusst, dass mit dem fortschreitenden Schwund der erhaltenen Überreste auch große Chancen vergeben wurden, die römische Geschichte Deutschlands zu erhellen. Endlich – nach zehn Jahren Vorbereitungszeit – gelang es 1892 in Heidelberg, die Reichs-Limeskommission zu gründen.

Sie bestand aus insgesamt 15 führenden Altertumsforschern, die durchweg ehrenamtlich tätig waren. Zwei „Limesdirigenten" leiteten die täglichen Geschäfte. Als „Streckenkommissare" führten engagierte Laien mit Erfahrungen in der praktischen Archäologie die Ausgrabungen gegen Aufwandsentschädigung durch. Anhand ihrer Beschreibungen publizierte bis 1937 der Freiburger Universitätsprofessor Ernst Fabricius (1857–1942) in über 100 Bänden mit 4500 Seiten das Gesamtwerk „Der obergermanisch-raetische Limes des Roemerreiches". Dieses mustergültige Inventar bildet bis heute die Grundlage für die Limesforschung und sicherte ihr lange einen Spitzenplatz innerhalb der archäologischen Wissenschaft.

Auch die Einteilung der 550 km langen Limeslinie in 15 Strecken geht auf die Arbeitsstruktur der

Als Archäologie noch echte Spatenforschung war: Ausgrabungen der Reichs-Limeskommission in Ober-Florstadt.

Reichs-Limeskommission zurück. Ausgehend von den damaligen fünf einzelnen Bundesstaaten unterteilte man den Limes in fünf „Sectionen" zu je drei „Strecken" und zählte diese von West nach Ost fortlaufend durch. Strecke 1 umfasst so den Limesabschnitt vom Rhein bis an die Lahn, Strecke 2 den anschließenden Abschnitt von der Lahn bis zur Ahr, usw. Die letzte, 15. Strecke reicht von der Altmühl bis an die Donau. Für eine rasche und unverwechselbare Übersicht über die

rund 900 einzelnen Wachtturmstellen behielt man dieses System bei. Innerhalb jeder Strecke sind die Türme ebenfalls von West nach Ost durchnummeriert, beginnend mit dem „Wacht-posten WP 1/1", dem ersten Turm an Strecke 1, bis zu WP 15/47 an der Donau. Turmstellen, die später im Verlauf detaillierter Untersuchungen neu entdeckt wurden, wurden mit einem „a" bezeichnet, wie dies etwa auch bei Hausnummern bekannt ist.

Und vermutlich ist es genau das, was wir heute bei noch so vielen Besuchen nicht mehr erleben können, und was wir auch bei allem Bemühen der Denkmalpfleger niemals wieder herstellen können: Die Erfahrung, dass der Limes ein einziges, zusammenhängendes Bauwerk ist, das größte archäologische Denkmal Deutschlands und sicher auch das bekannteste!

Unter den Limesforschern dauerte es lange, bis Klarheit darüber bestand, wo und warum die Römer einst diese künstliche Linie quer durch das Land gezogen hatten. Mit dem Erwachen des wissenschaftlichen Interesses an der Vergangenheit während des Humanismus suchte man zunächst nach römischen Funden, insbesondere nach Inschriften. Doch schon wenig später erwuchs daraus die Frage, „wie weit der Römer Macht in die deutschen Lande eingedrungen" war. Männer wie Johann Alexander Döderlein aus Weißenburg oder Ernst Christian Hanßelmann aus Öhringen bestimmten im 18. Jh. mit Erfolg den Verlauf von „Pfahl" und „Teufelsmauer". Es war die Geburt der systematischen Limesforschung. Dennoch dauerte es noch rund 100 Jahre, bis sich allgemein die Erkenntnis durchgesetzt hatte, dass der Obergermanisch-Raetische Limes eine überwachte Grenzlinie darstellte und keine Militärstraße oder ein Verteidigungs-Bollwerk. In Wilhelminischer Zeit, in der Archäologen Ausgrabungen an vielen Stätten des klassischen Altertums rund um das

Mittelmeer begannen, wurde die Limesforschung in Deutschland zu einer „nationalen Aufgabe". Die Reichs-Limeskommission versammelte ab 1892 für ihre Arbeit führende Köpfe der deutschen Altertumskunde. Auf intensive Förderung Theodor Mommsens, der unermüdlich für „die Aufnahme der noch vorhandenen Reste dieser großartigen Fortifikation" warb, untersuchte man überall Details der Grenzlinie und nahezu alle ihre Kastelle. Noch immer profitieren wir von den damaligen Ergebnissen, die bis 1937 im „Limeswerk" umfassend publiziert wurden (s. o.). Bis heute blieb die Limesforschung Aufgabenfeld staatlicher Stellen wie der Universitäten, Museen, Landesämter für Denkmalpflege oder des Deutschen Archäologischen Institutes. Verfeinerte Ausgrabungstechniken und der Einsatz naturwissenschaftlicher Methoden liefern beständig neue Erkenntnisse. Luftbildarchäologie und geophysikalische Messungen erlauben mittlerweile Einblicke in das Erdreich, ohne den gerne zitierten „Spaten" einzusetzen. Die sog. Dendrochronologie, die statistische Analyse der Jahresringe, macht es möglich, das Fälldatum von Bäumen und damit die Errichtung von Holzbauten auf das Jahr genau zu datieren. Archäozoologen und Archäobotaniker rekonstruieren Umweltbedingungen und Ernährung der Limeszeit, Anthropologen enträtseln die Lebensbedingungen der Limesbewohner. Doch Grundlage aller Bemühungen und Ausgang jeder Beschäftigung mit dem Limes bleiben die Überreste der antiken Grenze selbst. Die heute noch im Gelände sichtbaren Kastelle, Türme und Sperranlagen sind nur ein kleiner Teil der ehemaligen Befestigungen. Das meiste liegt verborgen im Erdreich und lässt sich nur durch Ausgrabungen oder mithilfe moderner Untersuchungsmethoden erkennen. Etwa zehn Prozent aller Limesanlagen sind vollkommen und unwiederbringlich zerstört, viele Orte wurden in den vergangenen 250 Jahren bei Ausgrabungen erforscht, doch noch immer liegt der Schlüssel zu einer der interessantesten Epochen unserer Geschichte irgendwo da draußen.

Die Beziehungen zwischen Rom und seinen nördlichen Nachbarn in Mitteleuropa waren vielschichtig. Nur sehr selten, dann jedoch meist mit dramatischen Folgen, hatten es „die Römer" mit „den Germanen" als geschlossener Gruppe zu tun. In der Regel traf man separate Abkommen bzw. führte regional begrenzte Kriege mit einzelnen Verbänden, die man vielleicht als Stämme bezeichnen darf. Der um 160 n. Chr. angelegte Obergermanisch-Raetische Limes stellt die jüngste und am weitesten vorgeschobene dauerhafte Grenzlinie in Germanien dar. Ihr ging bereits eine knapp 90 Jahre andauernde Besetzung des Landes voraus, in deren Verlauf das römische Herrschaftsgebiet rechts des Rheins und nördlich der Donau schrittweise ausgedehnt wurde. Mit einer Ausnahme hören wir während dieser Okkupationsphase von keinen größeren militärischen Auseinandersetzungen. Zumindest im heutigen Südhessen, Baden-Württemberg und Bayern war das Land vor Ankunft der Römer siedlungsleer, die keltischen Ureinwohner lange zuvor abgewandert. Lediglich die nordhessischen Chatten wehrten sich in zwei Kriegen erfolglos gegen ihre neuen Nachbarn. Mit dem Friedensschluss im Jahr 89 n. Chr. und der Einrichtung der Provinz Obergermanien *(Germania superior)* wurde nördlich des Mains auch der Limes zu einer dauerhaf-

ten Einrichtung. Da dort die römische Okkupationslinie keinem geeigneten Flusslauf folgen konnte und andere natürliche Landmarken ebenfalls nur partiell geeignet waren, wurde eine künstliche Grenzlinie gezogen. Bereits ab dem ausgehenden 1. Jh. n. Chr. stand damit der Limesverlauf im nördlichen Grenzabschnitt in Westerwald, Taunus und Wetterau weitgehend fest. Kaiser Hadrian ordnete 120 n. Chr. den Bau kontinuierlich fortlaufender Sperranlagen, der Palisaden, an. Der Limes wurde nun auch optisch zu einem festen Bestandteil der Landschaft. Im heutigen Baden-Württemberg und im westlichen Mittelfranken wurde die jüngste Limeslinie erst um 160 n. Chr. errichtet. Hier vergrößerte Kaiser Antoninus Pius das Provinzgebiet durch die Vorver-

Römertage in Aalen: Geschichte zum Anfassen.

legung des Odenwald-Neckarlimes noch ein letztes Mal. Kastellplätze und Sperranlagen des Vorderen Obergermanischen, aber auch des Raetischen Limes westlich des Hesselbergs stammen aus dem Ende seiner Regierungszeit. Zuvor hatte im Südwesten offenbar keine Notwendigkeit bestanden, die Sicherung des Provinzgebietes in Form einer militärisch kontrollierten Grenzzone durch die Einrichtung einer starren Linie zu verstärken. Der Vordere Raetische Limes traf nun weiter östlich auf die bereits zuvor von der Donau aus bis in den Raum von Weißenburg vorgeschobenen Kastellplätze. Mit diesem Grenzverlauf zwischen Rhein und Donau erreichten die Römer verschiedene Ziele: Im Norden sicherte sie die landwirtschaftlich fruchtbaren Gebiete der Rhein-Main-Region und der Wetterau, im Südwesten die kürzeste Verbindungsroute zwischen den Provinzhauptstädten Mainz *(Mogontiacum)* und Augsburg *(Augusta Vindelicum)* und im Südosten wiederum die Kornkammer des Nördlinger Rieses.

Der ersten Bauphase, in der die Grenzanlagen weitgehend aus Holz gefertigt waren, folgte noch im ausgehenden 2. Jh. ein allgemeiner Ausbau und eine Verstärkung. Die blutigen Kriege gegen

die Markomannen an der Mittleren Donau (167–175 n. Chr. und 178–180 n. Chr.) und nachfolgende Unruhen, an denen wiederum die Chatten beteiligt waren, wirkten sich auch auf das obergermanisch-raetische Limesgebiet aus. Im Rahmen der Aufräumarbeiten beseitigte das römische Militär gleichzeitig Schwachstellen im Verteidigungssystem. Möglicherweise wurden nun in Obergermanien Graben und Wall angelegt bzw. die Raetische Mauer errichtet. Jedenfalls kehrte am Limes wieder Ruhe ein, bis Kaiser Caracalla im Jahr 213 n. Chr. von Raetien aus einen Feldzug gegen die Germanen unternahm. Wie erfolgreich er damit letztendlich war, wissen wir nicht. Festzustellen ist, dass wir erst 20 Jahre später wieder von Kämpfen an der Grenze hören. Nun allerdings in einem bis dahin noch nicht gekannten Ausmaß. Offenbar mehrmals und an unterschiedlichen Stellen überwanden germanische Heere den Limes und verwüsteten das Hinterland der Provinzen. Danach scheinen Reparaturen an den Grenzanlagen nur noch provisorisch durchgeführt worden zu sein. Bald nach der Mitte des 3. Jh. musste Rom den Limes ganz aufgeben. Schuld war das Zusammenspiel verschiedener, einander ergän-

Ein antikes Bilderbuch zur römischen Armee: Die Trajanssäule in Rom aus dem Jahr 113 n. Chr.

Entlang des Limes bestanden rund 60 große Kastellanlagen mit bis zu 1000 Soldaten.

Kleinkastelle sicherten Limesübergänge und kontrollierten den Grenzverkehr.

zender Ursachen. Einerseits nahm der Druck der in das Reichsgebiet drängenden Germanen zu, da offenbar auch das bisher bewährte diplomatische System der Grenzsicherung durch Verträge zusammenbrach. Gleichzeitig waren für Feldzüge im Osten des Reiches viele Soldaten von der Grenze abgezogen worden. Andererseits befand sich das Reich in dieser Zeit in einem blutigen Bürgerkrieg, dessen Frontlinie auch quer durch die Grenzprovinzen Obergermanien und Raetien verlief. In dieser für ihn, wie für das gesamte Reich, äußerst bedrohlichen Situation hatte Kaiser Gallienus andere Probleme, als sich um den Schutz der Limesregion zu sorgen. Nach insgesamt nur 100 Jahren bestand die äußerste Grenzlinie nicht mehr. Für Rom endete eine Episode, für das römische Germanien eine Epoche.

Was müssen wir uns nun unter dem Limes konkret vorstellen? Da sind zunächst die Sperranlagen selbst, die im Einzelnen recht willkürlich zu verlaufen scheinen: auf den Höhenrücken von Westerwald und Taunus dem Gelände angepasst, im Schwäbisch-Fränkischen Wald und in vielen Abschnitten Raetiens schnurgerade ohne jegliche Rücksicht auf naturräumliche Gegebenheiten. Beide Methoden setzen gute Geländekenntnis bzw. eine genaue Kartierung im Vorfeld der Baumaßnahme voraus. Ursprünglich durch einen 2,5–3 m hohen Palisadenzaun gesichert, wurde am Obergermanischen Limes ein Graben ausgehoben und mit dem Aushub ein Wall dahinter aufgeschüttet. Der Spitzgraben hatte eine Tiefe von ca. 2 m, der Erdwall wird entsprechend hoch gewesen sein. Dahinter ist ein Patrouillenweg nachzuweisen, der die Wachttürme miteinander verband. In der Forschung wird zurzeit diskutiert, ob die Palisade gleichzeitig zu Wall und Graben noch Bestand hatte.

In Raetien bestand die letzte Phase aus einer 1,2 m starken Mauer. Zwar hat sich an keiner Stelle die Mauer in Originalhöhe erhalten, doch ist aufgrund der teilweise mächtigen Steinriegel eine

Höhe von etwa 3 m zu rekonstruieren. Auch hier begleitet ein Patrouillenweg den Mauerverlauf. Offenbar spielte die Geologie eine entscheidende Rolle bei der Entscheidung, die Sperranlagen in Form einer Mauer auszuführen. In weiten Teilen Raetiens steht dicht unter der Oberfläche Kalkstein an, was einerseits das Ausheben eines tiefen Grabens erschwerte, andererseits aber direkt vor Ort Baumaterial zur Verfügung stellte. Gleichsam als Nebeneffekt erhielt man ein beeindruckendes Bauwerk, das bis heute im Volksmund als „Teufelsmauer" bekannt ist. Alle Baumaßnahmen führten die am Limes liegenden Truppen durch, häufig jedoch mit technischer Unterstützung der Legionen.

Mit dem Bau des Limes sollte eine Demarkationslinie geschaffen und gekennzeichnet werden, die den Geltungsbereich der römischen Ordnung anzeigte. Die Präsenz von Militäreinheiten in regelhaften Abständen diente zur Abschreckung derjenigen, die sich den Regeln Roms nicht unterwerfen wollten. Über 60 große und ebenso viele kleine Kastelle kennen wir am Limes. Dennoch reichten ihre Truppen lediglich aus, um Einzelne und kleinere Räuberbanden aufzuhalten. Zur Abwehr eines Kriegzuges der Germanen jenseits des Limes waren die Kastelle jedoch nicht gebaut worden. Sie befanden sich zwar oft an Stellen, an denen Straßen die Grenze querten, waren aber ebenso wie die Sperranlagen selbst keine Verteidigungs-Bollwerke, mit denen feindliche Heere aufgehalten werden sollten. Die an den zahlreichen Übergängen postierten Soldaten kontrollierten den Grenzverkehr, das Überschreiten des Limes war jedoch möglich, denn die Grenze war offen.

Es führen viele Wege an die ehemaligen Grenzen des Römischen Imperiums. Einige scheinen ausgetreten und bieten für den interessierten Besucher vielleicht wenig Neues: das nahe gelegene Museum, in das man schon als Schulkind nur gelangweilt ging, der wieder aufgebaute Wachtturm

Der Obergermanische Limes in seiner letzten Ausbauphase mit Steintürmen, Wall, Graben und Palisade.

Am Raetischen Limes wurden die Türme mit einer durchgehenden Steinmauer verbunden.

Er rückte die Grenze der Germanen das letzte Mal vor: Kaiser Antoninus Pius vor dem Portal der Saalburg.

mit der angrenzenden, altbekannten Grillstelle. Einzelne Wege scheinen auch nirgendwohin zu führen, denn an ihrem Ende wartet keine Sensation, kein Superlativ wie das älteste, größte, oder besterhaltene römische Kastellbad, sondern nur eine schwer erkennbare Bodenwelle oder eine leichte Erhebung im Waldboden. Die Auswahl der nachfolgend zusammengestellten Objekte war sicher sehr subjektiv und wird nicht von jedem geteilt werden. Selbstverständlich fehlt keiner der bekannten „Klassiker", wie etwa die Saalburg mit ihren Nachbauten, die selbst bereits wieder zu Denkmalen geworden sind, das Limesmuseum in Aalen, dessen mittlerweile dritte bauliche Ergänzung den Um- und Ausbauphasen eines römischen Militärlagers gerecht werden könnte, oder die Weißenburger Therme in ihrer architektonisch

so gut gelungenen Präsentation. Für ein vollständiges Bild erscheint es jedoch notwendig, nicht nur die „Highlights" aneinander zu reihen, sondern ein möglichst breites Spektrum dessen anzuführen, was den Limes ausmacht. Das Buch ist aber auch kein Handbuch zur Geschichte und den Denkmalen des Limes. Für eine vollständige Wiedergabe der „harten" Fakten zu den einzelnen Plätzen sei besser auf die einschlägigen Museen oder die jeweiligen Hinweistafeln im Gelände verwiesen. Angestrebt war weniger eine Nacherzählung des gesamten Wissens um die einzelnen Orte, als die vertiefende Darstellung einzelner besonders interessanter Aspekte. Die nachfolgenden Seiten sollen vor allem Lust machen, selbst an den Limes zu fahren. Einen Besuch vor Ort können sie jedoch nicht ersetzen.

Westerwald und Taunus

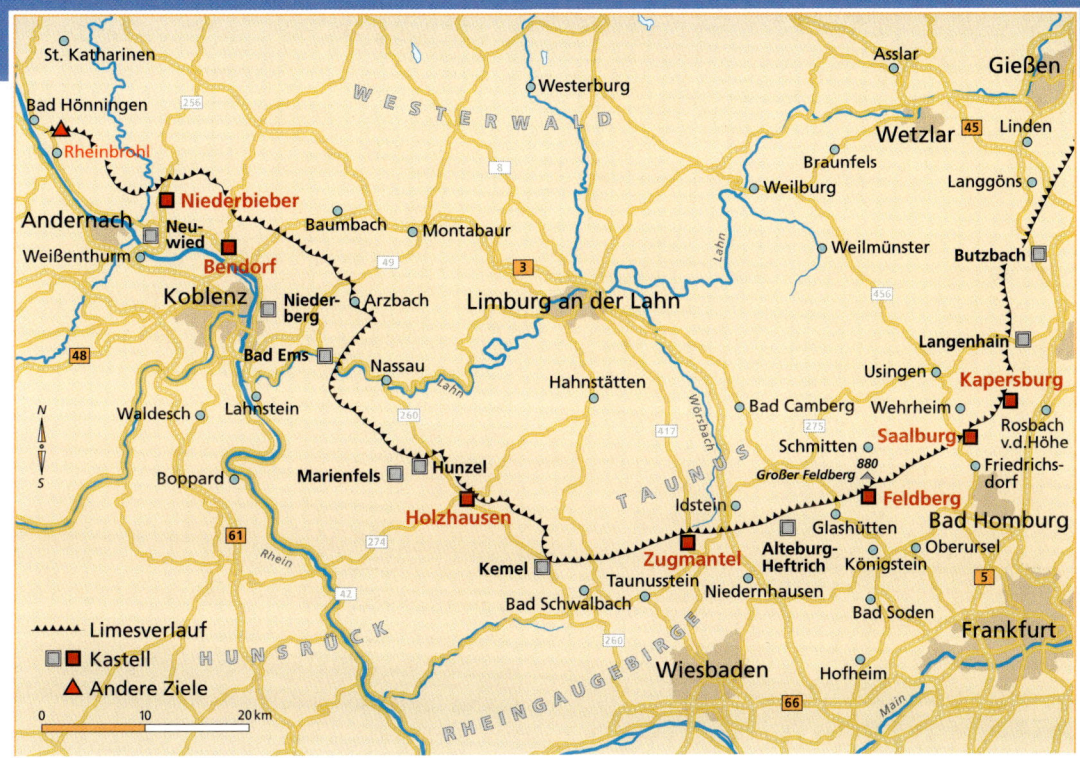

Rund 25 km nordwestlich von Koblenz beginnt der Obergermanische Limes auf dem rechten Rheinufer am sog. *„Caput limitis"*. Der Verlauf der römischen Grenze über die südlichen Randhöhen des Westerwaldes und über die Höhen des Taunus blieb während der gesamten Limeszeit stets derselbe. Die dortigen Kastelle, Türme und Sperranlagen wurden zwar erneuert, umgebaut und manchmal auch verlegt, am eigentlichen Grenzverlauf änderte sich jedoch zwischen dem ausgehenden 1. Jh. und der Mitte des 3. Jh. nichts.

Der Limes folgt zunächst dem Rand des Rheintales, schließt dann das Neuwieder Becken ein, überquert bei Bad Ems die Lahn und durchzieht anschließend die nördlichen Ausläufer des Taunus. Auf der Höhe von Bad Schwalbach, nord-

westlich von Wiesbaden, wendet sich sein Verlauf entlang des Taunuskammes nach Osten. Erst am nordöstlichen Taunusrand biegt der Pfahlgraben ab und beginnt, in einem weit nach Norden ausholenden Bogen, die fruchtbare Ebene der Wetterau einzuschließen.

Eine Vielzahl bekannter Limes-Durchgänge und die Lage der meisten Kastellplätze an natürlichen Verkehrswegen lassen auf einen kontrollierten Grenzverkehr zwischen der Rheintalebene und Siedlungsgebieten außerhalb des Limes schließen. Insbesondere die im Lahntal und im Usinger Becken sesshaften Germanengruppen scheinen über viele Generationen hinweg intensive und friedliche Kontakte mit den römischen Provinzen gepflegt zu haben.

RHEINBROHL
Am Beginn des Limes

Die Frage, wo der Anfang des Limes lag und wo sein Ende, ist ein Streit um des Kaisers Bart. Ob die Grenze am Rhein begann und an der Donau endete oder umgekehrt, war für einen Zeitgenossen im 900 km entfernten Rom bedeutungslos, ja vermutlich blickte auch die in den Provinzen lebende Bevölkerung nie auf den Limes als Ganzes, sondern jeweils nur auf den ihr nächstgelegenen Grenzabschnitt. Selbst ein antiker Reisender wird kaum auf den Gedanken gekommen sein, die Kastelle, Wachttürme und Sperranlagen der Reihe nach zu besuchen. Sein Weg führte ihn entweder auf direktem Weg über den Limes, oder er vermied es ganz, sich dem Grenzland zu nähern, wo das Leben noch ein wenig rauer war, als in der Provinz.

Wir sollten dies im Hinterkopf haben, wenn wir rund 25 km nordwestlich von Koblenz das rechte Rheinufer zwischen Rheinbrohl und Bad Hönningen aufsuchen, wo der Obergermanische Limes „beginnt". Beim Blick auf die nahen Höhen des Westerwaldes, den Rhein und dem schmalen Streifen Land, an dem sich heute die Weinorte reihen, sucht man unwillkürlich nach Anhaltspunkten, warum die Römer gerade an dieser Stelle den Fluss überquerten, um das Land östlich davon zum Teil ihres Imperiums zu machen. Und in der Tat ist die topographische Situation eher unspektakulär. Nichts unterscheidet den Dielsberg, über den der Limes die Höhen des Westerwaldes verlässt, von benachbarten Bergrücken, und auch die kleine Talweite bei Bad Hönningen wird durch die Grenzanlagen nicht schützend umfasst, sondern grob zerschnitten, so dass viel fruchtbares Land ungenutzt außerhalb des Limes zu liegen kam.

Um zu erfahren, warum genau hier der Anfang der 550 km langen Landgrenze durch Germanien lag, muss man über den Fluss auf das linke Ufer

Aus germanischer Perspektive: Nachbau des Limesturmes WP 1/1 bei Bad Hönningen-Reinbrohl.

blicken. Gegenüber liegt mit der Rheineck eine der vielen schönen Burganlagen, für die dieser Abschnitt des Rheins berühmt ist. Zu Füßen des gleichnamigen Bergspornes mündet der Vinxtbach in den Rhein. Dessen bescheidenes, nur gut 10 km langes Tälchen bildete in römischer Zeit die Grenze zwischen dem obergermanischen und dem niedergermanischen Heeresbezirk, den späteren Provinzen Obergermanien und Niedergermanien. Diese Trennlinie blieb bis in napoleonische Zeit bestehen, da hier noch die beiden Erzdiözesen Köln und Trier aneinander stießen. Im 2. Jh. n. Chr. befand sich am Talrand ein römisches Heiligtum, das den Grenzgottheiten *(fines)* geweiht war. Der heutige Name des Bachlaufes geht auf sie bzw. den lateinischen Ausdruck für Grenze *(finis)* zurück. Am Vinxtbach endet die Zuständigkeit des Provinzstatthalters *(Legatus augusti)* in Köln und die seines Amtskollegen in Mainz begann. Diese inner-römische Provinzgrenze nahm daher der Legat Obergermaniens zum Ausgangspunkt für die Befestigung „seiner" Provinz rechts des Rheins. Somit standen ab hier beide Flussufer unter direkter römischer Kontrolle und das rechtsrheinische „römische Germanien" begann. Dass es auf der östlichen Seite des Rheins genug Gegenden gab, die für Rom von wirtschaftlichem oder strategischem Interesse waren, beweist die Tatsache, dass der Obergermanische Limes stromaufwärts schon bald seinen ersten Bogen schlägt, um die fruchtbare Tallandschaft des Neuwieder Beckens einzuschließen.

Heute wird für das Zusammentreffen der künstlichen Sperranlagen mit dem Fluss der von dem römischen Historiker Tacitus gebrauchte Begriff „Caput limitis", Kopf des Limes, verwendet.

Gerne wüssten wir, ob diese Stelle einst auch durch besondere Baulichkeiten markiert wurde. Es ist gut vorstellbar, dass einem Reisenden, der den Rhein stromaufwärts befuhr, der Beginn des Limes und der Eintritt in die Provinz auch architektonisch angezeigt werden sollte. Leider können uns die archäologischen Befunde nur wenig weiterhelfen. Zu lückenhaft ist der Kenntnisstand und zu zerstört sind die römischen Zeugnisse. Die bekannten Limesanlagen selbst waren eher wenig eindrucksvoll: die von Türmen überwachte Sperrlinie erreichte den Rhein, der in antiker Zeit vermutlich breiter war als heute. In einer Entfernung von 0,2 km hinter dem Limes lag ein Kleinkastell, dessen Eingangstor zum Rhein wies. Allerdings beobachteten die Ausgräber unter dem Kleinkastell ein älteres, ausgedehntes Steingebäude. Dessen von der Reichs-Limeskommission dokumentierte Mauerzüge mit über 35 m Seitenlänge sprechen eher gegen einen Wehrbau. Möglichweise bestand hier ein repräsentatives Gebäude, das erst im ausgehenden 2. Jh. durch einen Wehrbau ersetzt wurde. Es ist heute aufgrund des Baus einer Kläranlage zerstört.

Praktische Hinweise

Die historische Situation am Rhein ist durch die moderne Bebauung stark beeinträchtigt. Dennoch lohnt ein Besuch am „ersten Limesturm" zwischen Bad Hönningen und Rheinbrohl.
Lage: Anfahrt über die Bundesstraße B 42, Ausfahrt Rheinbrohl-Nord, Arienheller, von dort auf die Kreisstraße in Richtung Rheinbrohl; am Kreisverkehr geradeaus. Der Steinturm steht rechts nach der Bahnunterführung. Parkmöglichkeiten und eine Hinweistafel sind vorhanden. Der 1972 aus Steinmaterial des Schutthügels von WP 1/8 auf der Höhe des Westerwaldes errichtete Bau ist nicht zugänglich.
Tipp: In Rheinbrohl-Arienheller soll in den kommenden Jahren ein Informationszentrum zum Limes in Rheinland-Pfalz entstehen. Auskunft über die Ortsgemeindeverwaltung Rathaus, 56598 Rheinbrohl, Tel. 0 26 35/26 26, Fax 0 26 35/49 11, http://www.rheinbrohl.de bzw. die Tourist-Information Bad Hönningen, Neustraße 2a, 53557 Bad Hönningen, Tel. 0 26 35/22 73, Fax 0 26 35/27 36, info@bad-hoenningen.de.

NIEDERBIEBER
Zeugnisse vom „Limesfall"

Dort, wo heute in gepflegten Gärten zwischen Einfamilienhäusern Kinder auf Schaukeln sitzen und samstags Grill und Rasenmäher angeworfen werden, dürften sich vor 1745 Jahren dramatische Ereignisse abgespielt haben. Wie kein zweiter Ort am Obergermanischen Limes wird das Kastell von Niederbieber mit dem immer noch gerne als „Limesfall" bezeichneten Ende der römischen Reichsgrenze in Verbindung gebracht.

Das 5,2 ha große Steinkastell gehörte zu den größten und modernsten Wehrbauten am Limes. In dem dicht hinter dem Pfahlgraben gelegenen Lager waren insgesamt 1000 Reiter stationiert, vermutlich Elitesoldaten des obergermanischen Grenzheeres. Erst um 190 n. Chr. erbaut, löste Niederbieber das 4 km südlich gelegene Kastell Heddesdorf ab. Offenbar wurde der Militärplatz Heddesdorf aufgrund seiner großen Entfernung zum Limes den Erfordernissen der Grenzverteidigung im ausgehenden 2. Jh. nicht mehr gerecht. Bei der Planung der neuen Kastellanlage ging man äußerst gewissenhaft vor und berücksichtigte die damals modernsten Erkenntnisse der Wehrtechnik. So urteilten bereits die Forscher zur Zeit der

Limeskommission: „Die von den römischen Offizieren beim Abstecken der Lagerfläche zugrunde gelegten Maße … betrugen fast genau 750×1000 Fuß … Der Grundriss des Kastells bildet ein Rechteck, dessen Breite zur Länge im Verhältnis von 3 : 4 steht. Das Kastell ist mit seiner Längsachse fast genau nach Norden orientiert: eine … Messung ergab … fast die reine astronomische Nordrichtung …" Seine Mauern waren mit einer Breite von über 1,50 m wesentlich stärker als die älterer Kastelle. Ungewöhnlich weit ragten auch die insgesamt 22 Wehrtürme über die Mauerflucht heraus, ihre Untergeschosse waren zudem massiv gemauert. Die Obergeschosse besaßen Ziegeldächer und konnten vermutlich zum Schutz der Mauern mit Wurfgeschützen bestückt werden. Ein 6 m breiter Spitzgraben, dem zusätzliche Annäherungshindernisse vorgelagert waren, umgab das Kastell.

In all diesen baulichen Besonderheiten wird deutlich, dass Niederbieber im Unterschied zu den zwei Generationen zuvor erbauten Lagern, eine echte, auf Rundumverteidigung angelegte Wehranlage war. Dass die Zeiten am Limes im ausgehenden 2. Jh. rauer geworden waren, zeigt

Praktische Hinweise

Lage: Das Kastell liegt nördlich des Stadtzentrums von Neuwied im Ortsteil Niederbieber-Segendorf. Lediglich das Nordtor und das große Badegebäude sind in ihren konservierten Fundamenten sichtbar. Anfahrt: Über „Melsbach Straße" und „Auf der Alten Burg" ausgeschildert.
Museum: Die im Kreismuseum Neuwied ausgestellten Funde aus den beiden Kastellplätzen Heddesdorf und Niederbieber stammen zum Teil aus der Fürstlich Wiedschen Sammlung. Darunter befinden sich u. a. die erwähnten Funde aus den *Principia*. In den Räumen der archäologischen Sammlung finden häufig Sonderausstellungen statt; in dieser Zeit ist diese Abteilung geschlossen. Vor einem Besuch sollte man daher erfragen, ob die archäologische Sammlung zugänglich ist; Raiffeisenplatz 1a, 56564 Neuwied (in der Nähe des Bahnhofs), Tel. 0 26 31/8 03-3 79, Fax 0 26 31/8 03-6 00, www.kreismuseum-neuwied.de; geöffnet Di. bis Fr. 10–13 und 14–17 Uhr, So. 14–16.30 Uhr; Führungen n. V.

Aus der Luft wird die Größe der römischen Ruinen erkennbar: Kastellbad von Niederbieber inmitten der heutigen Bebauung.

auch der Blick auf das innerhalb der Kastellmauern gelegene Badegebäude und die durch eine eigene Umwehrung geschützte Zivilsiedlung.

Gerettet hat dies die Soldaten des Kastells und ihre Familien indes nicht. Bei den seit dem Jahr 1791 dokumentierten Ausgrabungen auf den Feldfluren „Ober der Altenburg" und „Auf der Ringmauer" stieß man immer wieder auf Spuren von Kampf und Zerstörung. Waffen, Brandschichten und mehrere versteckte Münzhorte sprechen für ein gewaltsames Ende des Kastells und der umgebenden Zivilsiedlung im oder um das Jahr 260 n. Chr. Gelegentlich meint man sogar, Einzelschicksale erkennen zu können, wie bei der Ausgrabung des Stabsgebäudes (Principia). In einem Raum direkt neben dem zentralen Fahnenheiligtum (Sacellum) lagen ein vollständiges Skelett, ein eiserner, mit Bronzeblech eingefasster Helm und mehrere Teile eines römischen Feldzeichens (Signum). Interessanterweise stammt die Standarte nun nicht von der in Niederbieber stationierten Reitereinheit, sondern von der 7. Raeter-Kohorte (Cohors VII Raetorum) aus dem benachbarten Niederberg. Aus diesen Indizien wurden dramatische Ereignisse rekonstruiert, wie z. B., dass die Soldaten aus dem knapp 20 km entfernten Kastellplatz Niederberg ihren bedrängten Kameraden in Niederbieber zu Hilfe eilten, worauf beide Truppen vernichtet wurden. Ebenso wurde vorgeschlagen, dass die in Niederbieber stationierte Reitereinheit zuvor an andere Kriegsschauplätze verlegt worden war und nun die Soldaten aus Niederberg beide Kastelle zu sichern hatten. Wieder andere Forscher sahen in den Funden sogar einen Beweis für inner-römische Auseinandersetzungen.

Insgesamt wissen wir aber für derartige Aussagen noch viel zu wenig über die militärischen und innenpolitischen Verhältnisse in dieser Zeit. Einzig an der Tatsache, dass dramatische Geschehnisse zu einem gewaltsamen Ende der römischen Siedlung geführt haben, gibt es keinen Zweifel.

BENDORF
Der Limesturm auf dem Pulverberg

Zum Rheintal und Neuwieder Becken hin sind die südlichen Ausläufer des Westerwaldes immer wieder von tief eingeschnittenen Tälern unterbrochen. Der Höhenunterschied zwischen den Tallagen und den bewaldeten Höhenrücken beträgt oft weit über 100 m, die Hänge sind in der Regel sehr schroff und nur mühsam zu ersteigen. Obwohl sich die römischen Landvermesser *(Agrimensores)* bemühten, bei der Trassierung des Limesverlaufs die Geländeformen möglichst gut auszunutzen, haben die Grenzanlagen doch wiederholt steile Aufstiege zu bewältigen. Auch wenn uns heute mit Blick auf die Karte der Limesverlauf sehr gekrümmt und wenig geplant erscheint, so haben die Römer die Grenzanlagen doch so geschickt entlang der Höhenrücken geführt, dass ihr Verlauf während der gesamten Limeszeit nicht mehr verändert werden musste. Die großzügige, häufig schnurgerade geführte Linie des Pfahlgrabens, wie wir sie an anderen Grenzabschnitten finden, zeigt sich hier nicht. Stattdessen geben die vielen Knicke und Biegungen noch den Verlauf des ältesten Postenweges wieder, der schon am Ende des 1. Jh. trassiert wurde. Alle nachfolgenden Ausbauphasen mit Palisadenreihe und Wall-Graben-System behielten diesen einmal abgesteckten Grenzverlauf bei. Bis zur Mitte des 3. Jh. patrouillierten daher die Grenztruppen in Westerwald und Hintertaunus auf denselben Routen. Selbst kleinräumige Änderungen des Grenzverlaufs, wie sie uns weiter östlich am Taunuskamm begegnen, sind hier nicht bekannt. Wir finden daher an den Streckenabschnitten östlich des Neuwieder Beckens alle Ausbauphasen des Obergermanischen Limes. Bei vielen Turmstellen lassen sich die einzelnen Bauphasen deutlich anhand der nebeneinander liegenden Holz- und Steinturmfundamente ablesen. An solchen Plätzen wurden die neuen Türme in einigem Abstand von den bestehenden angelegt, so etwa bei den Wachtposten WP 1/48 auf dem Marmorberg nördlich von Sayn oder WP 1/59 im Bendorfer Stadtwald, wo jeweils drei Grundrisse nacheinander folgender Wachttürme bekannt sind.

Ein Besuch der Turmstelle von WP 1/54 am östlichen Talhang des Brexbachs macht uns zunächst mit dem stark gegliederten Geländerelief vertraut. Folgt man dem ausgeschilderten Limes-Wanderweg von Westen, so erhalten wir beim Aufstieg auf den Pulverberg eine Vorstellung vom dem Weg der römischen Grenztruppen zur bzw. von der Arbeit. Die Mühen entschädigt der weite Ausblick in das Rheintal und die Eifel, den man von der Turmstelle aus genießen kann – allerdings nur während der

Praktische Hinweise

Lage: Anfahrt entweder von Bendorf, Ortsteil Sayn aus rund 0,5 km dem Brexbachtal und dann dem steilen Aufstieg des Limes-Wanderweges folgen (Parkmöglichkeit im Tal bei der ehemaligen Abtei) oder vom Ortszentrum Bendorf aus zunächst auf der Landstraße in Richtung Höhr fahren, nach ca. 5 km im Wald nach links zur Gaststätte Meisenhof abbiegen (die Straße führt auf 1,5 km Länge knapp südlich des hier hervorragend erhaltenen Pfahlgrabens). Vom Meisenhof aus sind es ca. 0,5 km zu Fuß nach Norden zum Römerturm. Hinweis: Vor dem wieder aufgebauten Steinturm ist auch ein Abschnitt der obergermanischen Grenzsperren mit Pfahlgraben und Palisade nachgebaut worden.

Hier folgt die
Grenze den Höhen-
rücken: Limesver-
lauf östlich des
Brexbachs.

vegetationsarmen Zeit im Winterhalbjahr, da sonst das Laub der Bäume die Aussicht versperrt. Auf dem Vorsprung am Steilabhang sind zwei aufeinander folgende Wachttürme bekannt: ein hölzerner Bau, von dem sich noch zwei starke Pfostenfundamente fanden, wurde an gleicher Position durch einen Steinturm mit 4,6 m langen und 0,8 m starken Seitenmauern ersetzt. Gut 10 m von den konservierten Originalmauern entfernt, erhebt sich seit 1912 ein Aussichtsturm in Form und Abmessung der Limestürme. Ebenso wie bei anderen Nachbauten römischer Wachttürme sind auch bei dem Turm auf dem Pulverberg verschiedene bauliche Details kritisiert worden (vgl. auch „Echt" und „echt nachgebaut", S. 31).

Die Geländesituation am Rand des Brexbachtales eignet sich auch, um auf eine andere Eigenart dieses Limesabschnitts aufmerksam zu machen. Bei ihren Untersuchungen konnte die Reichs-Limeskommission zwar den Pfahlgraben im Bereich unmittelbar vor der Turmstelle dokumentieren (in einer Entfernung von 37 m). Etwas wei-

ter nach Westen, dort wo die steile Flanke des Brexbachtales beginnt, fand man jedoch keine Anzeichen mehr für Wall und Graben. Stattdessen endete das Erdwerk hier in einem deutlichen Grabenkopf. Das Auslaufen der schwachen Terrassenkante, in der sich der Rest des Limeswalles verbirgt, zeigt dem sorgfältigen Beobachter diese Stelle auch heute noch an. Da der weiterführende Verlauf der Palisade zweifelsfrei feststeht, müssen wir daher davon ausgehen, dass diese in den über 150 Jahren, in denen die römische Grenze über den Pulverberg verlief, als einzige Grenzmarkierung ausreichte. Auf einer Länge von knapp 1 km bis zum WP 1/52 wurden Wall und Graben nie ausgeführt. Es gibt unterschiedliche Erklärungen, weshalb solche Lücken in dem ansonsten fortlaufenden Wall-Graben-System nicht geschlossen wurden und was uns dies über die Funktion des Limes verrät (vgl. *Probleme mit Wall, Graben und Palisade*, S. 48). In jedem Fall boten die Grenzanlagen in der Limeszeit ein uneinheitliches Aussehen.

Bauphasen der Limestürme

Neben den eigentlichen Sperranlagen der Palisade, des Pfahlgrabens oder der Steinmauer gehören auch die Wachttürme zu den Bauten, die unmittelbar an der Limesstrecke liegen. Die unterschiedlichen Ausbaustadien der römischen Grenze zeigen sich bei ihnen am besten.
Die ältesten Türme waren aus Holz. Von ihnen haben sich heute lediglich runde, gelegentlich auch quadratische Erdhügel erhalten, auf denen sie einst standen. Vermutlich hob man einen Umfassungsgraben aus, um das hölzerne Fundament der Türme trocken zu halten, warf die Erde nach innen und stellte auf den so gewonnen kleinen Hügel den stets quadratischen Turm. Gelegentlich

besaßen die Holztürme auch einen Unterbau aus trocken geschichteten Holz- und Steinlagen. Das Aufgehende der Türme bestand aus vier massiven Eckpfeilern. Im Inneren wurden Zwischenböden für vermutlich drei Etagen eingezogen, das Äußere mit waagrechten Brettern verkleidet. Ein Zugang bestand im ersten Stock, das Obergeschoss besaß wohl große Fenster für den Wachtdienst. Wenn das Holzgerüst schadhaft wurde oder der Turm abbrannte, wurde ein Neubau errichtet, so dass wir häufig zwei, manchmal auch drei Turmhügel nebeneinander finden. Holztürme finden sich an den ältesten Streckenabschnitten und hatten bis in die Mitte des 2. Jh. bestand.

Anders als die meisten Nachbauten wiedergeben, besaßen die hölzernen Limestürme kein Fundament aus Stein. Auch die Blockbauweise wurde von den Römern nur sehr selten angewandt. Hier der nachgebaute Turm bei Lorch.

Die Steinbauphase der Limestürme fällt in die Zeit bevor die Sperranlagen durch Pfahlgraben bzw. die Limesmauer ausgebaut wurden. Die Türme behielten ihre Form und Inneneinteilung, durch den Ausbau in Stein waren sie nun jedoch wesentlich robuster. Ihr stets aus lokal anstehen-dem Steinmaterial errichtetes Mauerwerk dürfte außen weiß verputzt und mit rotem aufgemaltem Fugenstrich verziert gewesen sein. Sonderformen, wie die in seltenen Fällen beobachteten sechs-eckigen Turmgrundrisse, weisen darauf hin, dass nicht alle Steintürme gleich ausgesehen haben.

HOLZHAUSEN AN DER HAIDE
Dem größten Germanensieger

Der Verlauf der heutigen Bundesstraße B 274 von St. Goar am Rhein in das Limburger Becken und das Lahntal entspricht einer seit vorgeschichtlicher Zeit begangenen Verkehrsachse, die heute als „Hessenstraße" bekannt ist. Nahe der Ortschaft Holzhausen an der Haide trifft diese mit der „Bäderstraße", der heutigen Bundesstraße B 260, einem weiteren alten Fernverbindungsweg, zusammen. Es verwundert daher nicht, dass die Römer diesen Platz mit einem Kastell sicherten.

Östlich der heutigen Ortschaft befindet sich dicht an der Grenze zwischen Hessen und Rheinland-Pfalz einer der reizvollsten Kastellplätze am Obergermanischen Limes. Das kleine Kohortenkastell von Holzhausen liegt am Fuß des 543 m hohen Grauen Kopfs, etwa 1,5 km nördlich der Bäderstraße. Die steinernen Wehrmauern mit ihren innen angeschütteten Erdwällen sind noch bis zu einer Höhe von 3 m im Original erhalten, auch der ehemalige Spitzgraben blieb an zwei Seiten vor dem Kastell als flache Mulde sichtbar. Mauern und Wälle sind mit Gras oder Buschwerk bewachsen. So vermittelt der Platz in lichtem, hohem Buchenwald insgesamt den sehr anschaulichen Eindruck eines verlassenen Ruinengeländes.

Während der Limeszeit sicherte Holzhausen vermutlich den Übergang der Hessenstraße über die Grenze. Es fällt auf, dass das Kastell nicht wie üblich auf die 70–100 m entfernt verlaufenden Grenzanlagen ausgerichtet ist, sondern nach Osten blickt. Möglicherweise befand sich ein Limesübergang in einer Entfernung von rund 400 m zum vorderen Lagertor.

Das Lager mit Seitenlängen von 135 × 105 m (1,4 ha) ist das kleinste Kohortenkastell am Limes. Etwa ab dem Jahr 185 n. Chr. war hier die 2. Treverer-Kohorte *(Cohors II Treverorum)* stationiert, die auf mehreren Inschriften als Besatzung genannt wird. Es fanden sich bislang keine Anhaltspunkte dafür, dass an diesem Abschnitt der Grenze zuvor ein anderes Kastell bestanden hätte. Wie Niederbieber gehört daher auch Holzhausen erst in die letzte Ausbauphase des Limes. Der späte Zeitpunkt seiner Errichtung erklärt vermutlich auch die bescheidenen Ausmaße des Lagers. Denn je kürzer die Wehrmauern waren, desto dichter konnten die Verteidiger an den Zinnen stehen. Auch andere bauliche Besonderheiten weisen auf ein erhöhtes Schutzbedürfnis der Besatzung hin, beispielsweise die ungewöhnlich breiten Ecktürme, die als Geschützplattformen angesehen werden. Hinter einem 6 m breiten Wehrgraben ragten die Zinnen der Kastellmauern ursprünglich wohl rund 4,4 m auf, die Höhe der Türme rekonstruierten die Ausgräber anhand der zahlreichen vor

Auch im Winter einen Besuch wert: Verschneite Apsis des Fahnenheiligtums im Kastell Holzhausen.

dem rechten Lagertor gefundenen Mauersteine auf 5–6 m. Wie die anderen Gebäude auch, waren sie mit Schieferplatten gedeckt. Sicherlich war das gesamte Innere dicht mit Mannschaftsunterkünften, Magazinen und anderen (Fachwerk-)Gebäuden angefüllt. Vermutlich wurden über allen vier Toren im Jahr 213 n. Chr. auf über 2 m langen Kalksteinplatten aufwendige Ehreninschriften für Kaiser Caracalla angebracht. Der mit knapp 10 cm hohen Buchstaben aus vergoldetem Bronzeblech gesetzte Text feierte Caracalla u. a. als „größten Germanensieger" *(Germanico maximo)*. Anlass für die Anbringung könnte denn auch der in dem genannten Jahr errungene Sieg des Kaisers über die Germanen gewesen sein. An dem vermutlich in der Maingegend geführten Krieg hatten alle Truppen der Provinzen Obergermanien und Raetien direkt oder indirekt Anteil und die Ereignisse dürften gerade von der Bevölkerung in den Kastellplätzen am Limes aufmerksam verfolgt worden sein.

Da sich die bisherigen Forschungen auf die Kastellumwehrung und auf den Bereich um das Stabsgebäude, die *Principia*, konzentrierten, ist über das Kastell Holzhausen und seine Geschich-

te insgesamt recht wenig bekannt. Die Ausgräber der Reichs-Limeskommission gehen davon aus, dass die Garnison nicht ohne Kampf abgezogen ist, sondern das Kastell „belagert und mit Gewalt zerstört" worden ist. „Nach der Einnahme wurde die Kastellmauer, soweit sie den Wall überragte, nach außen gestürzt und alles Holz- und Fachwerk in Brand gesteckt." Die zahlreichen Brandschichten im Inneren sind dann „im Laufe der Jahrhunderte durch die Wald- und Feldkultur zum großen Teil in guten dunklen Humus verwandelt worden".

Die Mauerzüge der Tore, der Kastellecken und Teile der *Principia* (das Fahnenheiligtum mit halbrunder Apsis und die beiden angrenzenden Räume) sind schon 1898, unmittelbar nach ihrer Aufdeckung, konserviert worden. Ebenfalls bereits zu Beginn des 19. Jh. wurde nahe des Kastells eine etwa 40 m lange Strecke des Pfahlgrabens wieder aufgebaut. Ziel war es, einen realistischen Eindruck vom Aussehen der Grenzsperren zu geben. Der rekonstruierte Limeswall ist an seiner Höhe zu erkennen, auch wenn sich die Natur mittlerweile selbst diesen Teilabschnitt wieder zurückerobert hat.

Als lang gestreckte, leichte Vertiefungen im Waldboden fallen zudem immer wieder Spuren alter Ausgrabungen auf; zwischen dem nördlichen Seitentor und den *Principia* weist ein großes trichterförmiges Loch auf einen ehemaligen Brunnen. Auch im Umfeld des Kastells zeigt das leicht bewegte Bodenrelief vor allem im Westen die weitgehend noch unerforschten Gebäude des *Vicus*, d. h. einer geschlossenen Zivilsiedlung, an. Das Kohortenbad findet sich nordwestlich des Kastells, nahe bei der Quelle des Hasenbachs. Ferner liegen im weiteren Umfeld auch vorgeschichtliche Grabhügel, mittelalterliche Bergbaugruben und Steinbrüche.

Praktische Hinweise

Lage: An der Bäderstraße (B 260), südöstlich des Ortsausgangs von Holzhausen befindet sich ein ausgeschilderter Wanderparkplatz. Ab hier sind es auf dem gut gekennzeichneten Limes-Wanderweg etwa 1,5 km bis zum Kastellplatz. Der Fußweg folgt den in diesem Abschnitt gut erhaltenen Limesanlagen.
Museum: Die Ehreninschrift für Caracalla kam in die Sammlung Nassauischer Altertümer im Museum Wiesbaden. Die 1997 neu eröffnete Schausammlung zeigt römische Exponate aus der gesamten Region, darunter u. a. bedeutende Steindenkmale sowie eine große Anzahl an Kleinfunden in modernen Rauminstallationen aus Holz und Stahl. Museum Wiesbaden, Friedrich-Ebert-Allee 2, 65185 Wiesbaden, Tel. 06 11/33 52-2 50, Fax 06 11/33 52-1 92, museum@museum-wiesbaden.de; geöffnet Di. 10–20 Uhr, Mi. bis So. und an Feiertagen 10–17 Uhr; Anmeldung zu Sonderführungen unter o. g. Tel. (Montags sowie am 1. Jan., Fastnachtsonntag, Di. nach Ostern und Pfingsten, 1. Mai, 24., 25. und 31. Dez. geschlossen.)

ZUGMANTEL
Ein ständig wachsendes Kastell

Auch bei der Anlage des Kastellplatzes Zugmantel war die verkehrsgeographische Lage ausschlaggebend. In diesem Fall ist es allerdings kein einfaches Limestor, das die Wahl des Standortes vorgab, sondern die Kontrolle eines natürlichen Übergangs über den Taunus, die sog. „Idsteiner Senke". Zusammen mit dem benachbarten Limeskastell Alteburg-Heftrich, 10 km weiter östlich, überwachten die am Zugmantel stationierten Soldaten diesen weiten Sattel im Taunuskamm. Über ihn führte die einfachste und kürzeste Verbindung aus den germanischen Siedlungsgebieten entlang des Lahntales in die römische Rhein-Main-Region. Vom Limes aus bis zum Hauptort der *Civitas Mattiacorum*, dem heutigen Wiesbaden, waren es von hier nur 16 km, ein Fußmarsch von einem knappen Tag, wenige Wegstunden mit dem Pferd! Schon früh galt daher das Augenmerk der Militärs dem etwa 6 km breiten Sattel, der östlich vom Zugmantel beginnt. Als Besonderheit zeigt auch der Limesverlauf hier eine auffällige Verdopplung. In einem Abstand von 500–700 m ziehen zwei mit Palisade, Wall und Graben ausgebaute Grenzlinien durch die Idsteiner Senke. Beide waren mit Türmen gesichert. Dachte die Forschung anfangs, dass die Römer diesen wichtigen Limesabschnitt mit einer doppelten Sperranlage besser kontrollieren wollten, so ergaben die Untersuchungen der Reichs-Limeskommission, dass beide Limeslinien zeitlich aufeinander folgen. Ein älterer, dem Gelände angepasster Grenzverlauf wird ersetzt durch eine in gerader

Aus der Bauzeit des Kastells: Unter dem Befehl eines Centurionen der Straßburger Legion wurde ein 75 m langer Abschnitt der Kastellmauern errichtet.

Flucht über den Sattel geführte Linie. Die gleiche Situation begegnet uns weiter östlich im Bereich des Feldbergkastells noch einmal.

Der Zugmantel gehört zu den älteren Truppenstandorten an diesem Grenzabschnitt. Um das Jahr 90 n. Chr. entstand hier ein kleines Holz-Erde-Kastell mit einer Fläche von 0,7 ha, das bereits wenige Jahrzehnte später auf etwa 1,1 ha Größe erweitert wird. Als das Lager um die Mitte des 2. Jh. in Stein erneuert wird, misst es 1,7 ha und in seiner spätesten Ausbauphase, die im Jahr 223 n. Chr. vollendet war, zeigt die 2,1 ha (125 × 171 m) große Anlage die für späte Kohortenkastelle übliche Ausdehnung. Nichts beweist besser die im Laufe der Zeit zunehmende Bedro-

hung der römischen Grenze, als diese beständige Vergrößerung des Kastells, hinter der ja ein entsprechender Zuwachs der hier stationierten Soldaten stand. Die aus 500, zum Teil berittenen Soldaten bestehende *Cohors I Treverorum equitata* ist in der Spätzeit als Garnison des Steinkastells belegt. Zuvor waren hier Numeruseinheiten (kleine, selbstständig operierende Truppenverbände, die oft mit dem Namen der Nation versehen wurden, der die Soldaten entstammten) stationiert, auch die Treverer wurden von einem *Numerus* zu einer regulären Kohorte aufgestockt.

Von der letzten Ausbauphase des Kastells stammen auch die heute im Wald erkennbaren Erdwälle. Das rechteckige Lager besaß vier Tore und

Praktische Hinweise

Lage: In Taunusstein-Neuhof kreuzen sich die Bundesstraße B 275 von Taunusstein nach Idstein und die Bundesstraße B 417 von Wiesbaden nach Limburg („Hühnerstraße"). Etwa 1,5 km nördlich des Ortsausgangs liegt rechts an der B 417 der Wanderparkplatz „Römerturm", gegenüber einem großen Fabrikgebäude. Am Parkplatz beginnt ein archäologischer Rundwanderweg, der zum unmittelbar benachbarten Kastellgelände, der Zivilsiedlung, den Rundschanzen sowie an den 300 m entfernten Limes führt. <u>Hinweis:</u> Von den Grenzanlagen wurden 1970/1972 ein steinerner Limesturm (WP 3/15) sowie ein Abschnitt der Annäherungshindernisse mit Palisade, Graben und Wall nachgebaut.
Museum: Die Funde der Grabungen gelangten großteils in das Saalburgmuseum (s. S. 32).

war von einem einzelnen Graben umgeben. Doch die meisten Zeugnisse der intensiven Erforschung des Platzes sind im lichten Nadelwald, der heute das Areal bedeckt, nicht mehr kenntlich. So zeigten die Ausgrabungen, dass sich die Umwehrungen der drei nachfolgenden Kastelle wie Zwiebelschalen um das älteste Holz-Erde-Kastell im Zentrum legen. Wesentlich wichtiger für die archäologische Forschung war jedoch ohne Zweifel die Aufdeckung weiter Teile der umgebenden Zivilsiedlung.

Insbesondere im Süden und Osten erstreckte sich einer der größten *Vici*, der bislang am Obergermanischen Limes bekannt ist. Der Kern der Ansiedlung entwickelte sich zu beiden Seiten einer Straße vom Haupttor *(Porta principalis)* nach Südosten zur Quelle der Aar, an der sich das 300 m entfernte Kastellbad befand. Direkt am Wehrgraben hat diese Straße noch eine Breite von über 50 m und verengt sich dann allmählich auf ein normales Maß, so dass sich ein dreieckiger Platz öffnet. Im Zentrum der als Marktplatz gedeuteten Freifläche lag vermutlich ein Kultbau. Zwei weitere Heiligtümer waren *Jupiter Dolichenus* und vielleicht der *Magna Mater* geweiht. Von dem letztgenannten Heiligtum sind noch Grundmauern sichtbar. Zwei Rundschanzen, in denen sich vermutlich die Reste hölzerner Amphitheater verbergen, liegen im Norden zwischen dem Kastell und dem Limes bzw. gut 300 m östlich des Haupttores. Diese einfachen, am Limes eher selten dokumentierten Anlagen weisen nicht unbedingt auf Zirkusspiele oder andere Aufführungen zur bloßen Unterhaltung hin, sondern stehen möglicherweise in Zusammenhang mit Paraden oder dem Training der Soldaten. Insgesamt zeigt sich in der Größe des Lagerdorfes und den beiden Amphitheatern die besondere Bedeutung des Platzes.

DER ARCHÄOLOGISCHE PARK SAALBURG
Das Kastell und der Kaiser

Die einzige Einschränkung sollte gleich am Anfang stehen: die Saalburg ist nichts Besonderes – wenn man sie mit den Augen eines Römers der Limeszeit betrachtet! An einem Taunuspass gelegen, wurde der Platz wahrscheinlich um 85 n. Chr. gegründet. Zunächst entstanden hier zwei kleine Erdschanzen, dann ein 0,7 ha großes Kastell mit rechteckigem Grundriss, Eck- und Zwischentürmen, zwei Toren und einem umlaufenden Wehrgraben. Zwei Generationen später vergrößerte man das Areal auf über 3 ha und in der zweiten Hälfte des 2. Jh. erhielt das Lager schließlich eine steinerne Wehrmauer. Um dieses Standquartier der 500 Mann starken *Cohors II Raetorum* dehnte sich ein Lagerdorf aus, in dem Händler, Handwerker und Angehörige der Soldaten lebten. Insgesamt unterschieden sich aber weder Größe noch Charakter dieses Kastellplatzes von den rund 60 übrigen Garnisonsorten am Obergermanisch-Raetischen Limes.

Es war der Besuch eines Kaisers, der das Schicksal der Saalburg nachhaltig veränderte. Allerdings kein römischer Herrscher, sondern der Deutsche Kaiser Wilhelm II. hatte sich schon als Knabe häufig im nahen Bad Homburg aufgehalten und ebenso wie seine kulturbegeisterten Eltern die Ausgrabungen auf dem nahen Taunussattel interessiert verfolgt. Sicherlich spielten die Eindrücke eine Rolle, die Wilhelm als Jugendlicher in dem damaligen Ruinengelände gesammelt hatte, als er 1897 seinen Entschluss verkündete, das Kastell wieder aufzubauen. Für dieses auch nach damaligen Maßstäben kostenintensive Projekt warb der Kaiser selbst Gelder ein. Verschiedene Steinin-

Seit über 100 Jahren erste Adresse am Limes: Die Saalburg bei Bad Homburg.

schriften nach römischer Manier künden an den Toren der Umwehrung noch heute von großzügigen Spenden reicher Bürger aus nah und fern. Zehn Jahre später konnte das Saalburgmuseum seine Eröffnung feiern, an den verschiedenen Außenanlagen wurde bis zum Ersten Weltkrieg gebaut. Selbstredend war der Kaiser bei allen festlichen Anlässen als Ehrengast anwesend. Das Interesse Wilhelms an dem Wiederaufbau der Wehranlage war vermutlich auch der Grund dafür, dass der ausführende Architekt, Baurat Louis Jacobi aus Bad Homburg, sein immenses Wissen um originalgetreue römische Bauweisen nicht immer verwirklichen konnte. So geht wohl der falsche, weil auf mittelalterlichen Vorbildern beruhende, Zinnenabstand der Kastellmauern auf eine persönliche Intervention des Kaisers zurück. Dass Jacobi es besser wusste und konnte, zeigt sich an der Kastellrückseite, wo er zuvor den richtigen, näm-

lich weiten Abstand der einzelnen Zinnen aufbauen ließ. Doch dieser Fehler gehört zu den großen Ausnahmen. Insgesamt kamen alle Beteiligten der selbst auferlegten Verpflichtung nach, „so originalgetreu wie möglich" den römischen Vorbildern und dem Stand der Forschung zu folgen: Nicht nur Gebäude, Mauern und Tore, sondern auch deren Beschläge, Material und Dekor wirken wie von einer antiken Werkstatt hergestellt.

In der heute dargestellten Form hatte das Lager einen rechteckigen Grundriss; die steinerne Umwehrung besitzt an jeder Seite vier, von Türmen flankierte Tore und wird durch zwei Spitzgräben umrahmt. Von den Innenbauten sind das Stabsgebäude *(Principia)*, das Wohnhaus der Kastellkommandanten *(Praetorium)* und ein Speicherbau *(Horreum)* in Stein ausgeführt, zwei Mannschaftsbaracken *(Centuriae)* in Holz. Im Jahr 2005 wird ein großer Werkstattbau *(Fabrica)* hinzukommen. Dennoch ist das Kastellinnere im Vergleich zur Römerzeit immer noch spärlich gefüllt. Die mit Rasen und alten Bäumen bestandenen Freiflächen waren in der Antike natürlich ebenfalls bebaut, insbesondere standen hier weitere lang gestreckte Mannschaftsbaracken, Magazine und Ställe aus Holzfachwerk.

Die Saalburg ist das einzige Limeskastell, das so vollständig wieder aufgebaut ist. Schon deshalb ist der Kastellplatz etwas Besonderes am Obergermanisch-Raetischen Limes. An keinem anderen Platz sind aber gleichzeitig auch derart viele origi-

nale Baureste in so intakter Naturlandschaft erhalten. Verlässt man das parkartige Freigelände des Kastellareals und wandert durch den angrenzenden Wald zu den verstreut liegenden Mauerzügen des *Vicus* oder an den nahen Limes, so lernt man auf seinem Rundgang nahezu alle Bestandteile der einstigen Ansiedlung kennen. Es war sicher nicht das geringste Verdienst, der vor 100 Jahren mit dem Wiederaufbau betrauten Bauherren, diesen naturnahen Eindruck bewusst erhalten zu haben, der unseren romantischen Vorstellungen einer römischen Ruinenstätte entgegenkommt.

„Echt" und „echt nachgebaut"

Häufig sollen Nachbauten einzelner Limesbestandteile, insbesondere Türme, in Originalgröße dem Besucher einen Abschnitt der Grenzanlagen besser vermitteln. So finden sich entlang des Obergermanisch-Raetischen Limes insgesamt wenigstens 20 Stein- oder Holztürme in voller Höhe. Obwohl viele dieser Türme mit Unterstützung von Fachleuten errichtet wurden und den Anspruch erheben, die antike Wirklichkeit originalgetreu wiederzugeben, fällt es schwer, auch nur zwei baugleiche Wachttürme zu finden. Grund hierfür ist zum einen sicherlich schon der Variantenreichtum ihrer römischen Vorbilder, denn nicht alle am Limes errichteten Wachttürme folgten dem gleichen Bauschema. So belegen Ausgrabungen sowohl Turmfundamente unterschiedlicher Größe als auch unterschiedlicher Bautechnik. Zum anderen beruht aber auch vieles, was an einem Nachbau gezeigt wird, auf Hypothesen. Niemand kann heute mit Sicherheit sagen, wie das Aufgehende der hölzernen oder das der steinernen Wachttürme am Limes aussah. Die vor Ort erhaltenen archäologischen Zeugnisse liefern zwar Anhaltspunkte, in keinem Fall war jedoch ein Turmstumpf im Original noch

Anders als die meisten modernen Nachbauten es zeigen, waren römische Mauern in unseren Breiten in der Regel verputzt: Kastellecke der Saalburg.

hoch genug erhalten, um Aussagen über Oberge-schosse und Dachabschluss zu gestatten. Auch die gerne als Vorbilder herangezogenen Turmdarstellungen auf der berühmten Trajanssäule in Rom weichen in wichtigen Details, wie ihrem ebenerdigen Eingang oder ihrer Umwehrung mit einer Palisade, von den Befunden am Limes ab. Die Reichs-Limeskommission wiederum fand bei einigen Turmgrabungen Indizien für große Fensteröffnungen und Obergeschosse in Holz-Fachwerk-Technik, Bauelemente, die wiederum auf der Trajanssäule nicht zu sehen sind. Daher ist auch die Frage nicht mit Sicherheit beantwortet, ob wir die dort gezeigte umlaufende Galerie im Oberge-

schoss ebenfalls bei Türmen in Obergermanien und Raetien annehmen dürfen. Nachgewiesen ist allerdings, dass die Steintürme einen weißen Verputz trugen.

Die Ergebnisse zahlreicher Ausgrabungen an den Limestürmen lieferten bislang genug Indizien, um zu sagen, wie ein Turm nicht ausgesehen haben kann. So gibt es für einige Nachbauten, beispielsweise für die in Blockbauweise ausgeführten Holztürme, keine archäologischen Belege. Doch reicht unser Kenntnisstand nicht aus, um zu entscheiden, welcher unter der Fülle nachgebauter Türme am Limes mit unterschiedlichem Aussehen „echt" ist. Nur „original" ist keiner mehr.

DAS SAALBURGMUSEUM
Ein Museumsbesuch der Superlative

Auch wenn in den vergangenen Jahrzehnten an zahlreichen Orten entlang des Limes neue, zum Teil hervorragende Museen zur römischen Epoche unseres Landes entstanden, so bleibt die traditionsreiche Saalburg doch das Spezialmuseum zur römischen Grenze. Die Vielzahl der Ausstellungsstücke und die Weitläufigkeit der Außenanlagen laden zum eigenen Entdecken und Herumstreifen ein, doch sei dringend empfohlen, sich vor Ort zunächst in die Hände des erstklassi-

gen Führungspersonals der Saalburg zu begeben. Mit dessen Spezialwissen und Fähigkeiten will auch dieses Buch nicht konkurrieren. Daher sollen nachfolgend, in einer sicherlich sehr subjektiven Auswahl, nur einige der interessantesten Objekte angesprochen werden.

Heute, wie zur Römerzeit, durchquert ein Besucher zunächst die Zivilsiedlung, bevor er das Kastell erreicht. Zu beiden Seiten der zentralen Zugangsachse, der ehemaligen Straße nach *Nida*,

Praktische Hinweise

Lage: Das Römerkastell Saalburg, Archäologischer Park, 61350 Bad Homburg, liegt direkt an der Bundesstraße B 465 zwischen Bad Homburg und Usingen. Vom Bahnhof Bad Homburg fahren Stadtbusse (Linie 5), als Alternative bietet sich auch die Taunusbahn an, die bis zum Bahnhof Saalburg/Lochmühle fährt. Von dort führt ein Fußweg am Limes entlang (ca. 45 Min.) zur Saalburg. Täglich geöffnet, auch an Sonn- und Feiertagen, März bis Okt. 9–18 Uhr, Nov. bis Feb. 9–16 Uhr, am 24. und 31. Dez. 9–12 Uhr; Tel. 0 61 75/93 74-0 (10–16 Uhr); Führungs- und Veranstaltungs-Service: 0 61 75/93 74-20, Fax 06 17 5/93 74-11; info@saalburgmuseum.de bzw. www.saalburgmuseum.de.

Keine Stifterinschrift vom Wiederaufbau unter Kaiser Wilhelm II., sondern Ausdruck römischer Frömmigkeit: Weihinschrift eines Centurio im Stabsgebäude der Saalburg.

dem Hauptort der limeszeitlichen *Civitas Taunensium* (heute Frankfurt-Heddernheim), reihen sich konservierte Mauerzüge und Brunnen. Sie gehören zu den Steinkellern ehemaliger Wohnhäuser, aber auch zum Kastellbad *(Balineum)* und einer Herberge *(Mansio)*. Dieser Teil des Archäologischen Parks wird leider zumeist buchstäblich links liegen gelassen. Wenn allerdings in den nächsten Jahren der Ausbau der Saalburg abgeschlossen sein wird, soll gerade auch der Kastellvicus verstärkt präsentiert werden.

Man betritt das steinumwehrte Lager durch das nach Süden weisende Haupttor, die *Porta praetoria*, die als einzige der vier Toranlagen zwei Durchfahrten besitzt. Die vor dem Eingang aufgestellte Bronzestatue des Kaisers Antoninus Pius erinnert ebenso wie die über dem Tor angebrachte lateinische Bauinschrift Kaiser Wilhelms II. an römische Vorbilder. So fanden sich bei den Ausgrabungen neben einem mächtigen Sockelstein auch Bruchstücke einer solchen Kaiserstatue, allerdings nicht aus der teuren Bronze, sondern aus Basalt. Zudem wissen wir nicht, welcher römische Herrscher einst den antiken Reisenden begrüßte. Im Kastell-

inneren setzt sich das auf Repräsentation zielende Bauschema fort. Auf geradem Weg, zwischen den Nachbauten des Getreidespeichers *(Horreum)* zur Rechten und des Kommandantenhauses *(Praetorium)* zur Linken erblickt man das zentrale Stabsgebäude *(Principia)*. All denen, die keine Verabredung mit dem Führungspersonal haben und auch keine anderen Bedürfnisse verspüren (Taberna und Latrinen finden sich rechter Hand) sei vorgeschlagen, schnurstracks zum Fahnenheiligtum *(Aedes principiorum)* vorzudringen. Hierhin führt der Weg weiter geradeaus durch die große Halle des Stabsgebäudes und durch dessen zwei offenen Höfe. Auf den Treppenstufen vor dem zentralen Raum mit Altären und Kultbildern für den Kaiser, den Feldzeichen der Kohorte und der Truppenkasse endet also der Weg von Frankfurt hinauf auf den Taunuskamm, durch die Zivilsiedlung, das Kastelltor und das Lagerinnere. In römischer Zeit dürften hier Tag und Nacht Wachen gestanden haben. Sofern sich uns die mächtigen Türen dieses Raumes nicht öffnen, bleibt wenigstens ein Blick durch die Bronzegitter auf das ideelle wie materielle Herz der Garnison. Eine Installation zeigt uns den Raum, wie er ursprünglich ausgesehen hat.

In diesem Bereich des Stabsgebäudes beging man beim Wiederaufbau einen der wenigen Fehler, den der Kundige an den Baulichkeiten der Saalburg feststellen kann. Denn wie die große Eingangshalle der *Principia*, so war auch dieser rückwärtige Gebäudeteil im Original überdacht. Weder das Fahnenheiligtum noch die angrenzenden Räume öffneten sich also ursprünglich ins Freie, sondern in eine saalartige Querhalle. Bei den benachbarten Kammerreihen *(Armamentaria)*, die heute großteils Ausstellungszwecken dienen, handelte es sich zur Kastellzeit um Schreibstuben und Büros, aber auch um Archive und Waffen-

kammern. Beim Weg zurück passiert man das eine oder andere Steindenkmal, das seinen Weg von anderen Limeskastellen auf die Saalburg fand. Und erst nach dem Verlassen des Stabsgebäudes sei vorgeschlagen, die eigentlichen Ausstellungsräume in den beiden großen Natursteingebäuden der Getreidespeicher zu besichtigen. Sie beherbergen keine römischen Kunstschätze, sondern eine Fülle von Alltagsgegenständen, wie Waffen, Werkzeuge, Hausrat, Schmuck, Kleidungsreste und andere Originalfunde, die einerseits das hohe handwerkliche Können der Römer belegen, andererseits einen authentischen Einblick in die zum Teil gehobene Sachkultur der Menschen geben, die am Rande des Römischen Reiches lebten.

KAPERSBURG
Zuflucht im Binnenkastell

Bei größeren militärischen Auseinandersetzungen zwischen Rom und den Germanen kam dem Limes nur eine untergeordnete Rolle zu. Im Kriegsfall traten die im Hinterland stationierten Legionen und die aus den Garnisonen entlang der Grenzen abgezogenen Hilfstruppen dem Feind in einer offenen Feldschlacht entgegen. Mit Blick auf das Römische Reich oder die Provinzen im Ganzen ist dieser strategische Ansatz sicher zutreffend, wie die Kriege gegen Chatten, Markomannen und andere germanische Völker belegen. Abgesehen von diesen Ausnahmesituationen erfüllten der Limes und seine Sperranlagen aber auch eine tagtägliche Aufgabe, gleichsam den „kleinen Grenzschutz". Diese Aufgabe bestand in dem Schutz der unmittelbar hinter dem Limes gelegenen Landstriche. Lange Zeit, und offenbar sehr erfolgreich, schirmten die einzelnen Kastelle und ihre Garnisonen die Zivilsiedlungen und deren Bevölkerung gegen äußere Bedrohungen ab. Die Menschen, die im Hinterland des Limes leb-

ten und arbeiteten, hatten zugleich ein ureigenstes Interesse daran, dass die Grenze „funktionierte". Nur in Ausnahmefällen erlaubt die Archäologie jedoch Aussagen über diese besonderen Beziehungen zwischen den Zivilisten und den Soldaten. Die Kapersburg ist einer der wenigen Plätze, an denen sich diese enge Verbindung nachweisen lässt.

Mit dem sog. „Hühnerpfad" kontrollierte das Kastell einen Übergang über den Taunusrücken, der allerdings, wie auch sein Name nahe legt, nicht zu den wichtigen und überregional bedeutenden Verkehrsachsen zählte. Zum Saalburgpass und zum Feldberg bestand Blickkontakt. Der antike Name des Platzes ist auch hier nicht bekannt. Zwar hören wird bereits sehr früh, nämlich 1482, von einer „Karpesserburgk jnn dem phalegraben", doch erschließt sich leider die Bedeutung dieser mittelalterlichen Bezeichnung nicht. Vermutlich liegt ihr kein lateinischer Ausdruck zugrunde. Durch Inschriften gesichert ist nun jedoch die hier

Idealvorstellung eines Limeskastells: Umfassungsmauer der Kapersburg.

stationierte Militäreinheit. Das Steinkastell von 1,6 ha Größe (134 × 122 m) beherbergte den *Numerus Nidensium*, der sich aus Bewohnern der am nächsten gelegenen Stadt rekrutierte. Der römische *Vicus Nida*, im Bereich der heutigen Frankfurter Stadtteile Praunheim und Heddernheim zu suchen, war neben *Aquae Mattiacorum* (Wiesbaden) die bedeutendste städtische Siedlung nördlich des Mains. Die Männer, die auf der Kapersburg ihren Dienst taten, stammten also aus der Region und wussten ihre Eltern, Familien und Freunde nur einen knappen Tagesmarsch ent-

fernt. Entsprechend hoch dürfte ihre Motivation gewesen sein, die Grenze gegen Eindringlinge zu schützen.

Die Steinumwehrung der hervorragend im Wald erhaltenen Kastellruine ist ringsherum sichtbar. Auf der West- und Ostseite sind Umfassungsmauern und Tore konserviert. Hier sind auch die Wehrgräben wieder ausgehoben worden. Auf den ersten Blick zeigt das Lager keine Auffälligkeiten, sieht man von der Tatsache ab, dass die von Nord nach Süd durch das Lager ziehende Mittelachse leicht nach Osten versetzt ist, was auf mehrmali-

Praktische Hinweise

Lage: Das Kastell gehört zum Stadtgebiet von Rosbach von der Höhe und liegt etwa 4 km westlich des Stadtteils Ober-Rosbach im Wald. Am schnellsten erreicht man die Kapersburg über die Bundesstraße B 456. Aus Richtung des Saalburgpasses nimmt man in der Ortsmitte von Wehrheim die Abzweigung nach Pfaffenwiesbach. Hier führt auf Höhe der Kirche die Kapersburgstraße nach Süden, die ab dem Waldrand nicht mehr befahren werden darf. Folgt man dem Fußweg in den Wald, erreicht man nach etwa 1 km den Limes-Wanderweg. Nach der Umzäunung des Militärgeländes stößt man auf das Heim des Wandervereines Friedberg-Bad Nauheim, geradeaus nach Süden befindet sich das Kastell. Als einziges Bauwerk des Lagerdorfes ist das Bad zwischen Kastell und Limes bekannt.
Tipp: Die Archäologische Gesellschaft in Hessen e.V. bietet ein Führungsblatt zum Kastell Kapersburg an (Nr. 59). Bezugsmöglichkeiten über das Landesamt für Denkmalpflege in Hessen, Abt. Archäologische und Paläontologische Denkmalpflege, Tel. 06 11/69 06 31.

ges Vergrößern des Kastellareals zurückzuführen ist. Im Nordosten des Lagerinneren finden wir jedoch Mauerzüge, die nicht in das reguläre Schema der bekannten Lagergrundrisse passen wollen. Gut 30 m entfernt von den konservierten Fundamenten des Fahnenheiligtums und zweier angrenzender Räume zeigen sich ungewöhnlich massive und dicht gedrängte Gebäude. Die Datierungen dieser Bauten sind mit Ausnahme eines Getreidespeichers *(Horreum)*, der unter Kaiser Caracalla (208 oder 209 n. Chr.) errichtet wurde, leider völlig unklar. Vor allem ein 40 m langer Mauerzug im Inneren, der in einem massiven Steinturm (?) endet, scheint ein Abriegeln der nordöstlichen Kastellecke anzudeuten. In Verbindung mit Fundmaterial aus der spätesten Limeszeit kam daher der Gedanke auf, dass sich die

letzten Verteidiger des Lagers in dieses Kastell-im-Kastell zurückgezogen haben, als die Mannschaftsstärke der ursprünglichen Garnison durch Abkommandierungen und Ausfälle bereits stark reduziert war. Die übrige Kastellfläche wurde entweder ganz aufgegeben, oder sie diente auch den Bewohnern der Zivilsiedlung als Zuflucht. Der Einbau eines derartigen Binnenkastells als späteste Baumaßnahme ist insbesondere im Kastell von *Abusina*-Eining an der Donau belegt. Vergleichbare Befunde werden aber auch für andere Kastelle im Taunus und am Main diskutiert. In jedem Fall dürfen wir annehmen, dass die in der Mitte des 3. Jh. am Limes stationierten Soldaten um ihre eigene Sicherheit bereits ebenso besorgt sein mussten, wie um die der Siedlungen im Hinterland der Grenze.

WANDERSTRECKE: VOM FELDBERG ZUR SAALBURG
Drei Besonderheiten der Limesstrecke

Im Hochtaunus warten auf den Wanderer nicht nur einige der am besten erhaltenen Abschnitte des Limes, sondern zugleich auch drei Besonderheiten der Streckenführung in Obergermanien. Der hier beschriebene Weg vom Feldberg zur Saalburg führt ohne allzu große Steigungen auf dem

bewaldeten Höhenrücken des Taunus entlang. Grenzsperren, Türme und Kastelle sind nahezu überall sehr gut sichtbar.

Nahe dem Ausgangspunkt an den beiden markanten Kuppen des Feldbergs bestand rund 700 m über dem Meeresspiegel die höchstgelegene römi-

Praktische Hinweise

Der Wandervorschlag ist Teil des „Limeserlebnispfades Hochtaunus" von Glashütten nach Ober-Mörlen. Die Route ist mit dem Symbol des Limes-Wanderweges ausgeschildert und wird durch Infostationen zu verschiedenen Themen erläutert.
Lage: Die Anfahrt zum „Roten Kreuz" erfolgt am besten zunächst über die Bundesstraße B 8 Königstein–Waldems, dann dem Wegweiser Feldberg folgend, den Abzweig der Landstraße in Richtung Oberreifenberg nehmen; Parkmöglichkeiten bestehen vor Ort nach gut 2 km. An öffentlichen Verkehrsmitteln verkehren zum Roten Kreuz die Buslinien 502 Königstein–Usingen oder 511 Königstein–Oberursel–Hohemark. Für die Verbindungen zur Saalburg (s. S. 32).
Tipp: Die Archäologische Gesellschaft in Hessen e.V. bietet ein Führungsblatt zum Kastell am Kleinen Feldberg an (Nr. 58). Bezugsmöglichkeiten über das Landesamt für Denkmalpflege in Hessen, Abt. Archäologische und Paläontologische Denkmalpflege, Tel. 06 11/69 06 31.

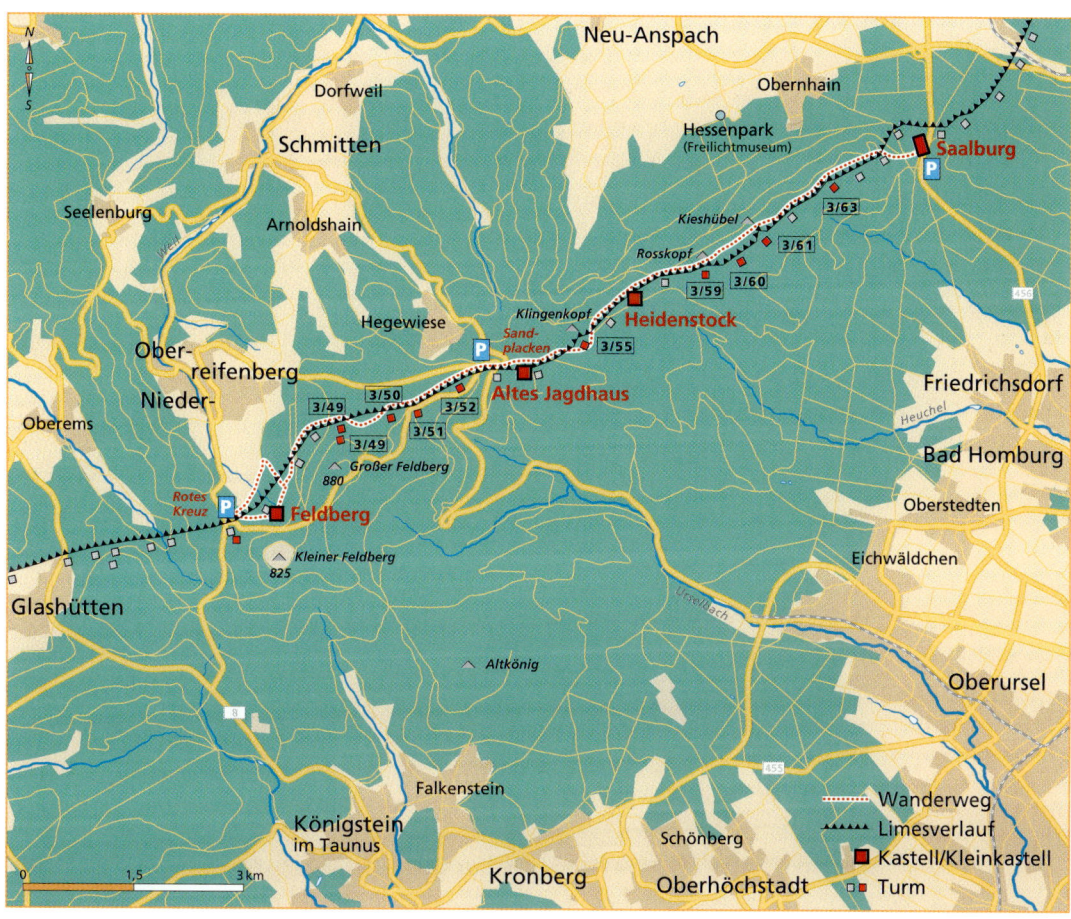

Wanderweg
Limesverlauf
Kastell/Kleinkastell
Turm

sche Garnison am Obergermanisch-Raetischen Limes. Das hervorragend erhaltene Steinkastell und seine Außenanlagen werden durch den separaten „Rundweg Feldbergkastell" mit einer Länge von 2,4 km erschlossen und sollen daher hier nicht weiter beschrieben werden. Als Eigentümlichkeit finden sich in diesem Abschnitt zwei hintereinander liegende Grenzsperren. Bereits ab dem gut 2 km entfernten Ortsrand von Glashütten verläuft die ältere, südliche Limeslinie, die in weiten Bögen um die Höhen des Glaskopfs und des Kleinen Feldbergs zieht und sich insgesamt stark an die Geländetopographie anlehnt. Sie umfasste lediglich die Palisade und ist daher heute im Gelände nur anhand ihrer Turmstellen sichtbar. In einem Abstand

von etwa 150–400 m ist ihr die zweite Limeslinie mit dem üblichen Wall-Graben-System vorgelagert, die nun annähernd geradlinig verläuft. Holzturmstellen bezeichnen die ältere, Steintürme die jüngere Linie. Am Großen Feldberg endete die Limesverdopplung offenbar. Wie weit sie ursprünglich nach Westen reichte, ist nie bestimmt worden. Mit Sicherheit wurde der Limesverlauf aber nicht allein in dem tief eingeschnittenen Emstal „begradigt". Auch westlich von Glashütten ist noch ein älterer Wachtturm bekannt, der 600 m südlich der Limeslinie liegt.

Am östlichen Abstieg des Großen Feldbergs hält sich der ausgeschilderte Wanderweg dicht an die Sperranlagen und man erreicht die kleine Pass-

In eindrucksvoller Höhe zeigen sich Graben und Wall des Limes am Feldberg.

höhe des Sandplacken mit der Landstraße und dem Ausflugslokal. Etwa 200 m weiter liegt ein Kleinkastell, das seinen Namen von einem im Inneren errichteten „Alten Jagdhaus" erhielt. Die Umwehrung gibt die Ausmaße der antiken Wehranlage an, die Mauerreste im Inneren gehören hingegen zu einem Gebäude aus dem 16. Jh. Knapp 500 m östlich stößt man auf die zweite Besonderheit dieses Limesabschnitts. Hier am Aufstieg zum Klingenkopf und noch einmal etwa 3 km weiter östlich an Rosskopf und Kieshübel bestanden die Sperranlagen aus einer steinernen Mauer, wie wir sie aus der Nachbarprovinz Raetien kennen. Massiver, dicht unter der Erdoberfläche liegender Fels machte Bodeneingriffe sehr beschwerlich. Für den Bau der Palisade unterzog man sich noch dieser Mühe und schlug den etwa 1 m tiefen Palisadengraben in das feste Gestein. Doch später den 6 m breiten und 2,5 m tiefen Limesgraben auszuheben, überstieg das Maß an Arbeit, das den römischen Soldaten zumutbar war. So machte man aus der Not eine Tugend und fügte stattdessen die vorhandenen Steine zu einer Mauer zusammen. Ihre Reste sind bis heute als moosbewachsener Steinwall im Wald sichtbar geblieben.

Vorbei an den konservierten Fundamenten des Steinturmes WP 3/55 und des Kleinkastells Heidenstock (es entspricht WP 3/57) führt ein leichter Aufstieg auf den langen Höhenkamm von Rosskopf und Kieshübel. Die Tatsche, dass der Wanderweg hier auf den höchsten Punkt des Geländes führt, der Limes allerdings rechter Hand deutlich tiefer liegt, zeigt die dritte Auffälligkeit dieser Strecke an. Auch an anderen Stellen im Taunus folgen die Sperranlagen zwar generell dem Gebirgskamm, aber im Detail bleiben sie nicht immer auf der höchsten Erhebung, sondern verlaufen tiefer am Hang. Das hat zur Folge, dass sich unmittelbar vor dem Limes und seinen Wachttürmen der Bergkamm erhebt. Ein Ausblick nach Norden, in das „Feindesland", war damit nicht möglich. Offenbar legten die Römer keinen Wert darauf, immer den Höhenzug und damit den für eine Verteidigung der Sperranlagen besten taktischen Verlauf zu besetzen. Wir dürfen dies als Beleg dafür werten, dass der Limes eben keine Wehranlage war und dass es ausreichte, wenn Sichtverbindung zu den Nachbartürmen bestand.

Über den Rosskopf und die hier konservierten Turmhügel und -fundamente erreicht man nach ca. 5 km die Saalburg.

Wetterau

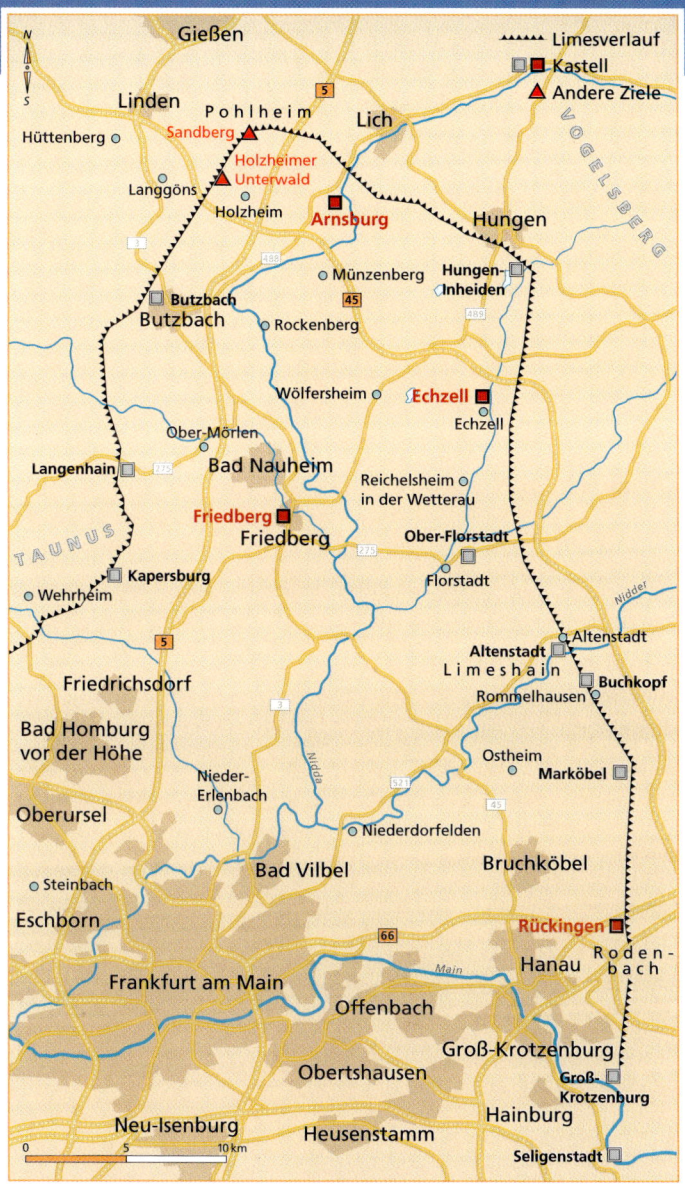

Mit dem Taleinschnitt des Flüsschens Usa endet der Taunus, und der Limes steigt hinab in offenes Hügelland. Er folgt nun keinem markanten Höhenzug mehr, sondern umfasst in einem weit nach Norden ausholenden Bogen die fruchtbare Beckenlandschaft der Wetterau. Lößböden, zahlreiche Wasserläufe, darunter die namengebende Wetter und das milde Klima, machten die Wetterau in römischer Zeit zur unverzichtbaren Kornkammer für die Versorgung des Grenzheeres. Das gesamte Limeshinterland war angefüllt mit Gutshöfen, die ihre Erzeugnisse an die nahen Militärlager lieferten. Zentral in der nördlichen Wetterau und durch Militärstraßen in alle Richtungen mit den Limeskastellen verbunden, lag der Kastellplatz Friedberg. Der am weitesten nach Norden vorgeschobene Grenzabschnitt um das Kastell Arnsburg lag gegenüber dem germanisch besiedelten Gießener Becken, hier befand sich auch ein natürliches Einfallstor in die Provinz.

HOLZHEIMER UNTERWALD
Feldwache am Pfahlgraben

Bei ihrer ersten überlieferten Ausgrabung 1879 war von der aus Basalt hergestellten steinernen Kastellmauer „der noch bis 1 m hohe unterste Teil" erhalten. Gut 100 Jahre später blieben nur noch die untersten Fundamentlagen, nachdem die Ruine durch illegale Ausgrabungen immer wieder beschädigt worden war. Wir können nur vermuten, wie viele Funde dabei gestohlen wurden, die uns heute fehlen, um die Geschichte dieser hochinteressanten kleinen Wehranlage zu enträtseln.

Zu beiden Seiten des Holzheimer Unterwaldes verläuft der Pfahlgraben auf einer Länge von insgesamt 8,5 km schnurgerade. Dies und die Beobachtung, dass die begleitenden Wachttürme nur vergleichsweise wenige Ausbesserungen aufweisen, verraten bereits, dass der Limesverlauf zwischen Butzbach-Degerfeld und Pohlheim nicht so alt ist wie etwa die Strecken im Taunus. Erst am nördlichsten Punkt der Wetteraulinie begegnen wieder Wachtposten mit bis zu fünf aufeinander folgenden Reparatur- und Ausbauphasen, so z. B. WP 4/53 in Pohlheim-Grüningen, östlich der Autobahn A 5. Dennoch wurde wohl auch das Kleinkastell im Unterwald noch zu Beginn des 2. Jh. errichtet, als lediglich die Palisade den Grenzverlauf markierte. Als später der Limesgraben ausgehoben wurde, rückte der begleitende Erdwall sehr dicht an das nur 12 m entfernte Kastelltor heran.

Die kleine Wehranlage bildet ein annähernd regelmäßiges Quadrat mit 19 m Seitenlänge, war von einem schmalen Spitzgraben umgeben und besaß im Inneren zwei Mannschaftsbaracken aus Holzfachwerk, in denen 20, maximal 30 Soldaten untergebracht werden konnten. Eine Abteilung der Hilfstruppen dürfte hier über einen längeren Zeitraum hinweg stationiert gewesen sein, wie Herdstellen, Küchenabfälle und ein Brunnen nahe legen. Vermutlich wurden die Soldaten von größeren Kastellplätzen für eine bestimmte Zeit hierher abkommandiert.

Kleinkastelle dieser Größenordnung werden gerne auch als „Feldwachen" bezeichnet. Insgesamt kennen wir am Obergermanischen Limes über ein Dutzend vergleichbarer Bauten. Ihre Zweckbestimmung ist allerdings unklar. Reguläre Limesübergänge scheinen derartige Feldwachen nicht kontrolliert zu haben, da wir an ihren Standorten in der Regel archäologisch keinen Durchlass in den Sperranlagen feststellen können. Dies war auch im Holzheimer Unterwald so. Zudem un-

Praktische Hinweise

Lage: Das in seinen Grundmauern konservierte Kleinkastell liegt etwa 2 km nordwestlich des Pohlheimer Ortsteiles Holzheim im Wald. Von der Landstraße L 3133 zwischen Holzheim und Langgöns zweigt etwa 750 m östlich der Autobahn A 45 die Kreisstraße in Richtung Grüningen ab. An dieser Einmündung quert der sichtbare Limesverlauf den Straßenbereich und es besteht eine gute Parkmöglichkeit. Über den hier beginnenden Forstweg sind es noch etwa 250 m nach Norden (Wegweiser).
Tipp: Die Archäologische Gesellschaft in Hessen e.V. bietet ein Führungsblatt (Nr. 133) an, in dem das Kleinkastell ausführlich beschrieben wird. Bezugsmöglichkeiten über das Landesamt für Denkmalpflege in Hessen, Abt. Archäologische und Paläontologische Denkmalpflege, Tel. 06 11/69 06 31.

Zeugnis unruhiger Zeiten: Münzfund aus dem Kleinkastell Unterwald.

terscheiden sich Feldwachen durch ihre geringe Größe, ihre Bebauung und der Ausrichtung des einzigen Tores zum Pfahlgraben hin von den eher größeren Anlagen, die wir von gesicherten Limesübergängen kennen. Möglich wäre daher, dass die Mannschaften der Wachttürme an stärker gefährdeten Limesstrecken durch die Stationierung zusätzlicher Soldaten unterstützt werden sollten, weil in plötzlichen Krisensituationen der Anmarschweg der Truppen aus den großen Kastellen zu lange dauerte. Eine solche Annahme unterstellt jedoch, dass die Soldaten am Limes nicht nur durch Signale ein unerlaubtes Eindringen von Germanen meldeten, sondern tatsächlich aktiv an ihrer Abwehr beteiligt waren. Wahrscheinlicher ist daher eine andere Erklärung zur Funktion derartiger kleiner Anlagen. Die Feldwachen gehören eher zu den spätesten Bauten am Obergermanischen Limes. Sie werden mehrheitlich in einer Zeit errichtet, als Roms nördliche Nachbarn unruhig zu werden beginnen und in

das Reich drängen, während gleichzeitig immer weniger Truppen zur Verfügung stehen, um den Limes wirkungsvoll zu schützen. Die Markomannenkriege in den 170er Jahren markieren den Beginn dieser Krise, die mit Unterbrechungen letztendlich bis zum Ende des Limes andauert. Auch ein Verwahrfund von 34 Silberdenaren und einem Sesterz aus dem Kleinkastell Holzheimer Unterwald, dessen jüngste Prägung ins Jahr 176 n. Chr. datiert, gehört in diese unruhige Zeit. Es ist daher eher unwahrscheinlich, dass zusätzliche Soldaten für reine Überwachungsaufgaben an den Limes beordert werden konnten. Es gibt im Gegenteil Anhaltspunkte dafür, dass immer weniger Soldaten zur Verfügung standen und im 3. Jh. auch nicht mehr alle Limestürme ausreichend bemannt waren. Um so mit den stark reduzierten Truppen überhaupt noch die ganze Grenze zu kontrollieren, könnten die restlichen Wachtmannschaften aus den Limestürmen abgezogen und in den Feldwachen konzentriert worden sein.

POHLHEIM-GRÜNINGEN
Das Tor nach Italien

Auf dem Sandberg bei Grüningen setzte im Jahr 1912 ein Professor aus Gießen zusammen mit seiner Frau einen Gedenkstein, auf dem in römischer Manier die lateinischen Worte zu lesen sind: *„Robertus Sommer cum uxore. Memoriae Romanorum barbarus anno MDCCCCXII. Limes Imperii Romani.“* (Übersetzung: Robert Sommer und Ehefrau. Der Barbar in Erinnerung an die Römer im Jahr 1912. Limes des Römischen Reiches.) Die Inschrift befindet sich noch heute an ihrem Platz.

Wir können nur mutmaßen, was Herrn Sommer, der sich selbst korrekt als „Barbar“ bezeichnete, da er ja immerhin fast 10 km außerhalb des Römischen Imperiums lebte, veranlasst hat, diesen Stein zu setzen, und warum er ihn gerade an dieser Stelle der Limeslinie errichtete. Vielleicht waren es ganz private Gründe, die das Ehepaar mit diesem Platz verband, vielleicht auch schlichtweg praktische, da dieser Abschnitt der Grenze ihrem Wohnort Gießen schließlich am nächsten lag. Beschäftigt man sich jedoch ein wenig länger mit dem Sandberg, so finden sich mehrere gute Argu-

mente dafür, diesen bis heute sehr ansprechenden Ort in derartiger Form zu würdigen.

Am augenfälligsten ist für einen Besucher zuerst einmal der Nachbau eines steinernen Wachtturmes, der zusammen mit einem rekonstruierten Abschnitt des Pfahlgrabens die Szenerie bestimmt. Der aus Basaltquadern errichtete Turm steht etwas südwestlich vom Originalstandort des Wachtposten WP 4/49. Mit seinen nur zwei Geschossen wirkt er etwas trutzig, und auch der direkte Zugang auf die umlaufende Galerie sowie die Ziegeldeckung des Daches mögen nicht dem Stand der Forschung entsprechen. Dennoch genießt man eine wunderbare Fernsicht in das Limesvorland nach Norden und auf den Limesverlauf nach Osten. Wenn es allerdings dieser Ausblick war, der das Ehepaar Sommer zu ihrer Inschrift verleitete, dann brauchten sie hierfür offenbar keinen Turm, denn dieser wurde erst 1967 von der Heimatvereinigung Schiffenberg errichtet. Auch der Schiffenberg bei Gießen ist von hier aus noch gut auszumachen.

Errichtet aus dem hier vorkommenden Basaltgestein: Der dunkle Turm vom Sandberg.

Praktische Hinweise

Lage: Der Sandberg liegt an der Landstraße von Pohlheim-Grüningen nach Norden in Richtung Gießen. Etwa 1 km nach dem Ortsausgang folgt man hinter einer Gehöftgruppe links dem Wegweiser zum Limesturm; auf der Höhe wieder nach links bis zu einer Parkmöglichkeit an dem Rastplatz unmittelbar am nachgebauten Limesturm.

Welche Charakteristika zeichnen den Sandberg sonst noch aus? Da wäre zunächst die über 8 km lange Limeslinie zu nennen, die schnurgerade von Südwesten, aus Richtung Butzbach kommend, an diesem Punkt endet. Allerdings befindet sich hier nicht der nördlichste Punkt des Limesbogens um die Wetterau. Dieser liegt gut 1 km weit entfernt, dort wo heute der Aussiedlerhof „Limeshof" auf den Resten des ehemaligen Kastells Hainhaus steht. Möglicherweise waren die römischen Mauerreste die Keimzelle eines zur Zeit Karls des Großen, 793 n. Chr., erwähnten Ortes Pohlheim, der in seinem Namen ja die römische Grenze, „den Pfahl", führte. Die Ansiedlung fiel noch im Mittelalter wüst, ihre Häuser verschwanden ebenso wie die Reste der einstigen römischen Grenzanlagen. Erst in der Gebietsreform unserer Tage wurde der Gemeindename Pohlheim wiederbelebt.

Zu erwähnen wäre an dieser Stelle auch ein anderes Relikt aus dem Mittelalter. Offenbar war der ganze nordwestliche Limesbogen der Wetterau, die Reichs-Limeskommission nennt die knapp 12 km lange Strecke zwischen WP 4/37 und WP 4/54, nicht nur in römischer Zeit, sondern auch noch einmal später, eine befestigte und überwachte Landesgrenze, die sog. „Solmser Landhege". Inwieweit diese mittelalterliche Überformung des limeszeitlichen Erdwerks unseren Eindruck vom Aussehen und Verlauf des Limes in diesem Abschnitt verfälscht, konnten die damaligen Untersuchungen leider nicht mit Sicherheit klären.

Kommen wir zurück zum Ehepaar Sommer. Selbstverständlich lassen sich ihre Motive heute nicht mehr mit Sicherheit aufspüren. Doch hinter der Fernsicht und den Besonderheiten der Streckenführung steht die Tatsache, dass sich an diesem Punkt die beiden Landschaften des Gießener Beckens und der Wetterau berühren. Stärker als anderswo hat man hier den Eindruck, dass der Limes etwas Trennendes war, weil er einen natürlichen Übergang sperrte. Für einen Reisenden aus dem Norden, einem „Barbaren" aus dem germanisch besiedelten Lahntal, war die an sich ganz unspektakuläre Pass-Situation unterhalb des Sandbergs doch das Tor zur römischen Welt. Hatte man diesen Punkt hinter sich gelassen, konnte man anfangen von Italien zu träumen.

Der Begriff „Limes"

Mit archäologischen Mitteln ist es nicht möglich, das aufzufinden, was sich ein Römer unter dem Begriff „Limes" vorstellte, denn dieser Ausdruck bezeichnete in der Antike eben nicht die „befestigte Landgrenze". Das lateinische Wort *limes* hängt sprachlich mit den Begriffen *limus* = *quer* und *limen* = *Schwelle* zusammen. Ursprünglich bezeichnete man damit die Bahn, die ein Feld, einen Wald oder auch Meer oder Himmel durchquert. Im technischen Sinne verstand man darunter die Gewannwege, also begehbare Feldraine, die bei der römischen Einteilung der Feldfluren, der *Limitatio*, angelegt wurden.

Der römische Historiker Frontin gebraucht den Begriff *limites* für die Schneisen, die von den römischen Soldaten in die germanischen Wälder geschlagen wurden. Diese dienten sowohl als Vormarschwege als auch zur besseren Kontrolle der Bewegungen feindlicher Streitkräfte. Tacitus verwendet als Erster den Ausdruck für die römische Reichsgrenze selbst.

Zusammenfassend können wir also feststellen, dass für einen Römer die Grenze zu den Barbaren, dort, wo er sie als Limes bezeichnete, lediglich aus einer durch die Natur geschlagenen

Bahn, einer Waldschneise, bestand. Einfache Waldschneisen können wir archäologisch aber gar nicht fassen. Wie benötigen die Sperranlagen, Zäune, Palisaden, Grabenwerke oder Mauern, um den Verlauf der römischen Grenze aufzuspüren. Mit der Errichtung solcher Annäherungshindernisse oder Befestigungen verliert die Grenzlinie aber den Charakter einer einfachen Schneise, sie ist eben kein *limes* mehr, sondern wird zum *palus* = Pfahl, der Palisade, zum *vallum* = (Erd)wall oder zum *murus* = Mauer, wie der Hadriansmauer. Der deutsche Gebrauch des Wortes Limes beruht daher streng genommen auf einer Fehlinterpretation lateinischer Texte. Wie der „Limes" von seinen Zeitgenossen genannt wurde, wissen wir nicht.

ARNSBURG
Mönche im Limeskastell

D ort wo die Wetter die nach ihr benannte offene Beckenlandschaft erreicht, liegt einer der langlebigsten römischen Militärplätze der Wetterau. Der Kleinraum war lange bevor der Limes angelegt wurde bereits Aufmarschgebiet für römische Truppen. Lesefunde aus der Zeit des Kaisers Augustus und seines Nachfolgers Tiberius weisen auf Militärpräsenz im Zusammenhang mit deren Feldzügen zur Eroberung Germaniens hin. Spätestens im Jahr 16 n. Chr. werden die bislang noch nicht mit Sicherheit lokalisierten Truppenbasen geräumt worden sein. Westlich des in die umgebenden Lößhochflächen eingeschnittenen Flusstales der Wetter sind zwei große, nur kurzzeitig bestehende Militärlager bekannt. Sie könnten in die Zeit der über zwei Generationen später durchgeführten römischen Besetzung der Wetterau bzw. der Chattenkriege unter Kaiser Domitian gehö-

ren. Unmittelbare Vorläufer des Limeskastells von Arnsburg waren jedoch auch sie nicht. Dieses befindet sich nämlich südlich des hier in die Wetter mündenden Welsbaches. Die dortige Flurbezeichnung „Die (große) alte Burg" weist wie andernorts auf eine weit in die Vergangenheit zurückreichende Kenntnis von Mauerzügen. Die Lage auf einer nach drei Seiten hin abfallenden Lößhochfläche bot natürlichen Schutz und guten Fernblick. Arnsburg war aufgrund seiner Position am nördlichen Wetterbogen sicherlich das am stärksten exponierte Kastell am Limes. Gleichzeitig dürfen wir davon ausgehen, dass den hier stationierten Truppen eine wichtige Aufgabe bei der Kontrolle der Verkehrswege in und aus der *Germania magna* zukam. Daher bestand die hier stationierte Kohorte wahrscheinlich stets auch aus Reitern *(Cohors equitata)*. Vermutlich im ausge-

Praktische Hinweise

Lage: Der Kastellplatz gehört zum Stadtteil Muschenheim des rund 5 km nordöstlich gelegenen Lich. Von der Bundesstraße B 488 Butzbach–Lich nach rechts Richtung Muschenheim abbiegen, an der unmittelbar darauf folgenden Straßengabelung nicht nach links zum Kloster Arnsburg, sondern nach rechts abbiegen. Sofort vor dem Übergang über den Welsbach befindet sich links ein kleiner, unbeschilderter Parkplatz.

henden 1. Jh. n. Chr. zunächst in Holz-Erde-Technik errichtet, wurde das Kastell in der Limeszeit mit einer Steinumwehrung auf insgesamt 3 ha Größe ausgebaut. Am südlichen Lagertor, der *Porta principalis dextra*, begann die zentrale, von Nord nach Süd durch die Wetterau verlaufende Fernverbindungsstraße an den Main bzw. in die Provinzhauptstadt *Mogontiacum*-Mainz. Insbesondere entlang dieser Achse entwickelte sich auch ein ausgedehntes Lagerdorf.

An der Stelle des Kastells wurde 1151 ein Benediktinerkloster gegründet. Es bestand nur wenige Jahre und wurde nie fertig gestellt. Mit dem Bau der Kirche hatte man jedoch bereits begonnen. Sie war auf die Mitte der Lagerachse ausgerichtet, ihr Chor lag unmittelbar gegenüber dem Stabsgebäude *(Principia)*. Wir dürfen daraus schließen, dass zu dieser Zeit die Steinmauern des römischen Kastells noch so hoch aufragten, dass man sie in die Planung der Klosteranlage einbezog. Lei-

Im Luftbild zeigen die hellen Mauerzüge Lage und Ausdehnung der römischen Gebäudereste des Kastells von Arnsburg an.

der war der Anlage kein Erfolg beschieden. Wir hätten gerne erfahren, wie eine architektonische Symbiose zwischen dem römischen Kastell und dem christlichen Kloster ausgesehen hätte.

Der Althistoriker und spätere Literatur-Nobelpreisträger Theodor Mommsen zählte die Arnsburg 1893 zu den schönsten und am besten erhaltenen aller bis dahin ausgegrabenen Kastelle. Heute ist unser Wissensstand über diesen weit nach Norden vorgeschobenen Kastellplatz eher schlecht. Dies liegt zunächst daran, dass seit den zeitlich sehr begrenzten Untersuchungen der Reichs-Limeskommission hier keine regulären archäologischen Ausgrabungen mehr stattfanden. Da der größte Teil der römischen Ansiedlung bis heute intensiv landwirtschaftlich genutzt wird, riss der Pflug in der Vergangenheit viele Fundstücke aus ihrem geschichtlichen Kontext. Darüber hinaus wurde der Platz über viele Jahrzehnte hin-

weg von „Schatzgräbern" heimgesucht, deren Gier nach antiken Gegenständen weitere Funde undokumentiert und für historische Aussagen wertlos in privater Hand verschwinden ließ.

Heute ist von dem Kastell nur sehr wenig sichtbar. Der Reiz eines Besuches liegt daher eindeutig in der immer noch sehr guten Erfahrbarkeit der römischen Topographie. Auf der Süd- und Westseite markieren Böschungen den Verlauf der einstigen Kastellmauern. Nach ihrer Ausgrabung durch die Reichs-Limeskommission wurden Teile der Nordumwehrung mit dem Lagertor konserviert. Ein großer Lesesteinhaufen und eine Linde liegen etwa im Zentrum der *Via principalis*. Von hier reicht der Blick, wie in der Römerzeit, weit in das Umland und über das Areal des ehemaligen *Vicus* hinweg nach Süden. Die römische Straße, die vom Südtor aus nach Friedberg führte, besteht noch heute in einem Feldweg fort.

Im Lager der Ala Indiana

Erwähnung verdient Echzell schon allein durch einen besonderen Fund, der im dortigen Kastell bei Ausgrabungen in den 1960er Jahren gelang. Aus der Offizierswohnung einer Kasernenbaracke stammen farbige Wandmalereien, die weit entfernt sind von den Pin-ups unserer Tage. Dargestellt ist u. a. eine Szene aus der griechisch-römischen Mythologie, die Geschichte von *Dädalus und Ikarus*. Das Gemälde blieb nur erhalten, weil die mörtelverputzte Fachwerkwand flach und durch keine späteren Eingriffe gestört im Erdreich zu liegen kam. Dieser glückliche Fund wirft zum einen ein Licht auf den Wohnluxus, den selbst die Fachwerkbauten der Soldatenunterkünfte boten, zum anderen wird aber auch deutlich, dass selbst an der Grenze Roms zu den Barbaren klassisches Bildungsgut nicht unbekannt

war. Eine Rekonstruktion des vollständig ausgemalten Raumes ist im Saalburgmuseum zu sehen.

Bei dem Besuch des Kastellplatzes Echzell gilt unser Interesse nicht so sehr dem römischen Lager selbst. Wie andernorts auch, ist von dem einst 5,2 ha großen Steinkastell, einem der größten am Obergermanischen Limes, heute nichts mehr sichtbar. Seine Ausdehnung spricht dafür, dass hier zwei Militäreinheiten zusammen stationiert waren. Vermutlich lagen hier eine Reitereinheit *(Ala quingenaria)* und eine Infanterieeinheit *(Cohors quingenaria peditata)*, zusammen insgesamt 1000 Soldaten. Die Namen der Truppen sind nicht gesichert. Ob tatsächlich beide Einheiten in den Grenzdienst eingebunden waren, oder ob beispielsweise die Reiter für Sonderaufgaben provinzweit zum Einsatz kamen, wissen wir nicht. Die

Grenze bei Echzell selbst scheint jedenfalls nicht besonders gefährdet gewesen zu sein. Die eigentlichen Sperranlagen verlaufen etwa 1,4 km entfernt und sind vom Kastellplatz durch die Niederung der Horloff getrennt. Zwischen den Kastellplätzen Inheiden im Norden und Ober-Florstadt im Süden scheint die Limeslinie bewusst dem Lauf der Horloff zu folgen. Ihr feuchtes Ried war in römischer Zeit sicherlich nur an wenigen Stellen passierbar und bot so einen zusätzlichen Schutz. Durch die waldigen Höhen des Vogelsbergs war zudem auch das unmittelbare Limesvorland nur gering oder möglicherweise auch gar nicht besiedelt.

Interessant sind in Echzell vor allem zwei Dinge: die erhaltenen Zeugnisse des Militärbades und eine vor dem Museum rekonstruierte Jupitersäule. Im Mittelalter wurde die Kirche des Ortes auf den Fundamenten des ehemaligen Badegebäudes errichtet. Dabei nimmt das Kirchenschiff, das genau über der römischen Anlage liegt, lediglich zwei Drittel des Kastellbades ein. Nach Südosten reichen die Mauern des Bades noch 15 m über das Gotteshaus hinaus. Bis heute sind in einem Keller unter der Kirche sichtbare Mauerreste erhalten, auf dem Platz vor der Kirche wurden Mauerzüge eines Heiz- und zweier Schwitzräume in der Pflasterung markiert. Das ungewöhnlich große Badegebäude passt mit seiner Länge von rund 50 m zu den Abmessungen des Kastells und hätte – im Schichtbetrieb – sicherlich auch als Garnisonsbad für die hier vermuteten 1000 Soldaten ausgereicht. Neben dem Bad konnte ein weiterer großer Steinbau nachgewiesen werden, vermutlich ein

Nachbau anhand des Originals: Die Jupitersäule von Echzell-Wölfersheim.

Praktische Hinweise

Lage: Die römischen Zeugnisse und das Museum befinden sich bei der ev. Kirche im Norden des Ortes. Parkmöglichkeiten bestehen zwischen dem heutigen Rathaus und der Kirche. Im ehemaligen Rathaus, einer 1620 errichteten Edelhofanlage, befindet sich die kleine, aber sehr sehenswerte Sammlung des Heimatmuseums. Geöffnet So. 10–12 und 14–16 Uhr (an Feiertagen geschlossen); Gruppen und Führungen n. V., Tel. 0 60 08/4 05 oder 3 62.

Unterkunftshaus *(Mansio)*, wie dies beispielsweise auch auf der Saalburg stand.

Lucius Quintionius Servianus, ein Veteran der *Ala Indiana*, weihte auf seinem Landgut im 3,5 km entfernten Wölfersheim in den Jahren zwischen 211 und 222 n. Chr. ein 5,5 m hohes, steinernes Götterbild, das heute im Echzeller Heimatmuseum steht. Es handelt sich um eine sog. Jupitersäule. Vergleichbare Bildwerke kennen wir aus Italien nicht. Sie waren zwar dem römischen Himmelsgott Jupiter *(Jupiter Optimus Maximus)* geweiht, hinter ihm verbergen sich jedoch keltisch-germanische Glaubensvorstellungen. Der Aufbau der Jupitersäulen ist meist gleich: Auf einer Fundamentplatte ruht zunächst ein massiver Quader mit Reliefdarstellungen von zumeist vier römischen Gottheiten (Viergötterstein), darüber folgt ein runder oder vieleckiger Zwischensockel, häufig mit den Darstellungen der sieben Wochentage (Wochengötterstein), dann folgt die eigentliche Säule. Sie trägt Schuppen und Weinranken, gelegentlich auch Eichenlaub, und endet in einem Kapitell, das an den Ecken die vier Jahreszeiten zeigt. Darüber erhebt sich der vollplastisch gearbeitete Jupiter, entweder sitzend auf einem Thron, wie hier in Echzell neben sich die Göttin Juno, oder mit einem Pferd oder Wagen über einen am Boden liegenden Giganten reitend. Mit derartigen Weihegeschenken suchte man vermutlich Jupiter in seiner Eigenschaft als Himmelsgott milde zu stimmen, weshalb solche Säulen gerne an landwirtschaftlichen Gehöften standen, wo gutes Wetter die Grundlage für reiche Ernten und wirtschaftlichen Wohlstand war.

Probleme mit Wall, Graben und Palisade

Vor wenigen Jahren gelang es Archäologen in der Wetterau, den Zeitpunkt für den Bau der Limespalisade auf das Jahr genau nachzuweisen. Der feuchte Untergrund hatte die Holzpfähle so gut konserviert, dass als Fälldatum der verwendeten Bäume der Herbst 119 n. Chr. bestimmt werden konnte. Dieses Ergebnis bestätigten Angaben antiker Historiker, nach denen Kaiser Hadrian im Jahr 120 n. Chr. die Palisade erbauen ließ. Doch nicht allein dieses Datum ist erwähnenswert, sondern vor allem die Tatsache, dass bei den Untersuchungen keine Reparaturphasen festzustellen waren!

Zum Bau der Palisade dienten halbierte Eichstämme, die mindestens 1 m tief in das Erdreich eingegraben wurden. Die stabile Verankerung der Pfähle im Grund lässt darauf schließen, dass die Palisade mindestens doppelt so hoch aufragte, vermutlich sogar 2,5–3 m. Wie alle Hölzer, die der Witterung ausgesetzt sind, hatte auch die Palisade nur eine begrenzte Haltbarkeit. Wir dürfen daher davon ausgehen, dass die Eichenstämme nach etwa 30 Jahren baufällig wurden. Am raetischen Grenzabschnitt ist wenigstens eine Reparaturphase nachzuweisen, in der ein massiver Flechtwerkzaun die Palisade ersetzte, später schuf man durch den Bau der Steinmauer einen dauerhafteren und ungleich eindrucksvolleren Ersatz. Dass die „Teufelsmauer" die jüngste Ausbauphase der Grenzsperren darstellt, ist archäologisch gesichert, da ihre Fundamente häufig über den Resten des Palisadengrabens und des Flechtwerks erbaut wurden.

Die neueren Ergebnisse zeigen nun, dass man offenbar auch am Obergermanischen Limes die Eichenstämme der Palisade nicht ausgetauscht hat, als die Pfähle etwa ab 150 n. Chr. morsch wurden, wie man bislang annahm. Dies hat zu dem

Schluss geführt, dass die Palisade auch in Obergermanien nach einiger Zeit ersatzlos aufgegeben wurde. Statt einer Steinmauer hätten hier Wall und Graben den Pfahl ersetzt und die einzige Grenzmarkierung gebildet. Anders als in Raetien gibt es aber Beobachtungen, die dem widersprechen: Graben und Wall des Obergermanischen Limes ziehen an keiner Stelle über den Palisadengraben hinweg, beide Anlagen verlaufen immer parallel zueinander. Auch sind dort, wo der Limesverlauf einmal verlegt wurde, Palisade, Graben und Wall stets an der älteren wie an der jüngeren Linie nachzuweisen. Schließlich finden sich noch zahlreiche Abschnitte, an denen außer der Palisade offenbar niemals weitere Annäherungshindernisse errichtet wurden. Diese Beobachtungen führten bereits seitens der Reichs-Limeskommission zu der Schlussfolgerung, dass in Obergermanien der Bau von Graben und Wall hinter der Palisade eine Verstärkung der Grenzanlagen darstellte. Die Diskussion ist noch nicht beendet.

Sah es überhaupt so aus? Nachgebauter Limesabschnitt bei Limeshain.

BAD NAUHEIM UND FRIEDBERG
Das Herz der römischen Wetterau

Wie stark während der Limeszeit auch das Hinterland vom Militär geprägt war, zeigt der Blick auf die beiden nur wenige Kilometer auseinander gelegenen Städte Bad Nauheim und Friedberg.

In Bad Nauheim, dessen reiche Salzvorkommen seit der Vorgeschichte intensiv ausgebeutet wurden, bestanden mehrere große Truppen- bzw. Versorgungslager bereits während der Feldzüge unter Kaiser Augustus zur Unterwerfung des rechtsrheinischen Germanien. Mit der Niederlage des Quinctilius Varus im Teutoburger Wald im Jahr

9. n. Chr. endet zunächst die römische Präsenz vor Ort. Verschiedene Hinweise sprechen dafür, dass das Usa abwärts gelegene Friedberg in den nachfolgenden sog. Rachefeldzügen des Germanicus von 14–16 n. Chr. für kurze Zeit die Rolle von Bad Nauheim als zentralem Militärplatz im Zentrum der Wetterau übernahm. Der leichter zu verteidigende Burgberg, der als markante Erhebung im Norden Friedbergs aufragt, war vermutlich ausschlaggebend für den Ortswechsel.

Als nach dem Chattenkrieg Kaiser Domitians von 83–85 n. Chr. die zweite und diesmal dauer-

Auch heute im Dienst der Fernsicht: Die Sternwarte auf dem Johannisberg.

hafte Besetzung der Wetterau besiegelt war, lagen zunächst noch in beiden Städten römische Militärgarnisonen. Allerdings war es Friedberg, das schließlich zu einem dauerhaften Stützpunkt ausgebaut wurde. Dank der Wirtschaftskraft, die der Sold der hier stationierten 1000 Soldaten darstellte, entwickelte sich Friedberg in den gut 150 Jahren römischer Herrschaft zum Mittelpunkt der Wetterau. Eine Karte der Limeszeit gibt eindrucksvoll die zentrale Rolle wieder: aus allen Himmelsrichtungen zielen römische Straßen auf Friedberg. Der Weg vom und an den Limes führte unweigerlich am Burgberg vorbei, auf dessen etwa 4 ha großem Plateau das Kastell für 1000 teilberittene Damaszener Bogenschützen lag, einer Elite- und Spezialeinheit, deren stolzer Name *Cohors I Flavia Damascenorum milliaria equitata sagittariorum* (Übersetzung: Flavische Kohorte der Damascener, 1000 Mann, teilweise berittene Bogenschützen) sicherlich weit über die Region hinaus bekannt war. Die gut ausgebauten Verkehrswege ermöglichten es den Friedberger Reitern innerhalb weniger Stunden, jeden Ort der nördlichen Wetterau zu erreichen. Gleichzeitig sperrte das Kastell den Weg aus der nördlichen Wetterau an den Main bzw. in das Hinterland der Provinz. Das Kastellareal liegt im Bereich der mittelalterlichen Burg und ist nicht bekannt. Vermutlich sind weite Teile durch Überbauung zerstört. Wohl zum *Praetorium*, dem Wohnhaus des Kommandanten, gehört ein 1963 entdecktes Badegebäude, das in einem Keller des heutigen Burggymnasiums sichtbar ist. So wie sich in römischer Zeit entlang der nach Süden verlaufenden

Praktische Hinweise

Museum: Das Wetterau-Museum bei der Stadtkirche, Haagstraße 16, 61169 Friedberg, zeigt im Erdgeschoss eine reiche Auswahl keltischer und römischer Funde aus Friedberg und Umgebung, aber beispielsweise auch einen Schatzfund mit über 1100 Denaren aus Ober-Florstadt. Geöffnet Di. bis Fr. 9–12 und 14–17 Uhr, Sa. 9–12 Uhr, So. 10–17 Uhr, Tel. 0 60 31/8 82 15, Fax 0 60 31/1 83 96, wetteraumuseum@aol.com.

Ausfallstraße ein ausgedehnter *Vicus* entwickelte, so führt heute noch die Kaiserstraße aus dem Burggelände, zu beiden Seiten flankiert von den Häusern der Händler und Handwerker. Mehrere Töpfereien, deren Produkte von hier aus die ganze Wetterau erreichen konnten, bezeugen, dass auch die Zivilisten von den guten Verkehrsverbindungen profitierten. Eine gesicherte, aber noch nicht lokalisierte Station der römischen „Straßenpolizei", der Beneficiarier, führt uns wieder zurück zu dem militärischen Zweck der Ansiedlung.

Nun kamen allerdings auch die stolzen Reiter Friedbergs doch nicht ganz ohne die Hilfe des benachbarten Bad Nauheim aus. Auf dem dortigen Johannisberg, oberhalb der Kurstadt, entdeckte man beim Bau eines Wasserbehälters im Jahr 1909 mächtige römische Fundamente. Sie stammen von einem übergroßen Steinturm, dessen Architektur vermutlich besonders aufwendig gestaltet war. Der Turm diente nicht der Überwachung des gut 6 km entfernten Limes, sondern fungierte offenbar als Relaisstation. Da von Friedberg aus keine direkte Sichtverbindung zu den Kastellen im östlichen Taunus und der nördlichen Wetterau bestand, war es notwendig, hierzu den Umweg über den Johannisberg zu wählen. Die mannshohen Mauerreste des Turmes sind bis heute sichtbar. Von der heutigen Sternwarte aus, die in der Nachbarschaft zu den konservierten römischen Turmfundamenten liegt, genießt man noch heute einen Ausblick, der dem der limeszeitlichen Wachtmannschaften entsprochen haben dürfte.

ERLENSEE-RÜCKINGEN
Ruinen aus der Zeit Napoleons

Das Kohortenkastell von Rückingen, Gemeinde Erlensee, lag bereits in der Limeszeit eher etwas abseits. Im Schatten der älteren Militärplätze bei Hanau und ohne besondere verkehrsgeographische Bedeutung platzierte man das Lager in die Mitte des rund 16 km langen Limesabschnitts zwischen Marköbel und dem Main bei Groß-Krotzenburg. Seine Besatzung, die 500 Mann starke *Cohors III Dalmatarum*, überwachte den Übergang des Limes über die etwa 250 m entfernt fließende Kinzig. Die kleine Holzbrücke, deren Reste 1883 entdeckt wurden, führte allerdings nur den Postenweg entlang des Pfahlgrabens über den Fluss. Die bereits seit vorgeschichtlicher Zeit bedeutsame Kinzigtalstraße passierte hingegen 1,5 km weiter nördlich, beim heutigen Ortsteil Langendiebach, den Limes. So unspektakulär wie seine römische Geschichte, so banal war auch das Ende des Kastells Rückingen. Seine Reste in den Feldern am westlichen Ortsrand hatten sich, wenn auch obertägig nicht mehr sichtbar, bis ins 20. Jh. behauptet. Darauf weisen der Flurname „Altenburg", aber noch mehr die Tatsache, dass die Überlandroute „Alte Leipziger Straße" von Hanau her kommend früher einen kleinen Schlenker nach Norden machte, um dem Kastellareal auszuweichen. Erst die modernen Sachzwänge im Verkehrswege- und Wohnungsbau zerstörten das Kastell endgültig. Die im Boden verbliebenen Zeugnisse wurden bei Ausbau und Begradigung der Bundesstraße B 40 und dem Bau einer Hochhausgruppe 1969 nahezu unbeobachtet beseitigt.

Sieht man von der kleinen römischen Ausstellung des Heimatmuseums in der Wasserburg von Erlensee-Rückingen ab, so erinnert heute nur ein Denkmal an die limeszeitliche Epoche des Ortes. Ein Zeitgenosse Goethes und Napoleons, Fürst Karl von Ysenburg-Birstein, ließ zwischen 1802 und 1804 das südlich des Kastells gelegene Badegebäude ausgraben und seine Fundamente kon-

Historische Ruine vor moderner Kulisse: Das Kastellbad von Rückingen.

servieren. Das Mauerwerk musste zwar in den vergangenen 200 Jahren mehrmals restauriert werden und entspricht in seinem sichtbaren Umfang auch nicht mehr der Zeit seiner Auffindung, aber weder dies noch die eher unrömische Nachbarschaft zu den nahen Hochhäusern mindert die Aussagekraft der „historischen" Ruine.

Es war auch das von Fürst Karl ausgegrabene Bad, das Forscher 1883 auf die Spur des bis dahin noch nicht erkannten Kastells von Rückingen führte. Es dauerte eine Weile, bis in der Wissenschaft Klarheit darüber bestand, dass zu jedem größeren Truppenlager der Limeszeit auch ein Badegebäude gehört. Nachdem man den Zusammenhang erkannt hatte, suchte man überall, wo Kastelle bekannt waren oder vermutet wurden, nach den massiven Steinbauten der Badeanlagen. Diese Aufgabe war vergleichsweise leicht zu lösen, da Bäder aus technischen Gründen immer in Stein ausgeführt waren und ihre Überreste neben den Lagermauern zumeist die auffälligsten Ruinen eines Kastellplatzes darstellen. Die aufwendigen und für sehr viele Besucher ausgelegten städtischen Bäder, aber auch die Badeanlagen der Le-

gionslager, werden nach dem lateinischen Ausdruck als Thermen *(thermae)* bezeichnet. Die Badegebäude der Limeskastelle hießen hingegen *Balinea*, wie wir aus zahlreichen Bauinschriften wissen. Wie die Truppenlager wurden sie vom Militär errichtet und vermutlich auch betrieben. Die komplizierten technischen Anlagen mit Wasserzu- und -abflüssen, Fußbodenheizungen sowie Feuer- bzw. Rauchabzügen erforderten ein hohes bautechnisches Wissen und eine ständige Wartung. Oft errichteten die Soldaten an einem neuen Garnisonsort unmittelbar nach der Anlage des Kastells bereits das Bad. Architektur und Bauform sind daher ebenso standardisiert wie bei anderen Militärbauten. Bei dem häufigsten Typ des Kastellbades, der uns auch in Rückingen begegnet, reihen sich die einzelnen Räume des Bades hintereinander an. Nach dem Eingangsbereich, in dem man sich entkleidete und nach bzw. zwischen den Badegängen Gymnastik trieb, begab sich der Badende zunächst in einen unbeheizten Raum mit Kaltwasserbecken. Dieser Bereich diente der Körperreinigung, bevor der Weg weiter in einen mäßig warm beheizten Trakt führte. Hier verweilte man länger, ruhte, ließ sich massieren, ölen und genoss die etwa 20–25 Grad warme Luft. Schließlich kam man in den zentralen Raum mit einer Temperatur von 50 Grad und heißen Wasserwannen. Nach besonders anstrengenden Dienstaufgaben konnten die Soldaten der Dalma-ter-Kohorte auch noch ein Schwitzbad mit einer noch höheren Raumtemperatur aufsuchen. Beim Verlassen des Bades hatte man Zeit, sich in den abschnittsweise kühler werdenden Räumen wieder an das raue Klima an der germanischen Grenze zu gewöhnen.

Der Limes und die Germanen

Auch wenn wir heute nicht mehr mit Sicherheit sagen können wie der Limes funktionierte, wissen wir doch sehr viel über Lage und Aussehen der Grenzanlagen. Wir kennen die befestigten Kastellplätze, die Hauptverkehrswege, die regulären Übergangsstellen und die streng abgeschotteten Limesabschnitte. Unser Wissen über die Gegenseite, die Germanen, ist hingegen sehr viel lückenhafter. Insbesondere deren Absichten und Handlungen können wir in der Regel nur über die römischen Reaktionen erschließen. Vor allem im 1. Jh. wurden wiederholt größere Germanengruppen in den römischen Provinzen aufgenommen. Unter den Truppen am Limes gibt

Er focht für den Kaiser. Ausschnitt aus der Trajans-säule mit Darstellung eines für Rom kämpfenden Soldaten der germanischen Hilfstruppen.

es germanische Einheiten, Soldaten tragen germanische Namen, in den Kastellen finden wir germanisches Material. Insgesamt dürfen wir sicher davon ausgehen, dass ein hoher Prozentsatz der Bevölkerung am Limes aus Germanen bestand, die auf die Seite Roms gewechselt waren. Aber sicherlich waren auch nicht alle Menschen nördlich der Grenze den Römern feindlich gesonnen. So mehren sich beispielsweise Anzeichen, dass zu den im Vorfeld des Taunus, entlang der Lahn und im Gießener Becken, siedelnden Germanen lange Zeit hinweg gute Beziehungen bestanden. Die zahlreichen kleinen Durchgänge legen nahe, dass hier ein kleiner Grenzverkehr bestand, der durch den Limes zwar kontrolliert, aber nicht eingeschränkt werden sollte. Ähnliches mag auch für eine zweite größere germanische Siedlungskammer an Main und Tauber gelten. Wir können uns vorstellen, dass Germanen

ihre Produkte auf römischen Märkten im Grenzland feilboten, wie dies entsprechende schriftliche Zeugnisse von der Donau belegen. Römische Aktivitäten jenseits der Grenze sind ebenfalls belegt, sei es, dass man das direkte Vorfeld der Kastellplätze nutzte, sei es, dass Händler, Jäger, Holzfäller „geschäftlich" im umbesetzten Germanien tätig waren. Ohne diesen Außenhandel ließen sich beispielsweise die zahlreichen Stationen der römischen „Straßenpolizei", der sog. Beneficiarier, nicht erklären.
Ein solches Szenario schließt jedoch nicht aus, dass seitens einzelner germanischer Gruppen nicht auch räuberische Überfälle geplant und durchgeführt wurden. Wie häufig dies vorkam und wie gefährlich dies für die im Grenzland siedelnden römischen Zivilisten wurde, hing entscheidend vom Verhalten des Militärs ab, auf solche Herausforderungen angemessen zu reagieren.

WANDERSTRECKE: LIMESHAIN-ROMMELHAUSEN
Vom Buchkopf zur „Drususeiche"

Als einzige Ortschaft entlang der römischen Grenze in Deutschland führt die Großgemeinde Limeshain in der östlichen Wetterau die moderne Bezeichnung des Pfahlgrabens in ihrem Namen. Hintergrund bildet allerdings keine seit alters her überlieferte Ortsnamen-Tradition, sondern eine Entscheidung der Gemeindevertreter, die sich 1971 bei der Zusammenlegung der einzelnen Ortschaften Rommelhausen, Himbach und Hainchen für diese neue Gemeindebezeichnung entschieden.
   Der vom Lochberg südlich von Echzell bis nach Marköbel auf rund 18 km Länge schnurgerade

verlaufende Grenzwall durchschneidet Limeshain südwestlich von Rommelhausen. Erstes Etappenziel unserer Wanderung bildet ein rekonstruierter Abschnitt das Pfahlgrabens an der Landstraße nach Ostheim. Wall, Graben und Palisade sind hier auf rund 25 m Länge wieder errichtet. Der Limesverlauf entspricht, wie auch auf der übrigen Strecke, dem Wirtschaftsweg durch den Wald. Ein kurzer Abstecher über die Landstraße nach Norden führt auf den 170 m hohen Buchkopf, die markanteste Erhebung dieses Limesteilstückes. Während des leichten Anstieges passieren wir die nicht sichtbare Turmstelle 102a. Das „a" zeigt an,

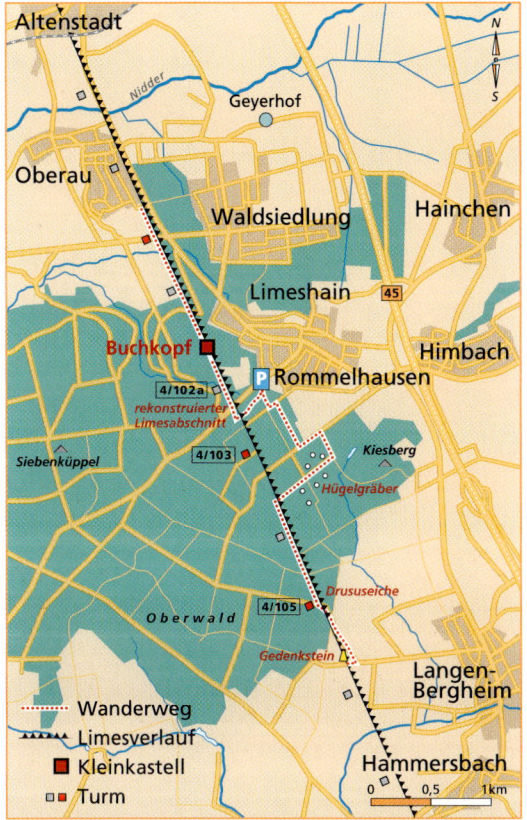

Wanderweg

xxxxx Limesverlauf

■ Kleinkastell

▫■ Turm

uns der Erdhügel eines mit einer Grundfläche von 125 m² sehr bescheidenen Kleinkastells. Entlang des gesamten östlichen Wetteraulimes finden wir immer wieder Kleinkastelle in vergleichbaren Höhenlagen. Dieser Umstand ermöglichte es vermutlich, die Abstände zwischen den Wachttürmen größer zu machen als anderswo.

Wieder zurück an den Nachbau der Grenzsperren folgen wir der Wegetrasse und erreichen Wachtposten WP 4/103 „Im Unterwald". Er liegt knapp 40 m rechts des Weges im lichten Baumbestand und teilt sich in zwei Schutthügel zu beiden Seiten des kleinen Querweges auf. Direkt rechts an diesem Weg liegt der stark verwühlte Steinturmrest, wie noch einzelne Basaltsteine des Mauerwerks anzeigen. Etwa 40 m südlich davon ist der ältere, runde Hügel des Holzturmes und der ihn umgebende Ringgraben noch als flaches Bodenrelief erkennbar.

Nach 500 m, entlang des stets unseren Weg begleitenden Limesverlaufes, zweigt der ausgeschilderte Rundkurs nach links ab. Diese Route, die noch ein prähistorisches Grabhügelfeld im Himbacher Wald passiert und dann wieder an den Ausgangspunkt zurückführt, merken wir uns für den Rückweg. Zuvor sollten Wanderer, deren Elan noch nicht erlahmt ist, noch weiter der schnurgeraden Limestrasse folgen. Nach etwa 700 m erreichen wir die „Drususeiche". Den markanten Baumgreis, der dem Platz ehemals seinen Namen

dass dieser Turm erst nachträglich entdeckt wurde und die Reichs-Limeskommission die bereits festgesetzte Zählung der Turmstellen nicht mehr ändern wollte; ein Verfahren, wie es auch bei Hausnummern üblich ist. Auf der Höhe erwartet

Praktische Hinweise

Ausgangs- und Endpunkt der Wanderung ist der Parkplatz bei den Sportanlagen am westlichen Ortsausgang von Rommelhausen an der Landstraße nach Ostheim. Die Route ist als „Archäologisch-naturkundlicher Lehrpfad der Gemeinde Limeshain" ausgeschildert, an den wichtigsten Etappen stehen erläuternde Hinweistafeln, auch zu den Naturschätzen des Waldes. Wenn man alle Besichtigungspunkte abläuft, beträgt die Wegestrecke 6,2 km; die kleine Runde etwa 2,7 km. Das flache Gelände und die überall gut ausgebauten Wege eignen sich auch gut für Radfahrer. **Tipp:** Die Archäologische Gesellschaft in Hessen e.V. bietet ein Führungsblatt (Nr. 131) an, in dem der Verlauf und die verschiedenen Denkmale entlang des Wanderweges beschrieben sind. Bezugsmöglichkeiten über das Landesamt für Denkmalpflege in Hessen, Abt. Archäologische und Paläontologische Denkmalpflege, Tel. 06 11/69 06 31.

Einer von 900 Turmhügeln am Limes östlich von Limeshain.

gab, gibt es nicht mehr, doch eine junge Eiche wird die Tradition hoffentlich fortsetzen. Während wir noch die Gedanken schweifen lassen, ob der frühe Tod des Feldherren und Stiefsohnes von Kaiser Augustus mitentscheidend dafür war, dass der größte Teil Germaniens niemals römisch wurde, erreichen wir die nächste Wachtturmstelle WP 4/105. Hier warten insgesamt drei Turmgrundrisse auf uns, die allerdings ebenfalls durch vergangene Ausgrabungen stark zerwühlt sind. Die vergleichsweise große Entfernung der beiden zeitlich aufeinander folgenden Holztürme zum Pfahlgraben zeigt, dass bereits ein zweiter, neu errichteter Holzbau den ältesten Turm ersetzt hatte, ehe der heute sichtbare Limeszug angelegt wurde. In der Tat fand man bei Untersuchungen etwa 10 m dichter an den Holzturmstellen ein „Zaungräbchen", das die allererste Befestigung des Limes

anzeigt, noch bevor um 120 n. Chr. die Palisade und noch später dann der Wallgraben gezogen wurden.

Wir sollten von hier aus ein kleines Stück dem Weg folgen, bis der Limesverlauf aus dem Wald heraustritt. In einer Entfernung von etwa 250 m entdecken wir mitten auf freier Fläche einen Gedenkstein. Er markiert die weitere Flucht der römischen Grenzanlagen, ohne dass diese jedoch in dem landwirtschaftlich genutzten Areal sichtbar wäre. Die Inschrift auf dem Stein „Pfahlgraben 1912" erinnert daran, dass Wall und Graben vor der damaligen Flurbereinigung noch bis zu diesem Punkt oberirdisch erhalten waren. Erst dann wurden die Reste abgetragen und das Gelände eingeebnet. In dem südlich anschließenden Ackerland hatte der Pflug diese Arbeit bereits in den Jahrhunderten zuvor verrichtet.

Main und Odenwald

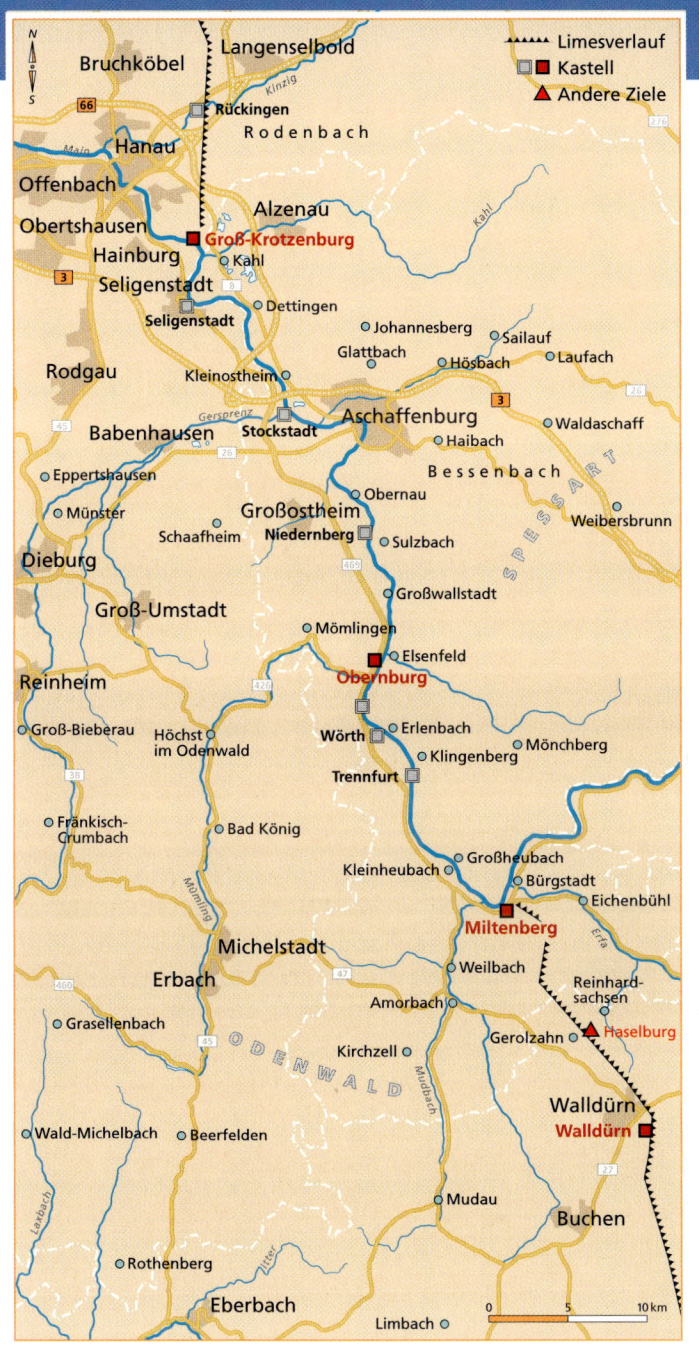

Map legend:
- ······ Limesverlauf
- ■ ■ Kastell
- ▲ Andere Ziele

Map labels:

N S · Bruchköbel · Langenselbold · Kinzig · 66 · Rückingen · Rodenbach · 226 · Hanau · Main · Offenbach · Alzenau · Kahl · Obertshausen · Groß-Krotzenburg · Hainburg · Kahl · 8 · 3 · Seligenstadt · Dettingen · Seligenstadt · Johannesberg · Sailauf · Glattbach · Hösbach · Laufach · Rodgau · Kleinostheim · Gersprenz · 26 · Aschaffenburg · 3 · Waldaschaff · Babenhausen · Stockstadt · Haibach · 45 · 26 · Bessenbach · Eppertshausen · Obernau · S P E S S A R T · Münster · Großostheim · Weibersbrunn · Schaafheim · Niedernberg · Sulzbach · Dieburg · 469 · Großwallstadt · Groß-Umstadt · Mömlingen · Elsenfeld · Reinheim · Obernburg · 426 · Groß-Bieberau · Höchst · Erlenbach · im Odenwald · Wörth · Mönchberg · Klingenberg · Trennfurt · 38 · Fränkisch-Crumbach · Bad König · Mümling · Großheubach · Kleinheubach · Bürgstadt · Eichenbühl · Miltenberg · Erfa · Michelstadt · Weilbach · Erbach · 47 · Reinhard-sachsen · Amorbach · 460 · Grasellenbach · 45 · O D E N W A L D · Gerolzahn · Haselburg · Kirchzell · Mudbach · Walldürn · Walldürn · Wald-Michelbach · Beerfelden · 27 · Laxbach · Mudau · Buchen · Rothenberg · Itter · Mudbach · Eberbach · Limbach · 0 5 10 km

B ei Groß-Krotzenburg überquert der Limes den Main und verläuft ab hier als „Nasse Grenze" auf der südwestlichen Talseite. Der Fluss bildet auf 52 km Länge eine unübersehbare Grenzmarkierung, ohne dass künstliche Sperranlagen erforderlich sind. Den Main aufwärts gehören die Kastellplätze zwei unterschiedlichen Ausbauphasen an. Zur sog. „Älteren Mainlinie" zählen Seligenstadt, Stockstadt, Niedernberg und Obernburg, wo Militäranlagen bereits seit trajanischer Zeit bestanden. Trennfurt, Wörth und insbesondere die beiden Kastelle bei Miltenberg datieren ebenso wie der südliche Teil des Obergermanischen Limes, der sich ab dem Mainknie bei Miltenberg wieder als künstliche Landgrenze anschließt, zu den erst um 160 n. Chr. angelegten, jüngsten Streckenabschnitten. Alle Truppenlager entlang des Flusses sind durch eine Militärstraße verbunden, und in leicht erhöhter Position überwachen Steintürme das Maintal. Sicherlich kam auch dem Flusslauf als Verkehrsweg Bedeutung zu, und zwar nicht allein zur Versorgung der römischen Lager, sondern auch als Transportweg für Waren aus und in die *Germania magna*.

GROSS-KROTZENBURG
Eine Kohorte von Ziegelstreichern

Sicherlich gibt es Plätze entlang des Limes, an denen ein Besucher die römische Vergangenheit als leichter verdaubare Kost dargeboten bekommt. Eine idyllische Lage im Wald, die an die historische Landschaftssituation der Römerzeit erinnert, oder neu aufgebaute Mauerzüge limeszeitlicher Wehranlagen hält Groß-Krotzenburg nicht bereit. Für den Interessierten gibt es hier aber gleichwohl eine Vielzahl von Zeugnissen der Römer zu entdecken.

Vermutlich gab es am Ort bereits ab dem Jahr 90 n. Chr. einen kleinen Militärposten. Vereinzelte Fundstücke, die vor die eigentliche Limeszeit datieren, deuten darauf hin. Sicher ist, dass zwischen 105 und 110 n. Chr. dicht am Hochufer des Mains ein 2,2 ha großes Kohortenkastell angelegt wurde. Es besaß den typischen spielkartenförmigen Grundriss, vier Tore, Ecktürme, 14 Zwischentürme und war von zwei Gräben umgeben. Sein Haupttor, die *Porta praetoria*, mit zwei Durchfahrten war auf den Limesverlauf hin ausgerichtet, der nur 20 m vor der Kastellfront vorbeizog.

Nach Norden, besonders aber nach Westen erstreckte sich ein ausgedehntes Lagerdorf entlang einer über Hanau und Frankfurt in die Provinzhauptstadt Mainz führenden Fernstraße. Aus dem Bereich dieses *Vicus* wurden seit der Entdeckung des Kastells 1881 immer wieder wichtige Beobachtungen gemacht. Sie lassen leicht vergessen, dass das Areal der römischen Siedlung seit dem Mittelalter nahezu vollständig überbaut ist. So fand sich das Militärbad gut 50 m westlich des rückwärtigen Kastelltores. Am Rand des Lagerdorfes im Norden lagen ein ausgedehntes Brandgräberfeld sowie ein *Mithraeum*, ein Heiligtum für den persischen Lichtgott Mithras. Etwa auf der Höhe der westlichen Kastellmauer wurden aus dem Flussbett des Mains eisenbewehrte Holzpfähle geborgen, die im Jahr 134 n. Chr. geschlagen wurden, wie ihre dendrochronologische Bestimmung ergab. Sie stammen von der Pfahlgründung einer Steinbrücke, die mittlerweile längst im Strom versunken ist, dem Kastellplatz während der Limeszeit aber eine wichtige Funktion im Verkehrsnetz der Provinz gab. Vor diesem Hintergrund ist es keine Überraschung, dass zwischen dem Kastell und der Brücke auch eine Station der römischen „Straßenpolizei", der sog. Beneficiarier, entdeckt wurde.

Groß-Krotzenburg war Garnisonsort der *Cohors IIII Vindelicorum*. Diese Truppe war für den obergermanischen Heeresverband deshalb von besonderer Bedeutung, weil sie zeitweise für alle militärischen Bauvorhaben in der Provinz das Ziegelmaterial produzierte. Sowohl Dachziegel als auch spezielle für Bäder oder Fußbodenheizungen notwendige Ziegelformate stammen aus ihren großen Brennöfen, die 1982 zwischen Kastell

Praktische Hinweise

Museum: Das Heimatmuseum befindet sich in der Ortsmitte, Breite Straße 20, in dem historischen ehemaligen Schulhaus. Die Zufahrt ist ausgeschildert, Parkmöglichkeiten bestehen vor Ort. Funde der römischen Ansiedlung bilden einen Schwerpunkt der insgesamt sehr sehenswerten Sammlungen des Heimat- und Geschichtsvereines. Neben zahlreichen Einzelfunden aus dem römischen Gräberfeld, dem *Vicus* und dem *Mithraeum* seien hier besonders die Modelle des Kastellplatzes und der Ziegelei empfohlen. Geöffnet jeden zweiten Sonntag im Monat von 10–12 und 14–16 Uhr; Sonderführungen n. V., Tel. 0 61 86/89 22.

Römerturm, Stadtbefestigung, Gefängnis: Mauerstumpf der südwestlichen Kastellecke in Groß-Krotzenburg.

und Limes untersucht wurden. Produkte der Ziegelei fanden sich am Limes von Niederbieber im Norden bis Jagsthausen im Süden. Wir dürfen daraus schließen, dass die Soldaten der Kohorte einen Gutteil ihrer Dienstzeit mit körperlich anstrengenden und wenig „ruhmreichen" Tätigkeiten, wie dem Gewinnen und Aufbereiten von Ton, dem Streichen des Tones in Formen, dem Trocknen und Brennen der Ziegel u. v. a. m. verbrachten.

Die Region am Untermain zählt zu den frühesten germanischen Siedlungskammern nach dem Abzug der Römer. Es verwundert daher nicht, dass der Kastellplatz nicht brach fiel, sondern das Steinkastell zur Keimzelle des mittelalterlichen Groß-Krotzenburgs wurde. Bis heute zeichnen sich die Straßenachsen des Lagers im Ortsbild ab:

die „Sackgasse" entspricht der *Via praetoria*, die „Kirchstraße" der *Via principalis* und die „Breite Straße" der *Via decumana*. Auch Teile der Kastellmauern selbst blieben, in mittelalterliche Gebäude integriert, im Aufgehenden erhalten: Die Südwestecke des Kastells mit dem Fundament eines Eckturmes ist neben dem heutigen Museum sichtbar. Westlich des Kirchenportals von St. Laurentius stehen im Garten des Anwesens „Nebenstraße 22" noch Bereiche der südlichen Kastellmauer bis in einer Höhe von 1,5 m und auch von dem westlichen Torturm des rechten Lagertores findet sich noch ein Klotz aus schwarzem Basalt in der Begrenzung der Grünanlage vor der Kirche. Mithilfe moderner Pflasterungen sind zudem die Fundamente beider Seitentore sowie das rückwärtige Tor kenntlich gemacht.

OBERNBURG AM MAIN
„Straßenpolizei" am Verkehrsknotenpunkt

Auf der Höhe von Obernburg am Main öffnen sich der Odenwald nach Westen über das Tal der Mümling und der Spessart über das Tal der Elsava nach Osten. Gleichzeitig stellt auch der zwischen den beiden Mittelgebirgen hindurch verlaufende Main einen überregional bedeutsamen Verkehrsweg dar. So verwundert es nicht, dass die Römer bereits unter Kaiser Trajan an diesem natürlichen Verkehrsknotenpunkt ein Kohortenkastell errichteten. Der Platz war bis zum Ende des Limes der Garnisonsort der *Cohors IIII Aquitanorum equitata*, einer teilberittenen Kohorte aus Aquitanien, vermutlich noch im 2. Jh. verstärkt durch den *Numerus Brittonum et exploratorum Nemaningensium*, eine Abteilung von Kundschaftern zur Sicherung des Vorfelds der römischen Grenzlinie.

Das Steinkastell mit einer Fläche von knapp 3 ha (ca. 188 × 160 m) war zum Main hin ausgerichtet.

Seine Lage ist durch Untersuchungen aus dem Jahr 1884 gesichert, der Verlauf der „Hauptstraße" und der „Badgasse" entsprechen im Wesentlichen noch den römischen Kastellachsen *Via principalis* bzw. *Via praetoria*. Heute bedecken die Häuser der Altstadt Obernburgs vollständig das Areal des einstigen Kohortenkastells und das Lager des *Numerus* ist gänzlich unbekannt. Auch der größte Teil der zivilen Siedlung liegt unter dem mittelalterlichen, dicht bebauten Stadtkern. Archäologische Untersuchungen müssen sich daher auf kleine Restflächen beschränken, weshalb sich ein Eindruck von der Situation in römischer Zeit vor Ort nicht mehr gewinnen lässt.

Unter den Kastellplätzen entlang des Limes verdient Obernburg jedoch besondere Erwärung aufgrund seiner Beneficiarier-Station, die an der Limesstraße knapp 100 m südlich des Kastells

Steine erzählen Geschichte. Ausgrabung in der Beneficiarier-Station von Obernburg.

Praktische Hinweise

Museen: Das Museum Römerhaus in der historischen Altstadt, Untere Wallstraße 29a, 63785 Obernburg, zeigt zahlreiche Funde aus dem Kastellplatz. Schwerpunkt der Sammlung bilden neben den erwähnten Weihungen der Beneficiarier auch eine Bauinschrift des Kohortenkastells und andere wichtige Steindenkmale. An dieser Stelle sei auf die Fragmente von Jupitergiganten-säulen hingewiesen (eine rekonstruierte Säule befindet sich neben dem Museum) sowie auf zwei Funde, die ein Licht auf die „Internationalität" eines römischen Kastellplatzes werfen: die Kopie eines Inschriftensteines im Innenhof des Museums (Original im Stiftsmuseum, Aschaffenburg) und ein Stein, der im Haus Römerstraße 41 verbaut ist, erwähnen Lucius Petronius Florentinus, den aus Nordafrika stammenden Kommandeur der 4. Aquitaner-Kohorte, sowie den Militärarzt Marcus Rubrius Zosimus, der aus Ostia an den Untermain kam. Geöffnet Di. bis Sa. 14–16 Uhr, So. 11–17 Uhr; Sonderführungen n. V., Tel. 0 60 22/61 91-36, Fax 0 60 22/61 91-39.
Das Stiftsmuseum Aschaffenburg, Stiftsplatz 1a, 63739 Aschaffenburg, im ehemaligen Kapitelhaus des Stiftes St. Peter und Alexander besitzt zahlreiche archäologische Funde aus dem gesamten Untermaingebiet. Geöffnet Di. bis So., zw. 1. Okt. und 30. März 10–13 und 14–16 Uhr, zw. 1. April und 30. Sept. 9–13 und 14–18 Uhr; Tel. 0 60 21/44 47 95-0, Fax 0 60 21/44 47 95-90, stiftsmuseum@aschaffenburg.de.

nachgewiesen werden konnte. Es ist das erste Mal im gesamten Römischen Reich, dass hier in den Jahren 2000/2002 ein solcher Posten der römischen „Straßenpolizei" systematisch ergraben werden konnte. Die Ergebnisse und Funde dieser Untersuchungen sollen in den kommenden Jahren in einem eigens eingerichteten Museumsneubau präsentiert werden.

Sog. *Beneficiarii consulares*, ausgewählte Unteroffiziere aus den Legionen, versahen spezielle Aufgaben im unmittelbaren Auftrag des Statthalters. Hierfür waren sie von ihren normalen Dienstpflichten befreit und wurden für jeweils ein halbes Jahr an besonderen Orten der Provinz stationiert. Über ihre genaue Tätigkeit ist wenig bekannt. Aus den wenigen schriftlichen Quellen sind die Aufrechterhaltung von Recht und Ordnung herauszulesen, eventuell auch im Sinne polizeilicher Aufgaben. Inwieweit sie auch den Personen- und Warenverkehr kontrollierten, und ob sie vielleicht auch im Zollwesen tätig waren, wissen wir nicht. Wie wir bereits in der Bibel erfahren, hatten Zöllner in der Antike wenige Freunde und der Dienst der Beneficiarier an der römischen Grenze scheint sogar gefährlich für Leib und Leben gewesen zu sein. So war es unter den Benefi-

ciariern üblich, nach dem Ende ihrer Dienstzeit, den Göttern zum Dank einen steinernen Altar zu stiften. Sie legten vermutlich bereits zu Beginn ihrer Dienstzeit ein entsprechendes Gelübde (*Votum*) ab. Diese in der Herstellung teure Weihegabe verrät viel über den Gemütszustand der Stifter, wenn sie ihre Aufgabe erfolgreich beenden konnten. Sie waren froh, ihren Dienstort wieder verlassen zu können! Aus den in der Regel an Jupiter und die übrigen Staatsgötter gerichteten Inschriften erfahren wir ferner Rang und Namen des Beneficiariers sowie den Tag der Aufstellung.

Bereits 1954 stieß man an der Ausfallstraße zum Nachbarlager in Wörth auf sieben steinerne Altäre, die auf den Kultbezirk einer Beneficiarier-Station hinweisen. Durch eine systematische Nachuntersuchung der Fundstelle zwischen 2000 und 2002 gelang es, sowohl 70 weitere Altäre nachzuweisen als auch das eigentliche Amts- und Wohngebäude aufzudecken und Informationen über dessen Aussehen, zeitliche Entwicklung und Nutzung zu gewinnen. Die Ergebnisse ergänzen daher sehr gut die Beobachtungen, die zuvor in dem etwa 50 km südlich von Obernburg gelegenen Beneficiarier-Weihebezirk von Osterburken gemacht wurden (s. S. 79).

Räuber aus dem Spessart?

Kaiser Trajan errichtete in Rom zwischen dem Forum und dem Kapitol eine knapp 40 m hohe, begehbare Säule, die ein von unten nach oben fortlaufendes, insgesamt 200 m langes Reliefband trägt. In einzelnen Szenen ist hier der Verlauf der beiden Kriege gegen die Daker 101–103 und 104–106 n. Chr. im heutigen Rumänien zu sehen. Zu Beginn der Darstellungen sind verschiedene kleinere Gebäude aus Holz und Stein dargestellt, die vermutlich Wacht- und Signalstationen der römischen Grenzsicherung entlang der unteren Donau wiedergeben. Nach dem Vorbild der Trajanssäule wurden und werden häufig auch die Türme entlang des Obergermanisch-Raetischen Limes rekonstruiert, obwohl zwischen den Kriegen Trajans und dem Bau der Steintürme bei uns rund 50 Jahre liegen – ein langer Zeitraum in der Militärarchitektur. Der Hauptunterschied zwischen den Turmdarstellungen der Trajanssäule und den Wachttürmen entlang des Limes ist jedoch die Tatsache, dass nahezu alle unsere Limestürme Bestandteile der künstlich gezogenen Landgrenze waren, während sich diejenigen an der Donau entlang des natürlichen Flusslaufs aufreihten. Doch auf dem 52 km langen Abschnitt des „Nassen Limes" zwischen Groß-Krotzenburg und Miltenberg bildet der Verlauf des Mains einen mit der geographischen Situation an der unteren Donau vergleichbaren Grenzabschnitt. Es überrascht daher nicht, wenn wir auch von dem Mainlimes Wachttürme kennen. Allerdings finden diese nur ausnahmsweise Eingang in Reiseführer oder Wanderkarten, und selbst in der wissenschaftlichen Literatur stößt man nur selten auf eine Auseinandersetzung mit den Wachttürmen am Main.

Zur Zeit der Reichs-Limeskommission, als man bei uns die wissenschaftliche Erforschung des Limes am intensivsten betrieb, wurden genau zwei Turmstellen am „Nassen Limes" bekannt. Sie liegen beide zwischen den Kastellen Obernburg und Wörth in erhöhter Position am Talhang, aber nicht oben auf den Randhöhen des an dieser Stelle vergleichsweise engen Flusstales. Seit dieser

Zu Lande und am Wasser. Auf Wache am Limesturm.

Praktische Hinweise

Lage: Die Turmstelle liegt an der Bundesstraße B 469, etwa 2,5 km südlich von Obernburg bei Streckenkilometer 22,7, etwa 30 m westlich des modernen Straßenverlaufes. Der wenig gepflegte Grundriss des Steinturmfundaments befindet sich ohne weitere Kennzeichnung im Waldgelände an einem steilen Abhang und ist nur schwer aufzufinden. Etwa 600 m weiter südlich ist ein zweiter Steinturm bekannt.

Zeit wurden keine weiteren Turmstellen bekannt, obwohl eine Beschäftigung mit diesem Element des Limes durchaus lohnenswert erscheint.

Nimmt man zunächst den Abstand der beiden bekannten Türme als Richtmaß für die Verteilung derartiger Beobachtungsposten, so wären entlang des Mains rund 80 derartige Türme zu erwarten. Die Tatsache, dass wir nur zwei von ihnen kennen, erklärt sich einerseits sicher daraus, dass viele andere durch Überschwemmungen des Mains abgespült oder bereits im Mittelalter bei Baumaßnahmen unbeobachtet zerstört wurden. Andererseits wurde aber auch noch nie systematisch nach diesen Turmstellen gesucht, sodass noch zahlreiche unbeobachtet neben der Bundesstraße liegen können.

Ferner verrät die Lage der Türme im Talgrund auch einiges über die Aufgaben der Turmbesatzungen. Denn wäre es allein um die Überwachung des Maintales gegangen, so hätten wenige Beobachtungsposten und Signalstationen auf den Höhenrücken ausgereicht. Die von hier aus alarmierten Truppen der nur 5 km entfernt voneinander liegenden Kastellplätze Obernburg und Wörth wären entlang der Mainuferstraße schnell genug vor Ort gewesen, um ein unerlaubtes Überqueren des Flusses zu verhindern. Aber man wird wohl zu Recht davon ausgehen dürfen, dass die Soldaten der Wachttürme selbst diese Aufgabe wahrnahmen und zumindest kleinere Banden stellten, die versuchten, heimlich in die Provinz einzudringen. An dieser Stelle sei daher noch einmal die römische Grenze an der unteren Donau als Vergleich herangezogen. So lesen wir auf Bauinschriften, die unter Kaiser Commodus im Jahr 184 an Steintürmen des Donaulimes im heutigen Ungarn angebracht wurden, dass diese errichtet wurden, um vor Überfällen „kleiner Räuberbanden" zu schützen. So war es daher vermutlich die Bedrohung durch germanische Räuber aus dem Spessart, gegen die die Wachttürme entlang des Mains schützen sollten.

Soldaten am Limes

Die Verteidigung der Limeslinie erforderte ein gut ausgebildetes und organisiertes Heer. In der römischen Kaiserzeit dienten Soldaten daher 20–25 Jahre lang in einer Berufsarmee, die aus Legionen und Hilfstruppen bestand.
Legionen bildeten den Kern des römischen Heeres. Ihr Einsatzgebiet war nicht allein auf reinen Militärdienst oder gar Kampfeinsätze beschränkt. Eine Legion übernahm gleichzeitig Aufgaben in der Verwaltung, führte Handwerksbetriebe und besorgte den Bau von öffentlichen Gebäuden und Straßen in der Provinz. In Obergermanien standen zwei Legionen in Mainz und Straßburg. Ihre Stärke betrug je 5500 Soldaten, die sich auf

Auch an anderen Grenzen dasselbe Bild: Legionare und Hilfstruppen beim gemeinsamen Einsatz –
Darstellung der Situation an der unteren Donau auf der Trajanssäule in Rom.

zehn Kohorten verteilten. Rekruten mussten römische Bürger sein, schreiben und schwimmen
können und sicherlich auch anderen Anforderun-
gen genügen. Der Kommandeur *(Legatus legionis)* entstammte dem senatorischen Adel, auch
die Stabsoffiziere kamen aus dem Senatoren-
oder Ritterstand.
Die eigentliche Sicherung der Grenze übernah-
men Hilfstruppen *(Auxilia)*. Sie rekrutierten sich
aus Angehörigen der unterworfenen Völker-
schaften und ihre Mannschaften erhielten erst
nach Ableistung einer fünfundzwanzigjährigen
Dienstzeit das römische Bürgerrecht. Kommandeur war jeweils ein römischer Ritter, der innerhalb seiner Laufbahn auch für einige Jahre einen
Militärposten bei den Auxiliartruppen absolvie-
ren musste. Zu den Hilfstruppen gehörten Reiter-

einheiten *(Alae)* und Fußtruppen *(Cohortes)* von
500 oder 1000 Mann Stärke. Unter den Kohorten
gab es gemischte Verbände, bei denen zum Fuß-
volk 120 bzw. 240 Reiter hinzukamen. Auch unter
den Hilfstruppen gab es Elite- und Spezialeinhei-
ten, wie beispielsweise die *Cohors Damascenorum* aus Friedberg, eine 1000 Mann starke Truppe
berittener Bogenschützen. Insgesamt war die
Qualität der Hilfstruppen jedoch sehr unterschiedlich.
Das geringste Prestige genossen in der Regel
die kleinsten Truppeneinheiten des römischen
Heeres, die sog. nationalen *Numeri*. Ein solcher
Numerus bestand in der Regel aus etwa 120 Soldaten unter dem Befehl eines Centurio aus der
Legion und war zumeist in der Aufklärung einge-
setzt *(Numerus exploratorum)*.

MILTENBERG
Zwischen den Toutonen am Main

Als praktisch veranlagte Menschen folgten die Römer bei der Grenzziehung in Obergermanien so weit wie möglich dem Verlauf des Mains. Jeder Meter der Grenze, der dem Flusslauf entlang zog, musste schon nicht durch künstliche Sperranlagen gesichert werden. Gleichzeitig war per Schiff auch eine problemlose Versorgung der Garnisonsorte möglich, zumal ja auch die Provinzhauptstadt Mainz *(Mogontiacum)* über Main und Rhein gut erreichbar war. So endet der „Nasse Limes" erst bei Miltenberg, wo der Main in einer scharfen Wendung wieder nach Norden biegt. Hier befindet sich die Nahtstelle zwischen der Fluss- und der Landgrenze.

Zwei Militärlager und drei verschiedene Einheiten der Grenztruppen schützten diesen wichtigen Punkt. Zunächst befand sich nordwestlich von Miltenberg das Kohortenkastell „Altstadt". Das zum Main hin ausgerichtete Kastell ist um das Jahr 160 n. Chr. zunächst wohl in Holz, später in Stein errichtet worden. Am benachbarten Ufersaum ist eine Anlandestelle für Fluss-Schiffe anzunehmen. Zwischen dem Lager und der Mudau erstreckte sich die zugehörige Zivilsiedlung, von der jedoch nur das Kastellbad bekannt ist. Ein Stück weiter südlich verließ die römische Uferstraße das Maintal und führte in einem weit ausholenden Bogen nach Süden. Das Kohortenkastell dürfte bis zum Ende des Limes 260 n. Chr. bestanden haben. Innerhalb der römischen Lagermauern wurde dann vermutlich in spätkarolingischer Zeit eine befestigte Siedlung namens „Walehusen" ange-

Die markante Mainschleife bei Miltenberg. Ausgangspunkt für die nach Süden führende Limeslinie.

Praktische Hinweise

Ein 19 km langer „Römerweg" verbindet die verschiedenen Zeugnisse der römischen Vergangen-
heit im Stadtgebiet Miltenbergs.
Lage: Den Greinberg mit seinen großen vorgeschichtlichen Wallanlagen und dem Standort des
Merkurtempels erreicht man am besten zu Fuß vom Schloss Miltenburg am südwestlichen Stadt-
rand. Für den teilweise steilen Aufstieg ist ein Höhenunterschied von rund 300 m zu bewältigen.
Etwa im Zentrum des inneren Steinwalles weisen das unruhige Bodenrelief und herumliegende
Steine auf den Standort des Merkurtempels. Rund 200 m vor den äußeren Wallanlagen befindet
sich auf dem schmalen Sattel zur Hochfläche die Fundstelle des „Toutonensteines".
Das Kohortenkastell „Altstadt" liegt großteils auf Privatgelände, etwa 1 km nordwestlich des
heutigen Stadtrands von Miltenberg in Richtung Kleinheubach. Der Kastellumriss zwischen der
Bahnlinie und dem Main ist durch moderne Wegeführungen und Grundstücksbegrenzungen
erkennbar. Die sichtbaren Mauerreste der Umwehrung sind jedoch mittelalterlich. Südlich sind
die Fundamentmauern des römischen Badegebäudes im Grundriss dargestellt.
Museum: Das Museum der Stadt Miltenberg am historischen Marktplatz zeigt Funde aus beiden
Kastellen. Sehenswert ist insbesondere das Lapidarium mit Inschriften, dem Original des „Toutonensteines" und den Weihungen aus den beiden Heiligtümern auf dem Greinberg. Geöffnet
1. Mai bis 31. Okt., Di. bis So. 10–17.30 Uhr, 1. Nov. bis 30. Apr., Mi. bis So. 11–16 Uhr; Führungen
n. V., Tel./Fax 0 93 71/4 04-1 53, museum-miltenberg@t-online.de bzw. www.miltenberg.de.

legt, die 1227 vom Mainzer Erzbischof zerstört
wurde und nachfolgend wüst fiel. Von dieser kleinen mittelalterlichen Stadtanlage stammen die
heute noch vor Ort sichtbaren Mauerzüge, und
auf sie geht auch der Flurname „Altstadt" zurück.
Das zweite römische Kastell lag am Ostrand Miltenbergs, knapp 3 km den Main aufwärts, wo der
Limes auf den Fluss trifft. Auch dieses Numeruskastell besaß seine eigene vorgelagerte Zivilsiedlung, so dass das römische Miltenberg eigentlich
aus zwei getrennten Ansiedlungen bestand.

Neben der etwa 480 Mann zählenden, teilberittenen Kohorte waren in Miltenberg zwei kleinere
Einheiten von Kundschaftern (Exploratores) stationiert. Aber außer auf die Schlagkraft der Soldaten vertraute man in römischer Zeit jedoch offenbar auch höheren Mächten. So befinden sich auf
dem Greinberg, der sich eindrucksvoll im Rücken
der Stadt erhebt, gleich zwei römische Heiligtümer, die dem Gott Merkur geweiht waren. Beide
Tempelanlagen waren für den Reisenden, der sich
Miltenberg mainaufwärts näherte, bereits von
weitem sichtbar. Aber auch von Norden, von der
germanischen Seite des Limes aus, boten die

Steinbauten der Heiligtümer mit ihrem einstmals
weißen Kalkverputz eine unübersehbare Landmarke. Die Bewohner der römischen Siedlungen
von Miltenberg verehrten auf dem Greinberg
nicht den klassischen Merkur, den Gott des Han-
dels und Verkehrs, des Reichtums und Gewinns,
sondern keltische Gottheiten, die lediglich einige
Gemeinsamkeiten mit dem Merkur der römischen Mittelmeerwelt hatten. Deutlich weisen
so die Beinamen der dort aufgefundenen Weihe-
inschriften: *Mercurius Arvernoricus* bzw. *Cim-
brianus* auf eine einheimische Herkunft der auf
Greinberg verehrten Gottheiten hin. Auch die Tatsache, dass Soldaten diesen Merkuren Altäre stif-
teten, macht es wahrscheinlich, dass sich das Auf-
gabengebiet der in Miltenberg verehrten Gottheiten nicht allein auf friedlichen Handel erstreckt
haben wird.

Doch der limeszeitliche Fund vom Greinberg,
der den Forschern bis heute die meisten Rätsel
aufgibt, ist ohne Zweifel der sog. „Toutonenstein".
Die vierkantige, nach oben zu verrundete Felsna-
del von 4,75 m Länge, wurde 1878 auf dem Greinberg, außerhalb einer ausgedehnten vorge-

schichtlichen Ringwallanlage entdeckt. Sie wurde vermutlich an dieser Stelle aus dem anstehenden Felssandstein herausgeschlagen, aufgerichtet und mit einer leider nur unvollendeten lateinischen Inschrift versehen. Nur die beiden ersten Zeilen sind vollständig und lauten: „*Inter Toutonos.*" Da vermutlich noch vier weitere Zeilen folgen sollten, die jedoch bis auf die jeweiligen Anfangs-(?) Buchstaben unausgeführt blieben, bildet die unfertige Inschrift eines der beliebtesten Forschungsobjekte für fantasiereiche Forscher. Mehrere Dutzend Deutungsversuche sind bekannt. Allgemein geht man davon aus, dass es sich bei dem Fund um eine Grenzmarkierung aus der Limeszeit handelt. Ob und wenn ja welche Territorien außer dem der genannten Toutonen bezeichnet werden sollten, ist gänzlich ungewiss. Auch über die Personengruppe, die sich hinter dem Begriff *Toutones* verbirgt, wissen wir nichts. Das einzige, was wir wohl annehmen dürfen, ist, dass diese Menschen in der Limeszeit in der Nähe Miltenbergs beheimatet waren.

HASELBURG
Aus den Annalen der Limesforschung

„Die ausnehmend schöne und vortrefflich gewählte Lage dieser Befestigung auf sanftgeneigter, die ganze Umgebung beherrschender Hochfläche, welche freie Ausschau auf die … Limestrecke gewährt …", mit diesen Worten beginnt Wilhelm Conrady 1893 seinen Ausgrabungsbericht. Conrady, selbst wohnhaft in Miltenberg, hatte bereits im Jahr 1880 den Limes zwischen Main

Viel Landschaft, wenig Kastell: Die Haselburg bei Gerolzahn.

Praktische Hinweise

Lage: Das Kleinkastell Haselburg liegt an der Kreisstraße zwischen den Ortschaften Gerolzahn und Reinhardsachsen, rund 8 km nordwestlich von Walldürn. Der Abzweig von der ausgeschilderten Routenführung der Deutschen Limes-Straße zwischen Miltenberg und Walldürn ist leider nicht ausreichend markiert. Parkmöglichkeiten bestehen.
Vor Ort sind die Fundamente der östlichen Kastellmauer mit dem durch zwei einspringende Mauerzüge gebildeten Tor konserviert. Eine Hinweistafel erläutert die Ergebnisse der jüngeren Untersuchungen und den Bezug des Kleinkastells zum rund 60 m östlich verlaufenden Limes. Vermutlich war hier eine Centurie (eine Hundertschaft) mit 80 Soldaten zur Bewachung eines Limesdurchgangs stationiert. Auch ein kleines Lagerdorf ist südwestlich des Lagers bekannt.

und Walldürn erforscht. „Die hierzu erforderlichen Untersuchungen und Ausgrabungen waren aber damals aus eigenen bescheidenen Mitteln bestritten und deshalb auf das Allernotwendigste beschränkt worden." Doch nun, 13 Jahre später, war unser Gewährsmann offiziell als Streckenkommissar im Auftrag der Reichs-Limeskommission tätig. Seine Beschreibung der bei der Ausgrabung angetroffenen Befunde, und seine ausführliche Diskussion der Grabungsergebnisse sind noch heute eine hochinteressante Lektüre. Folgen wir daher noch etwas dem Bericht Conradys im „Limesblatt Nr. 5", in dem die Streckenkommissare „thunlichst rasch über den Fortgang der Arbeiten" berichten sollten.

Zunächst erhalten wir bei Conrady deutliche Hinweise auf das Schicksal sicherlich der meisten limeszeitlichen Wehranlagen in den Jahrhunderten zwischen der Antike und dem Beginn des wissenschaftlichen Interesses an den Römern. Die handlichen Quadersteine der römischen Mauern dienten auf der Haselburg, wie auch an anderen Plätzen, als willkommenes Baumaterial. Erschreckend ist, wie lange diese Praxis andauerte, und dass die damit verbundenen Zerstörungen selbst in der Ära der Reichs-Limeskommission noch gang und gäbe waren: „Augenscheinlich war der Ausgrabung im Jahre 1880 eine eingreifende Verwüstung gefolgt … Die linke Flankenmauer … ist … gänzlich verschwunden … Ebenso fehlt an der Decumanseite sowie an den beiden hinteren Eckrunden … jede Spur der einstigen Mauer … Auch

graue, sorgfältiger zugerichtete Sandsteinquader hatten sich im Jahr 1880 gefunden, und ich sah solche an der Kirche zu Reinhardsachsen, zu welcher (1780) Steine der Haselburg verwendet sein sollen, gleichwie sie auch in hunderten von Wagenladungen zum Wegbau fortgeführt worden seien."

Wir erfahren aus Conradys Schilderungen auch viel über die Grabungsmethodik der damaligen Zeit. Denn anders als bei modernen Flächengrabungen beschränkten sich die Forscher zur Zeit der Limeskommission auf schmale Suchgräben und dem Verfolgen der so entdeckten Mauerzüge. Große, zusammenhängende Grabungsflächen wurden nur in Ausnahmefällen geöffnet. Das Sondieren mit dünnen Eisenstäben half dabei, die im weichen Erdreich verborgenen Steinstrukturen aufzuspüren. Dennoch kann man diese Art der Ausgrabung aus heutiger Sicht nicht als systematische Untersuchung bezeichnen, da alle Holzbefunde, Gruben, Gräbchen u. v. a. m. unentdeckt blieben, ja schlimmer, bei den Erdarbeiten oftmals unentdeckt zerstört wurden. „Der Innenraum des Kastells wurde durch eine große Anzahl von Gräben, die durchweg bis auf den Urboden abgetieft und teilweise von Außenmauer zu Außenmauer durchgezogen wurden, thunlichst eingehend untersucht. Namentlich wurden jene überall da eingeschnitten, wo die umfassende Bohrung mit der Eisensonde erhebliche Steinunterlagen verspüren ließ … Im Ganzen lieferten diese Gräben das Bild von einstiger ungemein umfassender und intensiver Bewohnung des kleinen Kastells, wie sie mir in römischen Lagern noch nirgends begegnet war."

Obwohl Conrady, gemessen an seiner Zeit, sicher kein schlechter Archäologe war, war es ihm nicht möglich, die Innenbebauung des Kleinkastells freizulegen. „Es gelang deshalb trotz aller Bemühungen nicht, eine bestimmte Lagerordnung mit bestimmten Barackenreihen und dieselben etwa scheidenden Gassen oder Plätze festzustellen." Dass es diese Baracken gab, und dass ihre Reste glücklicherweise auch die Grabungen Conradys überdauert hatten, bewies die erneute Untersuchung des Lagers im Jahr 1975. Damals wurden insgesamt drei Bauphasen festgestellt und die Innenbebauung dieser interessanten Anlage vollständig erfasst.

WALLDÜRN
„Archäologisches Reservat" am Limes

Auf einem flachen Plateau südlich der bekannten Wallfahrtsstadt Walldürn im Odenwald befindet sich das größte der Numeruskastelle zwischen Main und Osterburken. Als weitere Superlative kann der Platz sich rühmen, bereits sehr früh zielgerichtet erforscht und heute vorbildlich geschützt worden zu sein. In der Flur, die – wie sollte es auch anders sein – wieder als „Alteburg" bezeichnet wird, wurden bereits im 18. Jh. römische Funde erwähnt und zu Beginn des 19. Jh. untersucht. Die Reichs-Limeskommission grub 1896/1897 im Kastell und im benachbarten Kastellbad. 75 Jahre danach bestätigten neuere Untersuchungen die damaligen Ergebnisse, als man die Mauerzüge des Badegebäudes konservierte. Als eines der ersten archäologischen Denk-

Mauern am Marsbach: Das konservierte Kastellbad von Walldürn.

Praktische Hinweise

Lage: Der Kastellplatz ist über die Landstraße von Walldürn nach Waldstetten zu erreichen. Etwa 0,7 km nach dem Überqueren der Bundesstraße B 27 kennzeichnet rechts ein Hinweisschild die Zufahrt. Neben dem konservierten Kastellbad ist ein kleiner Parkplatz. Erläuternde Hinweistafeln stehen am Kastell und am Badegebäude, dort findet sich auch die Kopie eines Altarsteines an die Fortuna, der von einer umfassenden Renovierung des Bades im Jahr 232 n. Chr. berichtet. Direkt daneben befindet sich der „Marsbrunnen" mit einer Grillmöglichkeit.
Museum: Das Stadt- und Wallfahrtsmuseum Walldürn, Hauptstraße 39, zeigt im Erdgeschoss eine eigene Römerabteilung mit Steindenkmalen und anderen römischen Kleinfunden aus den Kastellplätzen Walldürn, Haselburg und Hönehaus sowie ein sehr gelungenes Modell des Kastellbades. Geöffnet Di., Do. und So. 14–16 Uhr (während des Winterhalbjahres geschlossen), www.heimatmuseum-wallduern.de. Außerhalb der Öffnungszeiten sind Führungen nach vorheriger Anmeldung über das Städt. Verkehrsamt, Tourist-Information, Hauptstr. 27, 74731 Walldürn, oder unter Tel. 0 62 82/67 10-6 bzw. 67 10-7, Fax 0 62 82/67 10-3 möglich, tourismus@walldürn.de bzw. www.walldürn.de.

male in Baden-Württemberg wurde das Kastellareal zu dieser Zeit in öffentlichen Besitz überführt. Ziel der Maßnahme war der Schutz der im Boden ruhenden römischen Zeugnisse vor den Zerstörungen, die beim Pflügen eintreten. Seit dieser Zeit ist das Kastell selbst eines der wichtigsten „archäologischen Reservate" am Limes. Im Vicusareal nördlich des Lagers fanden in den Jahren 1982 und 1983 Grabungen zur Klärung der hier durch die landwirtschaftliche Nutzung stark bedrohten Befunde statt.

Unweit der konservierten Mauerzüge des Kastellbades entspringt in einer starken Quelle der Marsbach, der seinen Namen tatsächlich von dem römischen Kriegsgott erhielt. Allerdings geht die Bezeichnung nicht auf die Limeszeit, sondern die Moderne zurück, als man unweit der Quelle einen Altar für Mars und die Siegesgöttin Victoria fand. Der zunächst noch unscheinbare kleine Bachlauf fließt weiter an Walldürn vorbei durch das Hambrunner Tal, vereinigt sich mit weiten, kleinen Gewässern und mündet schließlich in die Mud (Mudau), die etwas unterhalb von Miltenberg in den Main fließt. Es ist genau dieselbe Route, die auch heute die Bundesstraße B 47 oder die parallel zu ihr verlaufende Bahnlinie nimmt. Inwieweit auch die römische Limesstraße vom Kastell Walldürn

an den Main dem Talgrund folgte oder auf den östlich davon anschließenden Höhen verlief, ist nicht gesichert. Wir dürfen aber davon ausgehen, dass sich Zivilisten und Soldaten der kleinen Garnison während der Limeszeit, ebenso wie der Marsbach nach Norden, in Richtung des Maintales orientierten. Der *Numerus* in Walldürn könnte sogar direkt dem Militärbefehlshaber in Miltenberg unterstellt gewesen sein.

Nur wenige Kilometer südlich von Walldürn ändern die Bachläufe ihre Fließrichtung und wenden sich der Kirnau und damit letztendlich dem Einzugsgebiet des Neckars zu. Diese im Gelände eher unscheinbare Wasserscheide hatte auf den Verlauf der römischen Grenzlinie offenbar einen indirekten, aber deutlich sichtbaren Einfluss. Denn der Wechsel zum Fluss-System des Neckars fällt mit dem Beginn der 80 km langen Limesstrecke zwischen Walldürn und Welzheim zusammen, und der nördlichste Teil des schnurgeraden Grenzabschnitts liegt bereits im Bereich des Kohortenkastells von Osterburken. Wir können daher annehmen, dass sich die Organisation des Limes an der Wasserscheide Main–Neckar orientierte und dies auch im Verlauf der Grenzsperren zum Ausdruck kommt. Für die in den Grenzkastellen Walldürn und Osterburken stationierten

Soldaten und ihre Angehörigen bedeutete dies, dass sie ihr Weg in die Provinzhauptstadt Mainz entweder über den Main oder über den Neckar und Rhein führte. Doch so oder so war eine derartig weite Reise für die einfachen Soldaten und Zivilisten sicherlich eher die Ausnahme.

Der Reisende heutzutage findet dank der klugen und vorausschauenden Entscheidungen zum Erhalt der römischen Denkmale einen weitgehend intakten Platz vor. Inmitten der Wiesen und Felder zwischen zwei kleinen Bachläufen reicht der Blick weit über die offene Landschaft, ohne dass moderne Bauten die Aussicht stören. Allerdings gehört auch einiges an Fantasie dazu, will man sich die Situation in römischer Zeit vor Augen rufen. Zu viel hat sich in den vergangenen 1800 Jahren verändert. Der Verlauf des Limes ist in diesem Bereich obertägig nicht zu verfolgen, doch strebt die Stadt gegenwärtig eine Kennzeichnung der Grenzanlagen an.

Der Odenwaldlimes

Über die Höhen des Odenwaldes verliefen zwei Strecken der obergermanischen Grenzbefestigung, der sog. (Hintere) Odenwaldlimes und der Vordere oder Äußere Obergermanische Limes. Hierin drückt sich keine Verdopplung der Sperranlagen aus, sondern beide Linien stellen zeitlich aufeinander folgende Phasen der römischen Grenzbefestigung in diesem Abschnitt dar. Die Baugeschichte der älteren Grenzlinie beginnt um 100 n. Chr. Zwischen dem Main im Norden und dem Neckar im Süden schlagen die Römer zunächst Schneisen in die Wälder der westlichen Odenwaldhöhen. Ein Postenweg und vermutlich auch schon eine Militärstraße verbinden Wörth am Main und Bad Wimpfen am Neckar. Der Grenzabschnitt wird ab jetzt lückenlos überwacht. Kastelle, Kleinkastelle und hölzerne Wachttürme kontrollieren den Zugang in die Provinz, aber auch eine wichtige Nord-Süd-Verbindung. Sperranlagen gibt es zunächst nicht. Erst

Spielwiese für Steinmetze und Mauerbauer: Inschriftenstein aus dem Kleinkastell Zwing nördlich von Schlossau im Odenwald.

unter Kaiser Hadrian (117–138 n. Chr.) fügt man eine Palisade hinzu. Zu dieser Zeit entspricht der Ausbauzustand des Odenwaldlimes dem der obergermanischen Grenzabschnitte in Westerwald, Taunus und Wetterau. Die Streckenführung ist teils dem Gelände angepasst, teils jedoch auch schon streng linear. Noch kurz vor der Mitte des 2. Jh. n. Chr. ersetzen hier wie anderswo Steintürme die älteren Holztürme, Kastelle werden dauerhaft ausgebaut, feste Lagerdörfer entstehen.

Nichts deutet darauf hin, dass nur wenig später, wohl um 155 n. Chr., der Odenwaldlimes vollständig aufgegeben wird. Durch die Einbeziehung des östlich des Neckars gelegenen Landes in die Provinz Obergermanien muss auch die Limeslinie im Odenwald rund 20 km weiter nach Osten vorgeschoben werden. Ausgangspunkt wird Miltenberg am Main, und der Limes verläuft auf seinem Weg nach Süden nun über die östlichen Ränder des Odenwaldes.

WANDERSTRECKE:
DER LIMES-WANDERWEG NÖRDLICH VON WALLDÜRN
Palisade ohne Graben

Sicherlich gibt es Abschnitte des Obergermanischen Limes, an denen die Reste des Pfahlgrabens markanter, die Mauern der Türme höher oder das Gelände interessanter sind. Die hier vorgeschlagene kurze Wanderung führt jedoch an einen Grenzabschnitt, der bei näherem Hinsehen einige Besonderheiten bietet, die sich anderswo in dieser Form nicht zeigen.

Da der Weg auf seiner gesamten Länge dem schnurgeraden Limesverlauf durch den Wald folgt, entspricht der erste Eindruck ziemlich gut dem historischen Bild zu Beginn der Limeszeit, als die Grenze noch ohne besondere Kennzeichnung eine Schneise durch die Wälder Germaniens zog. Diese künstliche Achse verleitete etwa in der Mitte des 19. Jh. den in Nordbaden forschenden Topographen Eduard Paulus dazu, den Limes für eine Heerstraße zu halten, auf der die Legionen vom Rhein an die Donau zogen. Diese Fehlinterpretation unterlief auch anderen Gelehrten und wird mit Blick auf eine Situation wie die bei Walldürn durchaus verständlich. Hinzu kommt, dass

Praktische Hinweise

Der Wanderweg ist gut 2,5 km lang und führt zu insgesamt fünf Wachtturmstellen.
Lage: Er befindet sich etwa 1,5 km östlich des Stadtzentrums von Walldürn. Die Strecke ist sowohl von Norden als auch von Süden zu begehen, an beiden Enden und den wichtigsten Punkten entlang des Weges befinden sich erläuternde Hinweistafeln. Die Anfahrt erfolgt entweder über das Gewerbegebiet nordöstlich der Stadt zwischen Eisenbahn und Waldrand (nach der kleinen Kapelle besteht direkt am Waldrand gegenüber dem Autohaus eine gute Parkmöglichkeit), oder man nimmt von Walldürn zunächst die Bundesstraße B 47 nach Norden in Richtung Amorbach. Am Stadtausgang von Walldürn biegt man nach rechts auf die Landstraße L 518 in Richtung Gerolzahn ab, nach 0,4 km im Wald wieder nach rechts in Richtung Glashofen. Kurz vor dem Ende des Waldes befindet sich ein Wanderparkplatz. Von hier aus sind es noch etwa 200 m auf dem Feldweg rechter Hand bis zum Beginn des Wanderweges.

die Grenzsperren an diesem Streckenabschnitt offenbar nicht mit Wall und Graben ausgebaut wurden. Bei den Ausgrabungen fanden sich zwar wiederholt die gut erhaltenen Reste des Palisadengrabens, häufig sogar mit römerzeitlichen Holzkohleresten, allerdings konnten keine Spuren des Pfahlgrabens beobachtet werden. Die Frage, warum man gerade im Bereich von Walldürn auf den Ausbau der Sperranlagen verzichtet haben sollte bzw. warum hier offenbar bis zur Aufgabe des Limes eine Palisade bestand, ist noch immer nicht beantwortet.

Der Besucher, der seine Wanderung im Norden beginnt, wird bereits unmittelbar nach dem Betreten des Hochwaldes mit dem „Höhepunkt" dieses Limesabschnitts belohnt – allerdings bietet

dann der weitere Weg nach Süden keine Steigerung mehr.

Schon bei ihrer ersten Untersuchung in den Jahren 1879/1880 fiel die Turmstelle „Steinernes Haus" (Wachtposten WP 7/31 nach der Zählung der Reichs-Limeskommission) durch ihre ungewöhnliche Größe auf. Die Überreste sprach man damals als großes Wachthaus an, eine gelegentlich angetroffene Sonderform der Limesbauwerke. Bei einer systematischen Untersuchung im Jahr 1969 wurde dann die gesamte Turmstelle freigelegt. Dabei konnten zwei verschiedene Steingebäude festgestellt werden. Der eigentliche Wachtturm besaß mit einem Grundriss von 4,7 × 4,5 m die übliche Größe. Er war von einem Spitzgraben umgeben, der noch bis zu 2 m breit war. Vermut-

Was vom Limes übrig blieb: Konservierte Mauerzüge am „Steinernen Haus" nördlich von Walldürn.

lich sollten derartige Gräben helfen, die Fundamente trocken zu halten. Als Verteidigungsanlagen machen sie wenig Sinn. Etwas weiter nördlich der Turmstelle wurde das zweite Steingebäude, das Wachthaus, freigelegt. Es besaß ebenfalls rechteckige Form, bot aber mit den Maßen 8,1 × 6,8 m ungleich mehr Innenfläche. Vermutlich hatte es kein Obergeschoss. An seiner Südostecke befand sich ein Mauerzwickel, der offenbar nachträglich an das ursprüngliche Mauerwerk angesetzt worden war. Das Wachthaus wurde daher offenbar mindestens einmal umgebaut bzw. erweitert. Leider reichen die Grabungsergebnisse nicht aus, um zu entscheiden, wann und warum diese zweite Bauphase notwendig wurde. Insgesamt ist die Funktion des größeren Steingebäudes nicht bekannt. Außer einem Unterkunftsgebäude könnte es sich auch um einen Speicher oder Stall gehandelt haben. Befunde wie die vom „Steinernen Haus" zeigen, dass wir uns an den Turmstellen Aktivitäten vorstellen müssen, die über den eigentlichen Wachtdienst hinausgingen.

Die konservierten Grundmauern beider Steingebäude sind vor Ort sichtbar. Auf der gegenüber-

liegenden Seite der kleinen Lichtung sind übermannshohe Eichenstämme zu einer hölzernen Palisade rekonstruiert. Trotz seiner Einfachheit zeigt sich bereits dieses einzelne Limeselement doch als eindrucksvolles und effektives Annäherungshindernis. Gleichzeitig bieten die mächtigen, über 3 m hohen Stämme auch ein beliebtes Fotomotiv.

Im weiteren Verlauf des Wanderweges nach Süden bis zum Ausgang des Waldes sind mit WP 7/32, WP 7/33 und WP 7/35 noch drei konservierte Turmstellen zu besichtigen. Nach dem vermuteten Wachtposten WP 7/34 hatte bereits die Reichs-Limeskommission vergebens gesucht. Auch ein weiterer Versuch im Herbst 1971 mit Unterstützung eines Artillerie-Messtrupps der Bundeswehr blieb erfolglos. Dafür stieß man jedoch etwa 10 m nördlich des Turmes WP 7/33 auf einen Werksplatz, auf dem Steinmaterial bearbeitet wurde. Zwei der dabei angetroffenen Bruchstücke zeigen noch Reste von Inschriften, die möglicherweise an den Türmen angebracht waren. Sie befinden sich heute im Badischen Landesmuseum in Karlsruhe (s. S. 83).

Hohenlohe und Schwäbisch-Fränkischer Wald

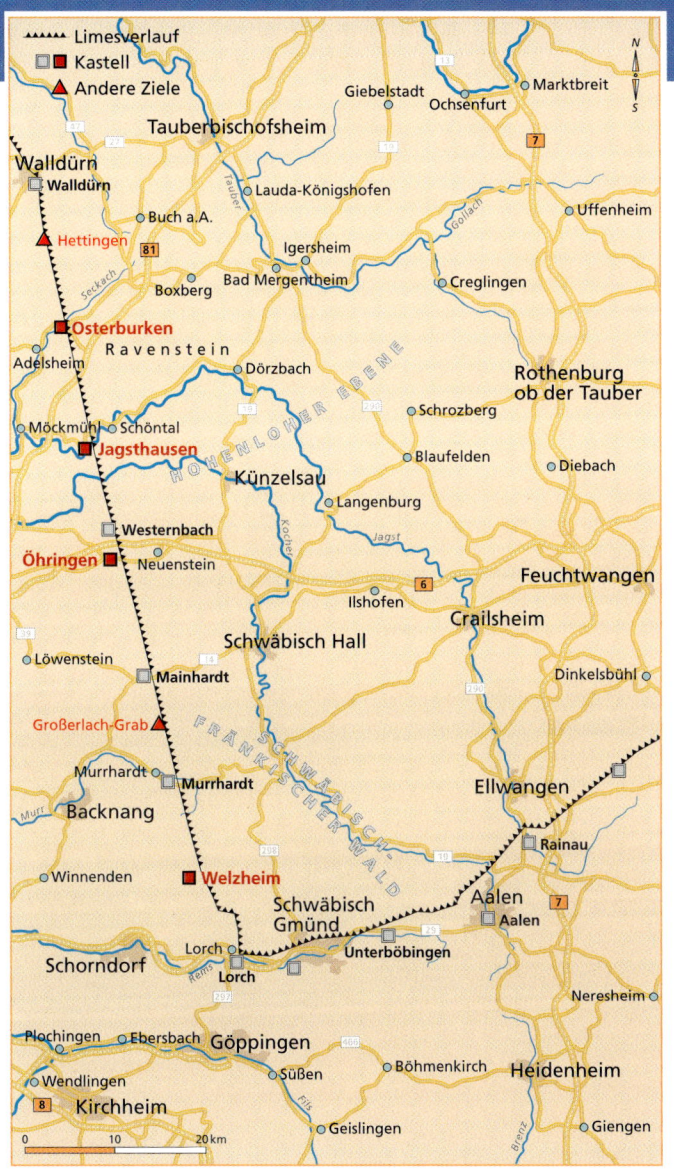

Legende:
- ▲▲▲▲▲ Limesverlauf
- ▢ ▪ Kastell
- ▲ Andere Ziele

Map labels: Giebelstadt, Ochsenfurt, Marktbreit, Tauberbischofsheim, Walldürn, Walldürn, Lauda-Königshofen, Uffenheim, Buch a.A., Hettingen, Igersheim, Bad Mergentheim, Creglingen, Boxberg, Osterburken, Ravenstein, Dörzbach, Rothenburg ob der Tauber, Adelsheim, Schrozberg, Möckmühl, Schöntal, Jagsthausen, Blaufelden, Diebach, Künzelsau, Langenburg, Westernbach, Öhringen, Neuenstein, Feuchtwangen, Ilshofen, Crailsheim, Schwäbisch Hall, Löwenstein, Mainhardt, Dinkelsbühl, Großerlach-Grab, Murrhardt, Murrhardt, Ellwangen, Backnang, Rainau, Winnenden, Welzheim, Aalen, Aalen, Schwäbisch Gmünd, Lorch, Unterböbingen, Schorndorf, Lorch, Neresheim, Plochingen, Ebersbach, Göppingen, Böhmenkirch, Heidenheim, Wendlingen, Süßen, Kirchheim, Geislingen, Giengen

Scale: 0 10 20 km

Die Funktion des Obergermanisch-Raetischen Limes als künstliche Demarkationslinie wurde hier, in der jüngsten Limeslinie, zur Perfektion gebracht. Seine eindrucksvolle, schnurgerade Linienführung zwischen Walldürn und dem Haghof, die auf einer Länge von 80 km keinerlei Rücksicht auf die Geländegestalt nimmt, ist ein beeindruckendes Zeugnis für die Fähigkeiten der antiken Landvermesser. Gleichzeitig drückt sich in der Geradlinigkeit ein fortgeschrittenes Konzept der Grenzüberwachung aus. Der Machtanspruch Roms sollte sich auch darin zeigen, dass man sich nicht an die natürlichen Gegebenheiten des Geländes halten musste.

Entlang der nach Südosten führenden Strecke liegen die acht zeitgleichen Kastellplätze Walldürn, Osterburken, Jagsthausen, Westernbach, Öhringen, Mainhardt, Murrhardt, Welzheim und Lorch. Wenige Kilometer östlich des Limesknicks bei Lorch bildet das Rotenbachtal bei Schwäbisch Gmünd die Grenze der beiden limeszeitlichen Provinzen *Germania superior* und *Raetia*.

DAS HÖNEHAUS
Glückliche Zufälle im Haus der Hünen

D as kleine Grenzkastell auf dem Rehberg wurde natürlich nicht von Riesen errichtet, sondern vom römischen Militär zur besseren Überwachung dieses Limesabschnitts. Dabei stammt die volkstümliche Bezeichnung Hönehaus aus einer Zeit, als die 1 m breite, steinerne Wehrmauer noch Erstaunen unter der Bevölkerung in dieser Umgebung auslöste, die selbst in hölzernen Häusern lebte. Der moderne Besucher erfreut sich dagegen eher an der idyllischen Lage des Platzes auf einem leichten Geländerücken im lichten Laubwald. Auch heute liegt das Kastell noch sehr abgeschieden, doch die hier in römischer Zeit statio-

nierten Auxiliare dürften sich regelrecht einsam gefühlt haben. Vermutlich leisteten hier nicht mehr als maximal 20 Soldaten des *Numerus Brittonum* Dienst, die turnusmäßig aus dem gut 4 km entfernten Walldürn abkommandiert wurden. Entlang der gesamten Limesstrecke zwischen dem Main im Norden und dem über 30 km entfernten Kastellplatz Osterburken im Süden waren ausschließlich *Numeri* stationiert. In ihnen haben wir Truppenverbände vor uns, die mit dem unübersichtlichen Gelände am Rande des Odenwaldes besser zurechtkamen als reguläre Kohorten oder Alen. Auf ihren Schultern ruhte auch der eigentli-

Bäume wie Pfosten: Wehrmauern des Kleinkastells Hönehaus.

Praktische Hinweise

Lage: Das Kleinkastell gehört zur Gemeinde Buchen, Ortsteil Hettingen. Von Walldürn aus folgt man auf der Landstraße der Beschilderung der Deutschen Limes-Straße nach Süden in Richtung Osterburken. Nach etwa 5 km im Wald rechts auf die Kreisstraße in Richtung Hettingen abbiegen. Unmittelbar nach dem Abzweig befindet sich rechter Hand ein ausgeschilderter Waldparkplatz. Das Kleinkastell liegt direkt oberhalb auf einem Geländesporn. Hinweistafeln geben Erläuterungen zum Kastell und den nahe gelegenen Wehranlagen. Vom Hönehaus aus sind auch die benachbarten Wachtturmstellen zu Fuß gut erreichbar.

che Grenzdienst, wie die Überwachung der Limeslinie oder Patrouillen im Vorfeld.

Nur 1,5 km vom Kleinkastell Hönehaus entfernt, endete die aus Süden von Welzheim kommende Limesgerade. Der Fluchtpunkt für die Vermessung dieser Strecke dürfte jedoch eher auf der Höhe des Rehbergs gelegen haben, da das tatsächliche Ende der Linie topographisch wenig auffällig in einer Geländesenke liegt. Vom Hönehaus aus besteht hingegen gute Fernsicht nach Süden und nach Norden in Richtung Walldürn. Es verwundert daher, dass an dieser Stelle kein Wachtturm bekannt ist; vermutlich ist er durch den Bau der Straße unerkannt zerstört worden. Der Grund für die Errichtung des Kastells war vielmehr ein nahe gelegener Grenzübergang, und die hier stationierten Soldaten kontrollierten den Verkehr mit den jenseits des Limes ansässigen Germanen.

Das annähernd quadratische Kleinkastell (47 × 41 m) liegt knapp 80 m vom Limesverlauf entfernt. Es besitzt keinen umlaufenden Wehrgraben. Von den Kastellmauern sind die konservierten Fundamente sichtbar. Sie waren teilweise als Fischgrätmauerwerk *(Opus spicatum)* ausgeführt. Die Kastellecken sind abgerundet, zwei einfache, gegenüber angeordnete Tore ermöglichten den Zugang. So verlief der Weg an den Pfahlgraben direkt durch das Kastell. Bei den Ausgrabungen durch die Reichs-Limeskommission konnten Brandspuren und Reste von Baracken beiderseits dieser zentralen Torgasse festgestellt werden. Ver-

mutlich entsprach die Anordnung der Innengebäude dem gängigen Bautyp mit zwei gegenüberliegenden Kasernenbauten in Fachwerktechnik, deren Rückseiten direkt an die Kastellmauer anschlossen. Falls es einen Wehrgang gab, so muss dieser auf den Dächern der Baracken verlaufen sein. Das Kastell dürfte erst ab dem Beginn des 3. Jh. und bis zum Ende des Limes belegt gewesen sein; vermutlich wurde es mindestens einmal umgebaut. „Aus der Dürftigkeit und Flüchtigkeit der ganzen Anlage schließt der Streckenkommissar, dass das Kastell in der späteren Zeit in hastiger Eile errichtet worden und nicht lange in römischem Besitz geblieben sei." Die Brandspuren machen die Aufgabe der Anlage nach einem Schadensfeuer wahrscheinlich. Das Hönehaus hatte vermutlich einen Vorgänger in einem weiteren Kleinkastell, das rund 350 m nordwestlich in einer Kurve der Altheimer-Straße lag. Diese Anlage ist wenig erforscht und bestand offenbar nur kurze Zeit. Heute sind von diesem zweiten Kastell, das direkt östlich der modernen Straße liegt, keine Spuren mehr sichtbar.

Hervorzuheben ist der Fund eines nur 13 cm langen Häuschens aus Buntsandstein. Die Vorderfront zeigt eine halbrunde Toröffnung unter einem dreieckigen Giebel, auf den Seiten befindet sich eine lateinische Weiheinschrift. Nach ihr hat der Freigelassene Quintilus Lector den Stein den *boni casus*, den glücklichen Zufällen, geweiht. Er wurde 1969 im Kastellareal entdeckt und befindet sich heute im Museum Walldürn.

Tagesroutine am Limes

Womit beschäftigten sich die Soldaten am Limes? Welche Aufgaben und Tätigkeiten umfasste ihr Dienstalltag? Wie verbrachten sie ihre Freizeit? Derartige Fragen mögen für uns interessant sein, die wir auf den Spuren der Römer am Limes wandeln. Für die antiken Schriftsteller waren solche Banalitäten allerdings kein Thema. Ihnen waren weltgeschichtliche Ereignisse wichtig: Besuche der Kaiser, Katastrophen und natürlich Kriege, oder sie schildern Lebensumstände der Senatoren und Ritter, nicht des kleinen Mannes. Somit fehlen uns Berichte über die Tagesroutine an der Reichsgrenze, ja es besteht sogar die Gefahr, dass die zeitgenössische Literatur einen verzerrten Eindruck vom damaligen Alltag wiedergibt, wenn sie nur Außergewöhnliches berichtet. Eine interessante Ergänzung sind daher kleine schriftliche Zeugnisse wie persönliche Briefe, Verwaltungsakten und Geschäftsberichte, die uns in seltenen Fällen überliefert sind. So erfahren wir beispielsweise aus den sog. *Pridiana*, täglichen

Aufstellungen über die Truppenstärke einer Einheit, dass sich viele Soldaten gar nicht bei ihrer Garnison aufhielten. Sie waren für die Beschaffung von Nachschub auf Reisen, für Verwaltungsaufgaben zum Büro des Statthalters abgestellt oder gar auf Sondereinsatz außerhalb der Provinz. Zudem fehlten Soldaten, denen der Befehlshaber der Truppe in Familienangelegenheiten oder aus anderen privaten Gründen Urlaub gewährt hatte. Aber auch von den im Lager anwesenden Soldaten war ein Gutteil mit so unmilitärischen Routinepflichten beschäftigt, wie dem Heizen der Bäder oder dem Backen von Brot, weitere waren krank gemeldet. Insbesondere Augenentzündungen führten offenbar zu einer hohen Ausfallrate unter den Mannschaften. Wenn wir noch diejenigen Soldaten abziehen, die beim Exerzieren die Freuden militärischen Drills genossen, blieb nur ein kleiner Teil der Truppe, der tatsächlich auf Patrouille war oder Wache schob.

Ohne Pflege bald ein Opfer von Rost und Staub? Ihre meiste Zeit dürften Waffen wie dieser Schienenpanzer im Schrank verbracht haben.

OSTERBURKEN
Hochwasserprobleme und ein Ende im Feuer

Seit der Vorverlegung des Obergermanischen Limes südlich des Mains um 160 n. Chr. bestand in Osterburken ein Kastell für die teilberittene *Cohors III Aquitanorum*. Seine Lage in einem vergleichsweise engen Flusstal verursachte bei den römischen Baumaßnahmen manches Kopfzerbrechen. Heute verdanken wir ebendieser Nähe zum Flüsschen Kirnau besonders attraktive Denkmale.

Das Kohortenkastell befand sich in hochwassergeschützter Lage über der Kirnau-Niederung. Um den schmalen Baugrund am südlichen Talhang möglichst gut auszunutzen, wählte man für das Steinkastell eine ungewöhnlich lang gestreckte Form mit einer Länge von 186 m bei einer Breite von nur 115 m. Dennoch waren für die Errichtung der Innenbauten aufwendige Terrassierungen des Hanges nötig, auch wenn außer der Umwehrung und den zentralen Bauten alle übrigen Gebäude vermutlich in Fachwerktechnik errichtet wurden.

Auch in anderer Beziehung schuf die Lage des Kastells Probleme. Zum einen war von hier aus nur ein sehr kleiner Abschnitt des Limes direkt einzusehen, und zum anderen befand sich das Lager durch den nach Süden überhöhten Talhang in einer taktisch nachteiligen Position. Doch zum Zeitpunkt der Errichtung des Kastellplatzes war Roms Herrschaft im Land noch unangefochten. Der Nutzen der Tallage für den täglichen Dienstbetrieb wog schwerer als militärische Vorzüge einer möglichst starken Festung. Wie anderorts auch, entwickelte sich neben dem Kastell eine Zivilsiedlung, in Osterburken vornehmlich zwischen dem Lager und dem Limes, dort wo sich auch heute der mittelalterliche Stadtkern befindet. Siedlungsspuren verteilen sich jedoch auf den gesamten Talgrund der Kirnau und reichen bis auf den gegenüberliegenden, nördlichen Talhang. Die Bedeutung der Kastellsiedlung beruhte sicherlich auch auf Kontakten mit den Germanen jenseits der Grenze. Eine Station der römischen „Straßenpolizei", der Beneficiarier, regelte Transit und Handel (s. S. 61). Nur etwa 25 km, eine Tagesetappe entfernt, bestanden an der unteren Tauber umfangreiche germanische Siedlungen. Sie waren entlang der Flusstäler von Kirnau und Umpfer leicht erreichbar. Bis in unsere Tage ist diese Strecke durch die hier verlaufende Eisenbahnlinie verkehrstechnisch bedeutsam.

Auf eine Veränderung der friedlichen Beziehungen zwischen Römern und Germanen an diesem Grenzabschnitt weist der Bau des zweiten Steinkastells von Osterburken hin. Unter Kaiser Commodus (185–192 n. Chr.) wurde am Ort ein Standlager für eine zweite Truppeneinheit errichtet. Die

Praktische Hinweise

Lage: Die Reste der beiden Kastellanlagen befinden sich im südlichen Stadtbereich und sind gut ausgeschildert. In einem hölzernen Informationspavillon Ecke Schuhmacher-/Kastellstraße, neben dem heutigen Feuerwehrmagazin, stehen Schautafeln (Parkmöglichkeit). In jedem Fall lohnt der Spaziergang durch die frei zugängliche Parkanlage den Hang aufwärts. Hier sind insbesondere die Nordmauer des Kohortenkastells, die vollständige Umwehrung des Annexkastells sowie die zugehörigen Wehrgräben im Gelände gut ablesbar. Während des Rundgangs verdienen auch mehrere Inschriftensteine in den bergseitigen Mauerabschnitten Beachtung. Es handelt sich um Kopien der Bauinschriften der Legionen aus Mainz und Straßburg, die das Kastell errichteten.

Bei jedem Besuch eindrucksvoll – konservierte Kastellmauer in Osterburken.

mit dem Bau beauftragten Soldaten der 8. Legion aus Straßburg wählten eine Lösung, wie sie in den germanischen Provinzen sonst keine Parallele findet. An der südöstlichen Langseite des Kohortenkastells schufen sie einen trapezförmigen Anbau, das sog. Annexkastell. Dessen Toranlagen sind bereits deutlich kleiner als die des älteren Kohortenkastells – offenbar eine Reaktion auf die zunehmend unsichere politische Lage an den Grenzprovinzen. Darauf deuten ferner der spätere Einbau zusätzlicher Geschützplattformen an den Ecken und in den Zwischenräumen sowie die Anlage eines mächtigen, über 10 m breiten Wehrgrabens. Das Annexkastell verbesserte aber auch die Verteidigungsfähigkeit des Kohortenkastells selbst. Vom höchsten Punkt des Doppelkastells bestand nun Sichtverbindung zu den Limestürmen im Osten. Außerdem war der überhöhte Talhang im Süden nun gesichert. Die innerhalb einer Parkanlage konservierte Umfassungsmauer des Annexkastells und die Südmauer des Kohorten-

kastells vermitteln noch einen Eindruck von der trutzigen Bastion in der späteren Limeszeit. Beim Studium der Mauerreste ist jedoch Vorsicht geboten, da viel Interpretation aus der Zeit der Konservierung zu Beginn des 20. Jh. eingeflossen ist.

Wie wichtig die Verstärkungen in den unruhigen Jahrzehnten der ausgehenden Limeszeit werden sollten, zeigen wieder die archäologischen Befunde. Als letzte Baumaßnahme an den beiden Kastellen lässt sich zunächst das Vermauern der Tore feststellen. Spätestens jetzt war man offenbar gezwungen, hinter den Mauern Zuflucht zu suchen. Nahezu bilderbuchhaft illustrieren Brandspuren, menschliche Skelette, Waffen und Versteckhorte, die bei den Ausgrabungen immer wieder beobachtet wurden, das sicherlich dramatische Geschehen im 3. Jh. n. Chr. Mit großer Wahrscheinlichkeit lassen sich hierin Kämpfe erkennen, die zum gewaltsamen Untergang der Kastelle in Osterburken führten.

DAS RÖMERMUSEUM OSTERBURKEN
Zwei Bäder und ein Weihebezirk

Während mancher Wanderer in der Parkanlage zwischen den konservierten Kastellmauern den Atem der Limeszeit spürt, bietet das nahe gelegene Museum die Möglichkeit zu einer mehr sachlichen Auseinandersetzung mit der Geschichte. Anhand einzigartiger Funde und einer modernen Präsentation zeigt sich aber auch hier römische Geschichte zum Anfassen.

Zwei thematische Schwerpunkte warten auf den Besucher: Zunächst das Museumsgebäude selbst, das über den Resten der beiden bekannten Militärbäder errichtet wurde. Ein lichter Schutzbau überspannt die Ruine des 1976 entdeckten „Bades II". Es gehört zum sog. Reihentyp, da hier die einzelnen Räume auf einer Achse hinterein-

ander liegen. Insbesondere die Heizeinrichtung, das Hypokaustum, des 1982 konservierten Bades sind vorzüglich erhalten, wodurch sich der Badeverlauf und die Technik der römischen Warmluftheizung gut nachvollziehen lassen. Bei dem Bau handelt es sich um das jüngere Badegebäude aus der Zeit der Errichtung des Annexkastells. Hingegen gehört das 1840 entdeckte „Bad I" (ehemals „Badischer Hof") zu einer älteren Anlage aus der Zeit der Errichtung des Kohortenkastells. Ein Teil des Bauwerks wurde 2004/2005 noch einmal wissenschaftlich untersucht und in einen Erweiterungsbau des Museums einbezogen.

Innerhalb der Ausstellung liegt in diesem Museumsteil der thematische Schwerpunkt auf den

Nur eines von (mindestens) zwei Bädern: Das Kastellbad von Osterburken.

umfangreichen Zeugnissen des Beneficiarier-Weihebezirks. Anders als in Obernburg am Main (s. S. 60), wo die eigentliche Wachtstation dieser „Straßenpolizei" entdeckt wurde, konnte in Osterburken in den Jahren 1982–1984 ein Heiligtum aufgedeckt werden, das von den im Ort stationierten Beneficiariern unterhalten wurde. Auf einer Fläche von rund 200 m² fand sich in einem bereits zu römischer Zeit stark hochwassergefährdetem Areal ein kleiner hölzerner Tempelbau mit steinerner *Cella* für die Göttin Candida. Diese wenig bekannte Göttin gehört in den Kreis der provinzialrömischen Gottheiten, in denen sich einheimisch (keltische?) und römische Glaubensvorstellungen vermischen. Ausgerichtet auf einen Bohlenweg, der zum Tempel führte, standen ferner insgesamt sieben Reihen mächtiger, steiner-

ner Altäre. Römische Drainageleitungen zeigen, dass das Heiligtum bereits in der Limeszeit durch Überschwemmungen gefährdet war. Dank der vorzüglichen Erhaltung trugen die Altarsteine sogar noch Spuren ihrer ursprünglich farbigen Bemalung. Ihre zum Teil figürlichen Reliefbilder zeigen Porträts, Opfergerät und auch szenische Darstellungen und verraten viel über die Freude der Steinmetze an ihrer Arbeit. Wissenschaftlich bedeutsam sind darüber hinaus vor allem die Inschriften auf den insgesamt 30 Altären. Wir erfahren aus ihnen, dass die Beneficiarier in den Jahren zwischen 174 und 238 n. Chr. von den Legionen in Regensburg, Mainz und Straßburg nach Osterburken abkommandiert waren. Sie weihten die Altäre insbesondere den römischen Staatsgöttern Jupiter, Juno und Mars, der genannten Candida,

Praktische Hinweise

Lage: Das Römermuseum mit Thermenanlage und Beneficiarier-Weihebezirk befindet sich in der Römerstraße. Die Zufahrt ist ausgeschildert („Römisches Bad"), Parkmöglichkeiten sind allerdings beschränkt.
Informationen unter Rathaus Osterburken, Marktplatz 3, Tel. 0 62 91/40 10, info@osterburken.de bzw. www.osterburken.de.
Museen: Zahlreiche Funde der Ausgrabungen des 19. Jh. kamen in die Reiss-Engelhorn-Museen nach Mannheim und in das Keckenburgmuseum Schwäbisch Hall. Den reichsten Bestand an Steindenkmalen aus Osterburken besitzt jedoch das Badische Landesmuseum in Karlsruhe. Hier findet man auch das Original des berühmten Mithrasreliefs. Badisches Landesmuseum Karlsruhe, Schloss, 76131 Karlsruhe, Tel. 07 21/9 26-65 14, Fax 07 21/9 26-65 37, info@landesmuseum.de bzw. www.landesmuseum.de.

aber auch *Fortuna Redux*, der Göttin der glücklichen Heimkehr oder dem *Genius Loci*, vielleicht am besten zu übersetzen als „Schutzpatron des Ortes". Deutlich kommt hierin der Hintergrund für die sicher kostspieligen Weihungen zum Ausdruck: Die Beneficiarier dankten all diesen Gottheiten, dass sie ihre Dienstzeit in der Osterburkener Station unbeschadet abgeleistet hatten!

Mit dem kleinen hölzernen Tempel barg die Fundstelle aber für die Archäologen einen weiteren „Schatz": Im feuchten Untergrund hatten sich seine Bauhölzer wie Bretter, Bohlen und Fach-

werkgeflecht so gut erhalten, dass sogar noch die Werkzeugspuren der antiken Handwerker sichtbar waren. Normalerweise haben wir nur wenige Hinweise auf die hölzernen Bestandteile antiker Gebäude und können speziell die Gestaltung von Wänden und Dächern nur vermuten. Anhand der Funde war es aber möglich, die gesamte Tempelanlage dieses Heiligtums originalgetreu zu rekonstruieren. In Form eines lebensgroßen Nachbaus wird so der Osterburkener Weihebezirk in dem 2006 eröffneten Museumsanbau wieder entstehen.

JAGSTHAUSEN
„... ist ein Dorf und Schloss an der Jagst"

Johann Wolfgang von Goethe setzte dem berühmtesten Sohn des Ortes, Ritter Götz von Berlichingen, in seinem gleichnamigen Drama ein literarisches Denkmal. Von den römischen Zeugnissen Jagsthausens hören wir in seiner Beschreibung des mittelalterlichen Helden nichts, obwohl diese bereits zu Goethes Zeiten das Interesse der Gelehrten fanden. Auch dem historischen Götz des ausgehenden 15. Jh. werden bereits Überreste der Limeszeit in seinem Geburtsort aufgefallen sein – denn zu eng sind an diesem Platz Antike und Mittelalter verwoben.

So wie die mittelalterliche „Götzenburg" bis heute den in einer weiten Flussbiegung gelegenen alten Ortskern beschirmt, so schützte während der Limeszeit ein rund 3 ha großes Steinkastell eines der am besten erforschten römischen Kastelldörfer. Genau im Zentrum des einstigen Militärlagers, dort wo die große Vorhalle des Stabsgebäudes lag, erhebt sich heute der imposante Bau des sog. „Roten Schlosses" der Freiherrn von Berlichingen. Auch der Verlauf der Hauptstraße deckt sich in weiten Teilen noch immer mit der bereits von den Römern angelegten Verkehrsach-

Praktische Hinweise

Lage: Ein beschilderter Rundweg führt zu den wichtigsten Stellen der Kastellsiedlung. Das Römerbad liegt am südlichen Ortsrand zwischen Rathaus und Schule (Parkmöglichkeit). Die Anlage ist ganzjährig während der Tagesstunden zugänglich.
Museen: Das 2004 eröffnete Museum im Erdgeschoss des Alten Rathauses stellt römische Alltagskeramik aus der Sammlung Krapf aus. Führungen jeweils n. V. Informationen über das Bürgermeisteramt Jagsthausen, 74249 Jagsthausen, Tel. 0 79 43/91 01-0, Fax 0 79 43/91 01-50.
In der historischen Götzenburg am nördlichen Ortausgang zeigt das kleine Privatmuseum der Familien von Berlichingen neben Inschriften und Bildsteinen der Limeszeit auch Zeugnisse der bewegten Geschichte des Ritters Götz von Berlichingen, Tel. 0 79 43/23 35, Fax 0 79 43/81 75.

Ausgrabung in Jagsthausen. Hier verschwinden die römischen Originalmauern nach ihrer Untersuchung wieder unter der Erde.

se. Das Kastell wurde mit einer Seite an den steilen Prallhang der Jagst gebaut, mit guter Fernsicht nach Osten, doch durch den Flusslauf von dem etwa 400 m entfernten Limes getrennt. Ein ursprünglich wohl im Kastell angebrachter Inschriftenstein datiert die Errichtung des Militärlagers spätestens in das Jahr 161 n. Chr. und stellt damit das älteste datierte Zeugnis am Vorderen Limes dar. Die Steinumwehrung errichteten, wie Bauinschriften belegen, Soldaten der in Mainz stationierten 22. Legion. Stationiert war in Jagsthausen jedoch die *Cohors I Germanorum*. Den 500 Mann, der vermutlich zum Teil berittenen Garnison, oblag die Überwachung der nördlichen Hohenloher Ebene an einer Stelle, wo mit Jagst und Kocher die beiden einzigen schiffbaren Flüsse südlich des Mains den Limes queren. Verschiedene Indizien sprechen dafür, dass Flusskähne Waren über Rhein, Neckar und Jagst bis an den Limes brachten.

Der durch zahlreiche größere und kleinere archäologische Untersuchungen bekannte Siedlungsplan des römischen Jagsthausen zeigt eine ungewöhnlich entwickelte Struktur: Zusätzlich zu einer Ringstraße, die parallel zu den Kastellmauern verlief, bestand im

Süden und Westen ein rechtwinkliges Straßennetz. Einzelne Areale der Siedlung waren nach unterschiedlichen Funktionsbereichen getrennt. So sind am Vicusrand Töpferöfen, eine Ziegelei und Metallverarbeitung nachgewiesen. Vor dem südlichen Kastelltor lagen hingegen Wohn- und Händlerquartiere. Grundriss und Ausstattung der dort untersuchten großen Stein- bzw. Fachwerkbauten weisen auf einen gehobenen Wohnkomfort in wesentlich geräumigeren Häusern hin, als sie den Handwerkern am Ortsrand zur Verfügung standen.

Von dem Kohortenkastell sind keine Reste mehr sichtbar, sie ruhen wohl geschützt in den Parkarealen rings um die drei Schlösser im nördlichen Ortsteil. Große Teile der zivilen Siedlung wurden durch moderne Baumaßnahmen im Ortsbereich zerstört. Für Besucher zugänglich und mit erläuternden Hinweistafeln ausgestattet, ist allerdings das im Jahr 1992 wieder entdeckte Kastellbad an der Friedrich-Krapf-Straße. Das Badegebäude selbst, ursprünglich mit einer Länge von über 50 m sicherlich eine imponierende Anlage, wurde nur zum Teil ausgegraben. Eine Freilichtanlage rings um die sichtbar gemachten Grundmauern zeigt zahlreiche Weihesteine und Altäre, die im Ortsbereich aus dem Boden kamen. Zwei Inschriften belegen Veteranen, die sich beim (Winter-)Lager der Kohorte *„ad hiberna Cohortis I Germanorum"* niederließen bzw. Grundeigentum erwarben. Weihungen an die *Fortuna Redux*, danken wohl für die glückliche Heimkehr ihres Stifters und werfen so ein Licht auf die Lebensverhältnisse an der äußersten Grenze des Römischen Reiches. Eine Bauinschrift von Kaiser Marcus Iulius Philippus und seinem Sohn berichtet noch einmal von umfangreichen Reparaturen in den Jahren zwischen 244 und 247 n. Chr. Wegen der Tilgung der Kaisernamen nach dem Tod der beiden Herrscher ist ein Funktionieren der römischen Verwaltung in Jagsthausen bis mindestens 249 n. Chr. gesichert. Diese Inschrift stellt damit das späteste Schriftzeugnis vom Obergermanischen Limes vor seiner endgültigen Aufgabe dar.

ÖHRINGEN
„Kindertage" der Limesforschung

Annäherend im Zentrum der 80 km langen, schnurgeraden Limesstrecke im südlichen Obergermanien und gleichzeitig am Rande der siedlungsgünstigen Hohenloher Ebene liegt die ehemalige Residenzstadt Öhringen. In römischer Zeit einer der bedeutenderen Plätze am Vorderen Limes. Als einzigem Kastellort Obergermaniens ist uns sein antiker Name überliefert. Vermutlich wurde die Ansiedlung nach dem Kaiser Marc Aurel (161–180 n. Chr.) *Vicus Aurelianus* genannt. Aber auch in den archäologischen Zeugnissen drückt sich die Bedeutung während der Limeszeit aus. So bestanden in Öhringen mit dem älteren, sog. „Bürgkastell" aus der Zeit der Limesvorverlegung um 160 n. Chr. und dem etwas jüngeren Kastell beim Rendelstein zwei Truppenlager. Zwischen den beiden Kastellen, und damit im Bereich der mittelalterlichen Stadt, lag eine ausgedehnte zivile Siedlung, deren genaue Größe und Struktur uns nur in groben Zügen bekannt ist. Neben der Versorgung der Soldaten könnten wirtschaftlich gesehen auch der Salzhandel und der Warenaustausch mit den Germanen jenseits des Limes eine Rolle gespielt haben. So kennen wir etwa ein *Collegium convenarum*, bei dem es sich offenbar um eine Gemeinschaft von Ortsfremden handelte, die sich regelmäßig in Öhringen aufhielten. Sie weihten im Dezember 232 n. Chr. der Jagdgöttin Diana einen Altar – ein offenkundiger Hinweis darauf, dass sie ihre Tätigkeit in die germanischen Wälder jenseits der Grenze führte.

Der Fund zweier römischer Steininschriften und des Kopfes einer antiken Frauenstatue am Rendelstein im Mai 1741 machten Öhringen zu einem der Ausgangspunkte für die Erforschung des römischen Grenzwalles in Deutschland. Zentrale Rolle kommt hierbei dem gräflich-hohenlohischen Archivar und Hofrat Christian Ernst Hanßelmann zu. Angeregt durch die Funde in seiner Heimatstadt unternahm und dokumentierte er weitere Ausgrabungen und verglich seine Beob-

achtungen mit Angaben in antiken Schriftquellen. Nach eigenen Untersuchungen im Kastell am Rendelstein und eines großen Badegebäudes informierte er sich schon bald systematisch über weitere römerzeitliche Entdeckungen in der gesamten Region und darüber hinaus. Seine fundierten wissenschaftlichen Analysen veröffentlichte er 1768 unter dem schönen Titel „Beweis, wie weit der Römer Macht … auch in die ost-fränkische, sonderlich hohenlohische Lande eingedrungen …" und 1773 in der „Fortsetzung des Beweises …". Hanßelmann erkannte, dass der Limes vom Taunus bis an die Donau ein einziges, zu-

Auch ein Zeugnis der „Römer Macht": Relief mit Götterdarstellungen aus Öhringen.

Praktische Hinweise

Museen: Weygang-Museum, Karlsvorstadt 38, 74613 Öhringen, Tel. 0 79 41/ 3 53 94,
Fax 0 79 41/ 96 09 10, info@weygang-museum.de bzw. www.weygang-museum.de. Geöffnet
1. Apr. bis 30. Sept., Do. bis So. 11–17 Uhr, 1. Okt. bis 31. März, Fr. bis So. 11–17 Uhr (Gruppen
n. V. auch außerhalb dieser Öffnungszeiten).
Das Württembergische Landesmuseum Stuttgart beherbergt neben Funden vom Limes auch
eine umfangreiche Sammlung zur römischen Landesgeschichte. Empfehlenswert ist insbesondere
auch die Sammlung römischer Steindenkmale (beschränkte Öffnungszeiten!). Altes Schloss, Schil-
lerplatz 6, 70173 Stuttgart, Tel. 07 11/2 79-0, Fax 07 11/2 79-34 99; geöffnet Di. bis So. 10–17 Uhr,
info@landesmuseum-stuttgart.de bzw. www.landesmuseum-stuttgart.de.
Das Hohenlohe-Museum im Neuensteiner Renaissanceschloss zeigt u. a. römische Funde aus
dem Nachlass Hanßelmanns. Schlossstraße 49, 74632 Neuenstein, Tel. 0 79 42/22 09,
Fax 0 79 41/60 99-20; geöffnet 16. März bis 15. Nov. 9–12 und 13.30–18 Uhr (montags geschlossen,
außer an Feiertagen oder n. V.); info@schloss-neuenstein.de bzw. www.schloss-neuenstein.de.

sammenhängendes Bauwerk darstellt und kartiert als Erster seinen (annähernd) richtigen Verlauf.

Sich heute vor Ort ein Bild von der limeszeitlichen Ansiedlung oder von der Bedeutung Öhringens für die archäologische Wissenschaft zu machen, ist nur schwer möglich. Von den römischen Bauten am Bürg- und Rendelkastell ist nahezu nichts mehr sichtbar. Zu sehr hat sich seit Hanßelmanns Zeiten die Bebauung der Stadt ausgedehnt. Das von ihm untersuchte Badegebäude wurde vermutlich 1861 beim Bau der Eisenbahnlinie durch den Bahndamm überdeckt. An das Kastell am Rendelstein erinnert noch der namengebende Rendelstein, ein mittelalterlicher Bildstock, der auf einer römischen Steinsäule steht. Vor dem heutigen Kreiskrankenhaus (Kastell-

straße 5) am Standort des ehemaligen Bürgkastells, westlich der Innenstadt, stehen in einer kleinen Freiluftanlage Abgüsse von Inschriftensteinen und ein Brunnen. Beim Skulpturenpark ist außerdem ein römischer Heilkräutergarten zu besichtigen.

Die zahlreichen spektakulären Bodenfunde der letzten 200 Jahre im heutigen Stadtgebiet gelangten in die Museen nach Stuttgart und Neuenstein. In Öhringen selbst gibt die kleine Ausstellung im Römerkeller des Weygang-Museums Auskunft über den römischen Kastellplatz und dessen wissenschaftliche Erforschung. Es zeigt Originale und Nachbildungen, wie Weihesteine und Skulpturen des römischen Götterhimmels, Terra sigillata und weitere Kleinfunde.

GROSSERLACH-GRAB
Der Fluchtpunkt auf dem Heidenbuckel

Die Ortschaft Grab führt in ihrem Namen noch die Erinnerung an die einstmals sicher weithin bekannte und eindrucksvolle Landmarke des römischen Pfahl-„Grabens". Doch Erosion, landwirtschaftliche Nutzung und die Erfordernisse einer maschinengerechten Umwelt haben die ehe-

maligen deutlich sichtbaren Spuren des Limesverlaufs im offenen Gelände weitgehend getilgt. Auch im Umfeld des Ortes Grab muss man sich heute sehr anstrengen, um in Feldern oder Wiesen letzte Spuren von Limeswall und -graben zu entdecken. Gut erhaltene Abschnitte der römischen

Reichsgrenze finden sich vor allem noch in den umliegenden Wäldern, wo traditionell der Boden schonender bewirtschaftet wurde.

Südlich des Ortes liegt der Heidenbuckel, mit einer absoluten Höhe von 536 m einer der höchsten Erhebungen am Obergermanischen Limes. Auf seiner markanten Kuppe stand nach der Zählung der Reichs-Limeskommission Wachtposten WP 9/83, damals im Volksmund als „Mehlhaus" bekannt. Nach sorgfältiger Planung wurde der Turm 1982 originalgetreu aus Bruchsteinen in römischer Bautechnik wieder aufgebaut. Wie für die Limestürme anzunehmen, befindet sich der Eingang zum Schutz vor überraschenden Überfällen im Obergeschoss und war nur über eine Leiter erreichbar. Bis auf den fehlenden weißen Kalkverputz mit rotem Fugenstrich, der aus römischer Zeit zum Schutz vor der Witterung nachgewiesen ist, gibt der Nachbau insgesamt eine sehr genaue Vorstellung vom Aussehen der Wachttürme am Limes. Hang abwärts wurde auf einer Länge von etwa 100 m ein Abschnitt der Limespalisade sowie des Wall-Graben-Systems dargestellt. Die Anlage ist somit nicht nur eines der beliebtesten Fotomotive am Limes, sondern auch Gegenstand von mancherlei archäologischen Experimenten. Wer einmal versucht hat, die Palisade zu übersteigen oder auf nassem Gras, Graben und Wall zu überwinden, weiß, warum die Römer so viel Fleiß in den Bau der Grenzsperren investierten.

Von dem römischen Steinturm fanden sich bei seiner Erstuntersuchung 1892 noch die quadratischen Fundamente mit knapp 4 m Seitenlänge. Im Vergleich zu anderen Turmgrößen ein eher wenig auffälliges Maß. Die Bedeutung der Turmstelle liegt jedoch in der vorzüglichen Fernsicht begründet, welche die Aussichtsplattform des Turmes in römischer Zeit bot. Leider verwehrt der Wald heute einen exakten Vergleich mit der antiken Situation. Lediglich der Blick nach Süden hat noch Anklänge an die römische Zeit, da hier dankenswerterweise die Forstverwaltung erst in jüngerer Zeit eine Schneise entlang des Limesverlaufs geschlagen hat. Da es auch in der Antike für das Funktionieren der Grenze weniger auf eine möglichst gute Sicht auf das Limesvorfeld ankam als auf die Blickverbindung zwischen den Wachttürmen, entspricht die eingeschränkte Sicht ziemlich gut der historischen Situation am Limes.

Der Turm auf dem Heidenbuckel spielt bei der Diskussion über die Vermessung der 80 km langen Limesgeraden zwischen Walldürn und dem Haghof bei Welzheim eine wichtige Rolle. So wurden bei der Ausgrabung der Turmstelle mächtige Pfostenstellungen entdeckt, die von einem hölzernen Messgerüst stammen sollen. Es dürfte daher kein Zufall sein, dass die schnurgerade 80 km lange Grenzlinie genau über die Höhe des Heidenbuckels führt. Vielmehr ist davon auszugehen, dass bei der Absteckung des Limes eine erste Fluchtlinie zwischen diesem Ort und der nördlichen Spitze der Welzheimer Hochebene geführt wurde. Gut 11 km entfernt befindet sich dort in Sichtverbindung nicht nur die höchste Erhebung des Vorderen

Praktische Hinweise

Lage: Man erreicht den nachgebauten Steinturm über die Bundesstraße B 14 zwischen Sulzbach/Murr und Mainhardt, den Wegweisern nach Grab folgend. Südlich des Ortes an der Kreisstraße in Richtung Murrhardt befindet sich am Waldrand ein ausgeschilderter Parkplatz. Von hier sind es noch etwa 400 m zu Fuß auf dem gekennzeichneten Wanderweg. Die Turmstelle ist Endpunkt des von Mainhardt nach Süden führenden Wanderweges. <u>Hinweis:</u> Für ein Besteigen des Turmes ist es notwendig, sich in den Gasthöfen „Rössle" und „Löwen" in Grab oder „Waldblick" in Trauzenbach anzumelden und die Turmschlüssel (gegen Pfand) abzuholen. Neben dem Turm befinden sich Schautafeln zum historischen Waldbild und zur römischen Anlage.

Der nachgebaute Wachtposten auf dem Heidenbuckel bei Großerlach-Grab.

Obergermanischen Limes (560 m), sondern auch ein ungewöhnlich großes Wachtturmfundament. Demnach wäre die auffällige Limesgerade im Süden begonnen worden, indem die römischen Vermesser den Höhenrücken bei Welzheim als Ausgangspunkt wählten, über den Heidenbuckel bei Grab nach Norden fluchteten und die so bestimmte Gerade immer weiter verlängerten, bis man schließlich die Gegend um Walldürn erreichte, wo man mit dem Knick nach Westen den Anschluss an den Main herstellte. Nachdem der Verlauf der Limeslinie markiert war, wurde das Messgerüst abgebaut und durch einen einfachen Limesturm ersetzt, wie wir ihn heute im Nachbau erleben.

WELZHEIM
Kundschafter und Schuhe aller Art

Ausgangspunkt für eine Beschäftigung mit dem limeszeitlichen Welzheim ist sicherlich das Ostkastell in landschaftlich reizvoller Lage auf einem leichten Geländesporn. Wie heute noch am Rande der (damals römischen) Siedlung gelegen, befand sich hier im Angesicht des umgebenden Waldes das Lager einer Einheit von Kundschaftern *(Numerus Brittonum et Exploratores)*. Ein Centurio der 8. Legion aus Straßburg, Marcus Octavius Severus, kommandierte die kleine Truppe, die ursprünglich einmal im fernen Britannien rekrutiert worden war.

Auch heute noch modisch: Römische Schuhe aus einem Brunnen des Ostkastells von Welzheim.

Die gesamte Fläche des 1,6 ha großen Nume-ruskastells konnte 1960 als archäologisches Reservat erhalten werden und bildet heute einen auch über die Region hinaus viel besuchten „Römerpark". Ein Erdwall mit einer Wildrosenhecke deutet Lage und Ausdehnung der ursprünglichen Umwehrung an. Im Inneren sind die Grundrisse zweier durch die Reichs-Limeskommission ausgegrabener Gebäude markiert, auch ein Holzbrunnen in der Südwestecke wurde originalgetreu

rekonstruiert. Anhand von Kopien römischer Steindenkmäler informiert ein kurzer archäologischer Rundweg über den Militärplatz Welzheim. Größte Besucherattraktion ist jedoch der Nachbau des zur Stadt weisenden Westtores samt der angrenzenden Wehrmauern und des vorgelagerten Spitzgrabens. Anhand moderner Ausgrabungsergebnisse wurde die Toranlage 1977 in voller Höhe wieder aufgebaut. Das Augenmerk lag dabei insbesondere auf einer möglichst original-

Praktische Hinweise

Lage: Die Zufahrt zum „Archäologischen Park" auf dem Gelände des Ostkastells am Stadtrand ist aus jeder Richtung gut ausgeschildert, Parkmöglichkeiten (auch für Busse) bestehen direkt vor Ort. Die Anlage ist frei zugänglich, Gruppenführungen können über das Verkehrsamt gebucht werden.

Museum: Das Städtische Museum mit römischen Funden aus dem Stadtareal befindet sich in den Räumen des ehemaligen Dekanats in der Altstadt von Welzheim (Pfarrstraße 8). Geöffnet So. 14–17 Uhr, für Gruppen auch n. V.

Informationen über das Verkehrsamt der Stadt Welzheim, Kirchplatz 3, 73642 Welzheim, Tel. 0 71 82/80 08 15, Fax 0 71 82/22 23, stadt@welzheim.de bzw. www.welzheim.de.

getreuen Ausführung in antiker Bautechnik und anhand neuester wissenschaftlicher Ergebnisse. Bis auf die Tatsache, dass auf den weißen Kalkputz verzichtet wurde, der die Bauten der Römerzeit vor der Witterung schützte, erhält der Besucher einen sehr guten Eindruck vom einstigen Aussehen der antiken Anlage.

Bei den Ausgrabungen, die dem Nachbau der Kastelltores vorausgingen, wurden auch vier römische Brunnen innerhalb des Kastells untersucht. Aus einem von ihnen stammen weit über 100 römische Lederschuhe, vom Hauspantoffel bis zum Soldatenschuh. Vermutlich handelte es sich um Abfälle einer Flickschusterei, da alle Stücke reparaturbedürftig waren. Warum sich ausschließlich einzelne Schuhe und keine Schuhpaare fanden, ist allerdings fraglich. Die Auswertung dieses überaus seltenen Fundes verriet jedoch nicht allein die Schuhgrößen oder -mode von Männern, Frauen und Kindern während der Limeszeit, sondern die zum Teil zerschlissene und stark abgetragene Fußbekleidung zeichnete ein drastisches und sehr persönliches Bild von den harten Lebensbedingungen in einem Vorposten des Römischen Reiches.

Die eindrucksvolle Anlage des Römerparks darf jedoch nicht darüber hinwegtäuschen, dass sich der Besucher hier nur am Randbereich der ehemaligen römischen Ansiedlung befindet. Das antike Zentrum des Ortes bildete ein mit über 4 ha Innenfläche mehr als zweieinhalbmal größeres Lager für eine Reitereinheit, in dem vermutlich die *Ala Scubulorum* stationiert war, die zuvor in Stuttgart-Bad Cannstatt lag. Das Reiterkastell war nicht nur das größere bzw. mit vier Doppeltoren, zwölf Eck- bzw. Zwischentürmen und einem über 50 m breiten Stabsgebäude sicherlich eindrucksvollere der beiden Welzheimer Militärlager. Es lag vielmehr mit einer Entfernung von etwa 250 m zum Limesverlauf zudem am „richtigen Platz", nämlich hinter dem Grenzzaun. Das Ostkastell hingegen befindet sich außerhalb des Limesverlaufs, auch wenn die Grenzsperren im Bereich der antiken Ansiedlung sicherlich nicht geschlossen waren. Es ist dennoch viel darüber spekuliert worden, warum das Welzheimer Ostkastell als einziges der bekannten Limeskastelle vor dem Pfahlgraben gebaut wurde.

Von dem Westkastell sind bis auf einen markierten Abschnitt der Südmauer keine Reste mehr sichtbar. Die heutigen Straßenzüge der Schorndorfer- und der Christian-Bauer-Straße entsprechen in etwa dem Verlauf von *Via principalis* und *Via praetoria*. Zusammen mit dem ausgedehnten zivilen *Vicus*, der sich südlich des Reiterkastells und entlang der rund 500 m langen Verbindungsstraße zwischen den beiden Militärlagern erstreckte, war Welzheim eine der größeren, wenn nicht die größte römische Ansiedlung am Obergermanischen Limes südlich des Mains.

„Teufelsmauer" und „Pfahlgraben"

Da auch der Teufel einen Teil der Welt allein sein Eigen nennen wollte, erbat er von Gott so viel Land wie er innerhalb einer Nacht, vor dem ersten Hahnenschrei, mit einer Steinmauer umschließen könne. Um sich so das schöne Süddeutschland anzueignen, bot der Teufel zahlreiche Helfer auf. Doch in seiner Gier wollte er zu viel auf einmal an sich reißen. Lange bevor er den Bau vollendet hatte, kündigte bereits der Hahnenruf den Morgen an. Voller Zorn zerstörte der Teufel daraufhin die unvollendete Mauer, deren Reste noch heute nach ihm benannt werden.

Der Volksmund suchte stets Erklärungen für den über so viele Wegstunden hinweg, häufig noch dazu schnurgerade durch die Landschaft verlaufenden Limes. Dieses gewaltige und in seinem Zweck unbegreifliche Bauwerk muss für die Menschen des Mittelalters derart beeindruckend gewesen sein, dass für seine Errichtung nur übernatürliche Wesen verantwortlich gewesen sein konnten. So verweist auch die Bezeichnung „Hö-

nehaus" auf riesenhafte Sagengestalten. „Hünen" werden als Bauherren verschiedener Kastelle genannt. Flurnamen wie „Alteburg" oder „Bürg" für ehemalige Kastellplätze verweisen in eine spätere Zeit, als Steinbauten an sich nichts Ungewöhnliches mehr waren. Ähnlich wie bei der Bezeichnung „Haghof", nach dem althochdeutschen Begriff „hac" für „Zaun oder Hecke" erkannte man die Limesreste zwar als Befestigungen, brachte sie jedoch nicht mehr mit den Römern als Bauherren in Verbindung.

Demgegenüber geht die Bezeichnung „Pfahl(graben)" auf den lateinischen Ausdruck *palus* zurück. Es ist anzunehmen, dass sich hierin tatsächlich der antike, wohl umgangssprachliche Name der römischen Grenzsperren in Deutschland erhalten hat, die in ihrer ersten Bauphase ja lediglich aus der Palisade, einer Pfahlreihe, bestanden. „Pohl" beispielsweise lässt sich über Urkunden bereits zur Zeit Karls des Großen in der Gegend um Weißenburg in Bayern nachweisen. Bis heute hat sich der Ausdruck in zahlreichen Orts- und Flurnamen am Limes wie Pfahlheim, Pfahlbach, Pfahläcker, aber auch Pohl und Pfofeld erhalten. Dies zeigt, dass auch hier Teile der ehemaligen Grenzbefestigungen noch lange das Landschaftsbild geprägt haben und in der lokalen Überlieferung weiterlebten. Wenn heute allerdings Kommunen Neubaugebiete mit Namen wie „Limespark" oder „Am Limes" versehen, beruht dies auf vergleichsweise jungen Traditionen, die erst aus der Zeit der Limesforschung ab dem 19. Jh. stammen.

Nachbau der „Teufelsmauer" am Dennenloher See.

WANDERSTRECKE:
MÖNCHSBERG

Verschlungene Wege an der Limesgeraden

Um die Sturheit zu erkennen mit der die 80 km lange, schnurgerade Limesstrecke gezogen wurde, eignet sich besonders die waldreiche Landschaft des Naturparks Schwäbisch-Fränkischer Wald zwischen Öhringen und Lorch. Der „Limes-Lehrpfad Mainhardter Wald" bietet die Möglichkeit, entlang des 4 km langen Abschnitts zwischen dem Kastellplatz Mainhardt und dem „Säugraben" nördlich von Großerlach-Grab, eine Vielzahl unterschiedlicher Geländesituationen kennen zu lernen.

Die vorgeschlagene Route beginnt am Ortsrand von Mainhardt, wo südlich der Bundesstraße B 14 in Richtung Schwäbisch Hall ein wenig ansprechendes Gewerbegebiet den Limesverlauf einschließt. Wir folgen zunächst dem asphaltierten Feldweg; sein Verlauf entspricht der Limesstrasse. Nach dem Erreichen des Waldes, in ca. 500 m Entfernung, werden Wall und Graben der Sperranlagen sowie der Schutthügel des ersten Wachtturmes „Mönchswald" (WP 9/72) gut sichtbar. Unser Weg führt die nächsten 1,5 km teils neben, teils auf dem Limeswall, der bis auf kurze Unterbrechungen stets leicht zu verfolgen ist. Unmittelbar nach dem nächsten sichtbaren Wachtturmfundament „Hofbergle" (WP 9/75) fällt das Gelände sehr schroff zum Kümmelsbach hin ab, ohne dass dies den linearen Verlauf des Limeswalles beeinträchtigt. Der Wanderweg umgeht hingegen den Geländevorsprung zwischen dem Bachlauf und dem Talgrund der Rot und weicht so ein wenig nach Osten vom Limes ab. An der Rot ist ein Kleinkastell nachgewiesen, das nach der mittlerweile aufgegebenen Hankertsmühle benannt wurde. Die steinerne Wehranlage zum Schutz des Talgrundes ist nicht sichtbar. Hingegen sind die Fundamente des nächsten Wachtturmes „Färberwald"

(WP 9/77) auf dem südlich anschließenden Höhenrücken gut erhalten. An dem nun folgenden Abschnitt des Pfahlgrabens, der zum nächsten Bachlauf hin bereits wieder steil abfällt, findet sich eine Besonderheit. Offenbar war es den römischen Soldaten beim Ausheben des Limesgrabens zu anstrengend, das Erdreich immer hangaufwärts auf die „römische Seite" des Limes zu schaufeln, und so warfen sie den Wall auf der östlichen, der „germanischen" Limesseite auf! Diese Nachlässigkeit wird im Angesicht des Geländes verständlich, war aber sicherlich ein grober Ver-

Praktische Hinweise

Parkmöglichkeiten bestehen in Mainhardt und in Grab. Die Route ist sowohl durch das Turm-
symbol des Limes-Wanderweges als auch mit einer eigenen Vignette „Limes-Lehrpfad" (Schild,
Helm und Lanze) gut ausgeschildert. An den sichtbaren Turmstellen sowie am Kleinkastell
Hankertsmühle befinden sich erläuternde Hinweistafeln. Für eifrige Wanderer sei hier noch die
Fortsetzung der Stecke weiter nach Süden bis an den nachgebauten Limesturm auf dem Heiden-
buckel südlich von Großerlach-Grab empfohlen (s. S. 87).
In Mainhardt sind die Mauerzüge der südwestlichen Kastellecke zwischen Kindergarten und
Schulzentrum sichtbar.
Museum: Das Römermuseum beim Rathaus zeigt eine erst 2004 neu eingerichtete Ausstellung
zum limeszeitlichen Kastellplatz. Besichtigung ist nur n. V. mit der Gemeindeverwaltung möglich,
Tel. 0 79 03/91 50-0.
Das Naturpark-Zentrum des Naturparks Schwäbisch-Fränkischer Wald befindet sich in 71540
Murrhardt, Marktplatz 8, Tel. 0 71 92/2 13-7 77. Hier sind ein Faltblatt zum Limes-Lehrpfad aber
auch detaillierte Wanderkarten und ausführliche Informationen zu den weiteren Sehenswürdig-
keiten der Region erhältlich.

stoß gegen die Bauvorschriften. Bevor man sich umwendet, um an den Ausgangspunkt zurückzu-gelangen, sei noch die Durchquerung des nächs-ten Geländeeinschnitts des Schöntaler Baches empfohlen. Südlich davon, im Gewann „Säugra-ben" oder „Schweinsgraben", begleitet noch eine zweite Grabenstruktur den Limes. Hierbei han-delt es sich um die Reste der mittelalterlichen Landwehr der ehemals freien Reichsstadt Schwä-bisch Hall. Interessant ist die Tatsache, dass man sich hier die Mühe machte, mit sicher nicht uner-heblichem Arbeitsaufwand, ein eigenes Erdwerk zu errichten und nicht – wie dies andernorts ge-schah – die römische Anlage einzubeziehen.

Der Wanderweg folgt dem römischen Patrouil-lenweg entlang des schnurgeraden Limes-abschnitts südlich von Mainhardt.

Nördlich der Schwäbischen Alb

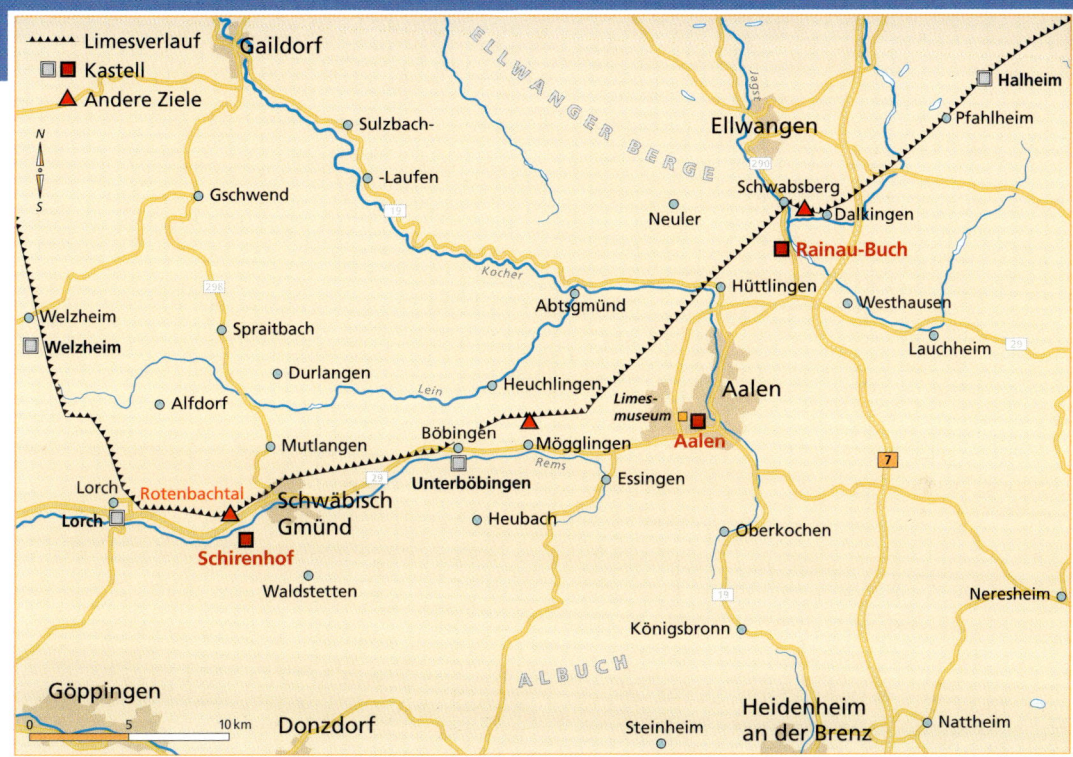

Der westliche Teil des Raetischen Limes von Schwäbisch Gmünd nach Pfahlheim zeigt, wie der benachbarte obergermanische Abschnitt auch, das fortgeschrittene System der römischen Grenzsicherung ab der Mitte des 2. Jh. Eine über weite Strecken schnurgerade Trassenführung war auch hier wesentliches Element der Planung. Wie am Vorderen Obergermanischen Limes liegen die Kastellplätze ebenfalls sehr dicht an der Grenze, lediglich das Reiterkastell Aalen, das größte Truppenlager an diesem Grenzabschnitt, sicherte diese Linie aus einer rückwärtigen Position heraus. Es bildete das Zentrum dieses Limesabschnitts.

Über die Kastellanlagen von Schwäbisch Gmünd Schirenhof und Unterböbingen, beide angelegt zur Sicherung des Hauptverkehrsweges entlang des Remstales, sowie den östlich anschließenden Plätzen Buch und Pfahlheim-Halheim erreicht der Raetische Limes in einem nach Nordosten ausholenden Bogen den Freistaat Bayern. Die Landesgrenze veranlasste die Reichs-Limeskommission bei ihrer Streckeneinteilung zum Wechsel vom 12. zum 13. Limesabschnitt. Eine natürliche Trennlinie, die vielleicht in römischer Zeit von Bedeutung war, bildet hingegen die Wasserscheide zwischen Rhein und Donau. So führen Rems, Kocher und Jagst ihr Wasser zum Neckar und schließlich in den Rhein, während die östlich anschließende Wörnitz und ihre „bayerischen" Nebenflüsse zur Donau fließen.

SCHWÄBISCH GMÜND SCHIRENHOF
Attilas Burg an der Rems

Von den über 4500 Seiten des Limeswerks, der Publikation der Reichs-Limeskommission zu allen Kastellen und Strecken der römischen Grenze, widmen sich genau acht Seiten dem Kastell Schirenhof. Auch wenn die Ausführungen zu anderen Orten oft noch spärlicher ausfallen, wünscht man sich als Autor wie als Leser doch mehr gesicherte Informationen zu diesem interessanten Platz. So müssen wir vieles über dieses erste Kastell auf raetischem Boden nach der innerrömischen Provinzgrenze aus allgemeinen Überlegungen und über Analogien herleiten. Viele ältere Angaben über die römische Ansiedlung sind dabei in das reich der Fantasie zu verweisen. Darunter fällt auch jenes Detail zur Geschichte des Kastells, das uns der Gmünder Ratsherr Friedrich Vogt in seiner Chronik aus dem 17. Jh. gibt. Er berichtet, dass am Schirenhof früher ein Schloss gestanden habe, „wovon genugsame Anzeige der Graben so daselbst herumgewesen, inzwischen aber ist nunmehr alles zerstört und ausgereutet, auch das Steinwerk sogar aus dem Grunde ausgebrochen und herausgethan worden. Wie man in alten Schriften findet, hat man diese Burg, die Etzelburg geheissen". Eine Verbindung zwischen dem Zug der Hunnen unter ihrem König Attila (Etzel) und dem römischen Kastell ist eher unwahrscheinlich, doch der Bericht Vogts gibt uns einen konkreten Hinweis auf das Schicksal des Kastells im Mittelalter. Nicht nur am limeszeitlichen Kastellplatz, auch entlang der Raetischen Mauer berichteten die Ausgräber wiederholt von dem schlechten Erhaltungszustand der römischen Ruinen. Anhand der beschriebenen Zerstörungen auf dem Schirenhof dürfen wir annehmen, dass ein großer Teil des römischen Mauerwerks abgetragen wurde, um in der alten Reichsstadt Gmünd als billiges Baumaterial wieder verwendet zu werden. Wie der Streckenkommissar der Reichs-Limeskommission berichtet, wurden auch noch zu seiner Zeit „vom Besitzer des Gutes … weitgehende Ausgrabungen vorgenommen und die Steine zu Wegverbesserungen und zum Bau der Nebengebäude des Hofgutes verwendet".

Besucht man heute den Schirenhof, so findet man den allergrößten Teil des Kastells in einem Wiesen- und Obstwiesenareal. Das Kastell liegt auf einer nach Norden zum Remstal hin vorspringenden Geländezunge, die zu beiden Seiten von schmalen Bachläufen begleitet wird. In römischer Zeit hatte man eine vorzügliche Sicht auf den an der gegenüberliegenden Talseite entlangführenden Limes. Lediglich die Nordwestecke des Lagers ist durch die Bauten des landwirtschaftlichen Betriebs überlagert. Obertägig sind jedoch keine Reste mehr sichtbar. Das Steinkastell von 2 ha Fläche besaß einen rechteckigen Grundriss von ca. 157 × 130 m und war von drei breiten Wehrgräben

Praktische Hinweise

Lage: Die Anfahrt erfolgt am besten über die Bundesstraße B 29 Stuttgart–Aalen bis Schwäbisch Gmünd-West, weiter durch die Eutighofer-Straße in Richtung Innenstadt. An der Ampel vor dem modernen Betonbau der St.-Michael-Kirche rechts in Richtung Schirenhof abbiegen (ausgeschildert). Parkmöglichkeiten bestehen nach etwa 200 m linker Hand am Badegebäude, das in einer gut gepflegten Parkanlage präsentiert ist. Im Bereich des Kastells und am römischen Gräberfeld stehen weitere Hinweistafeln zur limeszeitlichen Besiedlung.

Dem Steinraub entgangen. Das Kastellbad am Schirenhof von Schwäbisch Gmünd.

umgeben. Das Haupttor wies zum Limes hin, die rückwärtige Toranlage besaß nach außen halbrund vorspringende Tortürme.

Entlang der Rems verlief die römische Straße vom Neckar in das Nördlinger Ries. Im Schirenhof, dem ersten Kastell, das der Reisende aus der Provinz Obergermanien auf dieser Route erreichte, war auch die 1. Kohorte der Raeter stationiert, die *Cohors I Raetorum.*

Das einzige sichtbare Zeugnis des Kastellplatzes liegt etwa 100 m vom Kastell entfernt, an der westlichen Hangkante. Es handelt sich um das konservierte Badegebäude der Kohorte. Bereits im Herbst 1893 untersuchte die Reichs-Limeskommission die Ruine, allerdings wurden ihre Untersuchungen „durch die gewaltigen Schuttmassen

mehrmals stark behindert ... Nach Vollendung der Grabungen brach der Schierenhofbauer das Badegebäude des Steinmaterials wegen ab." Glücklicherweise blieb trotz dieses Denkmalfrevels genug an Bausubstanz erhalten, so dass das Bad 1972/1973 mit großem Gewinn für die Limesforschung erneut planmäßig untersucht und freigelegt werden konnte. Hierbei zeigte sich deutlich, dass die Badeanlagen in der späten Limeszeit verkleinert wurden. Die Archäologen sprechen von Reduktionsphasen. Es mag sein, dass nach den schweren und verlustreichen Kriegen des 3. Jh. die Kastellbesatzung so stark geschrumpft war, dass man weniger Platzbedarf hatte, gleichzeitig sparte man so aber auch Brennholz zum Befeuern der großen Heizanlagen.

Fragen zum Verlauf des Limes

200 Jahre wissenschaftliche Forschungen am Limes, das systematische Erfassen all seiner erhaltenen Bestandteile und nicht zuletzt die Möglichkeiten der modernen Naturwissenschaft haben
viele Fragen zur römischen Grenze Limes beantwortet. Doch bis heute bleiben Rätsel.
Ein Beispiel ist der Verlauf der Grenzsperren. Natürlich kennen wir die Gründe für die Ziehung
der Limeslinie oder meinen zumindest, sie ver-
lässlich erschließen zu können. Problematisch ist
daher auch weniger der Grenzverlauf im Großen,
der strategischen Bedürfnissen folgte, etwa bei
der Sicherung der Wetterau oder des Nördlinger
Rieses als Nachschubbasen. Offene Fragen erge-
ben sich vielmehr im Kleinen, dort wo die Trassierung des Limes willkürlich erscheint und uns
selbst halbwegs plausible Hypothesen für Auffälligkeiten nur schwer einfallen wollen.
Zwei dieser rätselhaften Limesverläufe sollen
nachfolgend genannt sein: Der Anfang des Raetischen Limes zieht zwischen der Provinzgrenze
und dem Kolbenberg östlich von Aalen stets auf

dem nördlichen Talrand der Rems entlang. Aber
an einer Stelle zwischen den Kastellen Schwäbisch Gmünd Schirenhof und Unterböbingen
im Bereich der Gemeinde Iggingen (Streckenabschnitt WP 12/39–WP 12/40) steigt er von der Höhe über 60 m tief in die Remsaue hinab, berührt
den Flusslauf, nur um etwa 1,5 km weiter östlich
wieder den ebenso hohen und steilen Talrand zu
erklimmen.
Eine ebenso seltsame Situation findet sich auf
den letzten Kilometern der Raetischen Mauer bei
Altmannstein. Hier zieht der Limes vom Altmühlübergang bei Kipfenberg her kommend in langen schnurgeraden Abschnitten zur Donau. Etwa
12 km vor Hienheim schlägt der Limes plötzlich
einen Bogen nach Norden, um die kleine Ortschaft Sandersdorf noch dem römischen Reichsgebiet einzuverleiben. Ohne diesen Richtungs-
wechsel hätten sich die antiken Baumeister einige hundert Meter Steinmauer und vor allem das
Überwinden von insgesamt vier steilen Talhän-
gen erspart.

Feldversuch zur römischen Vermessungstechnik.

In beiden Fällen gibt es Erklärungs-
versuche, die aber allesamt eher un-
befriedigend bleiben. Natürlich muss
auch bei einer späteren Lösung dieser gewiss eher kleinen Probleme der
Limesforschung die Geschichte des
Römischen Reiches nicht umgeschrie-
ben werden. Es bleibt allerdings ein
eher ungutes Gefühl, dass wir noch
nicht alles verstanden haben, was
beim Bau des Limes eine Rolle spielte, und dass wir damit auch noch
nicht den letzten Grund kennen, warum dieses gewaltige Bauwerk überhaupt errichtet wurde.

DAS ROTENBACHTAL BEI SCHWÄBISCH GMÜND
Am Schnittpunkt der zwei Limessysteme

Die Nahtstelle zwischen den beiden Provinzen Obergermanien und Raetien ist in vielerlei Hinsicht einer der interessantesten Punkte am Limes. Hier berühren sich die obergermanische und die raetische Grenze. Der Punkt an dem die 167 km lange „Teufelsmauer" begann, lässt sich auf den Meter genau feststellen. Seit ihrer Konservierung 1983 stehen hier im dichten Nadelwald der Steinsockel, der den Beginn der Raetischen Mauer anzeigt, und der Abguss eines Weihesteines, von dem gleich noch einmal die Rede sein wird.

Noch im Grunde des schattigen Tälchens stößt der Wanderer auf die rekonstruierten Reste der „Teufelsmauer". Im Original hat sich ihr einstiger Verlauf jedoch als Schuttwall in dem Hochwald am östlich Steinhang ebenfalls sehr gut erhalten. Bei der Untersuchung durch die Reichs-Limeskommission stellte man kleine seitliche Strebepfeiler fest, die ein Umstürzen der Mauer in dem steilen Hanggelände verhindern sollten. Moderne Grenzsteine auf der Wallkrone belegen, dass die römische Grenze in diesem Abschnitt bis heute in Funktion ist – allerdings nur als Flurgrenze! Wir überqueren auf der kleinen Holzbrücke den Bachlauf und begeben uns nach Westen. Besonders nach Hochwasser wurden im Bett des Rotenbachs wiederholt runde Pfahlköpfe aus Eichenholz

sichtbar. Ihre dendrochronologische Bestimmung ergab als Fälldatum den Jahreswechsel 163/164 n. Chr. Offenbar ist in diesen Jahren zumindest der westraetische Limesabschnitt durchgehend mit einer Palisade gesichert worden, denn Palisadenhölzer, die man 35 km weiter östlich bei Rainau-Schwabsberg aus der Jagst geborgen hat, wurden nahezu gleichzeitig, nämlich 165 n. Chr. geschlagen. In den Jahren 1886–1893 beschrieb man hier schon einmal eichene Pfosten, diese waren allerdings nicht rund, sondern „viereckig gearbeitet und ca. 35 cm dick". Zusätzliche Beobachtungen sowie die Mitteilung „dass an dieser Stelle früher Gewölbsteine gefunden worden seien" lassen darauf schließen, dass man damals nicht die Palisade, sondern den Unterbau der Limesmauer antraf, die ähnlich einer Steinbrücke den Bachlauf in mehreren Bögen überspannt hatte.

Etwa 200 m oberhalb des Rotenbachs liegt am steilen Westhang des Tales das beschriebene Anfangsstück der „Teufelsmauer". Wie anlässlich der Erstuntersuchung beschrieben, so erkennt der Besucher auch heute „scharf behauene größere Steine, welche den Kopf der Mauer bilden". Trotz der eher unauffälligen, fast schon belanglosen topographischen Situation besteht kein Zweifel,

Praktische Hinweise

Lage: Von Westen her erfolgt die Anfahrt über die Bundesstraße B 29, Ausfahrt Schwäbisch Gmünd-West. Nach der Ausfahrt links, über die B 29 hinweg, und gleich wieder rechts dem Wegweiser zum Industriegebiet „Krähe" folgen. Nach 40 m wieder links unter der Bahnlinie hindurch. Von Osten folgt man am westlichen Stadtrand von Schwäbisch Gmünd der Kreisstraße in Richtung Lorch. Die Bahnunterführung befindet sich 40 m vor dem Abzweig nach Mutlangen. Etwa 200 m nach der Unterführung ist rechter Hand ein Wanderparkplatz. Ein Rundwanderweg der Stadt Schwäbisch Gmünd führt zu verschiedenen Punkten dieses Limesabschnitts. Von hier aus an den Limesanfang ist es etwa 1 km auf dem gut ausgebauten Wirtschaftsweg entlang des Talgrundes.

dass von hier die „Teufelsmauer" ihren Ausgang nahm. Es war aus römischer Sicht offenbar nicht notwendig, die Provinzgrenze mit einer markanten Geländemarke, wie einem Berggipfel oder einem Flusstal, zu verbinden. Wie auch bei seiner Außengrenze definierte Rom selbst, wo und wieweit es herrschen wollte. Aber kommen wir noch einmal zurück auf den Altarstein, der neben dem Mauerstumpf wieder aufgestellt ist. Bei seiner Auffindung lag das leider nur mit seinem Oberteil erhaltene, inschriftenlose Fragment etwa 9 m nördlich des Maueranfangs. Ob es tatsächlich den Grenzgöttern *(fines)* geweiht war, wie häufig zu lesen ist, wissen wir nicht. Vielleicht würde man eine solche Weihung doch eher im Remstal erwarten, wo der Durchgangsverkehr die Provinzgrenze passierte, und nicht hier in doch eher abgeschiedener Lage. Die Bearbeiter des Limeswerks mutmaßen zudem, dass der Altar vielleicht von der Truppe geweiht wurde, die den Mauerbau ausgeführt hatte *„ob murum explicitum"*. Und noch eine andere Einschränkung sei dem Besucher an dieser Stelle mit auf den Rückweg gegeben. Bei dem im Hang oberhalb des Mauerstumpfs sichtbaren, überaus eindrucksvollen Bodenrelief, handelt es sich weder um den Limeswall noch um den Limesgraben. Die Untersuchungen der Reichs-Limeskommission ergaben eindeutig,

dass hier ein Rücken „auf natürliche Weise durch zwei Wasserrinnen aus dem Hang herausmodelliert wurde". Der „Wall" ist also nicht durch Aufschüttung entstanden. Diese Enttäuschung passt aber leider durchaus in das Bild, das wir uns vom Ende des Obergermanischen Limes ab seinem Knick am Kloster Lorch machen müssen. Nachdem der Pfahlgraben beim Haghof seinen 80 km langen Endspurt absolviert und sich durch die Ausläufer des Welzheimer Waldes noch bis zum Remstal hindurchgeschlängelt hatte, geht ihm auf den letzten Kilometern die Puste aus: nirgendwo konnte ab hier die Anlage von Graben und Wall noch nachgewiesen werden. Offenbar hielt man im fernen Mainz die Palisade für ausreichend, um die Naht zur Nachbarprovinz Raetien zu schließen.

Ferner ist auf ein am Taleingang der raetischen Seite liegendes Kleinkastell Freimühle hinzuweisen. Sein Areal in einer jungen Eichenschonung ist gerade durch den Forst gerodet worden. Grabungsreste und das unruhige Bodenrelief lassen das Lagerareal und ein hangabwärts liegendes Badegebäude erkennen. Die Besatzung der kleinen Wehranlage unterstützte vermutlich das benachbarte Kohortenkastell Schwäbisch Gmünd Schirenhof bei der Sicherung und Grenzkontrolle entlang der Remstalstraße.

MÖGGLINGEN
Der Grubenholzmann und die Grabhügel

Einer der ältesten Berichte über den Limes, die von Andreas Buchner 1821 verfassten „Reisen auf der Teufelsmauer", beschreibt auch „einen Wald … wo mehrere Grabhügel sich zeigen, darunter einer von ausnehmender Größe, 180 Fuß im Umfange, im Schatten hundertjähriger Hagen-Buchen, die nach einer Regel auf und neben ihnen gepflanzt zu seyn scheinen, und dieser Stelle ein

ehrwürdiges Ansehen geben". Im Wald „Grubenholz", nördlich von Mögglingen, durchquert der Limes ein rund 700 Jahre älteres, ausgedehntes Grabhügelfeld aus der Hallstattzeit. Insgesamt sind an dieser Stelle mindestens 36 Grabhügel nachgewiesen. Einige davon, die nördlich außerhalb des Waldes liegen, sind oberirdisch nicht mehr sichtbar.

Unter dem Waldboden liegt Geschichte. Der Wanderweg verläuft auf dem Fundament der Limesmauer.

Es handelt sich gleichzeitig um den höchstgelegenen Punkt entlang der insgesamt gut 18 km langen Limesstrecke nördlich des Remstales. Bis zur angenommenen römischen Fernstraße von Stuttgart-Bad Cannstatt nach Aalen (heutige Bundesstraße B 29) sind es lediglich knapp 2 km. Der aus Südwesten kommende Verlauf der „Teufelsmauer" knickt im Grubenholz direkt nach Osten ab. Beim Bau der Grenzsperren wählte das Militär, ohne Rücksicht zu nehmen, auch hier den kürzesten Weg. Daher verläuft die „Teufelsmauer" zum Teil direkt über die bis heute nicht zu übersehenden Hügelgräber hinweg. Auch die Trasse der Limesmauer zeichnet sich heute im Wald noch deutlich ab. Ein durchgehender Steinriegel zeugt vom Steinversturz der Mauer. Hingegen sind die römischen Turmstellen nur schwer von den Grabhügeln zu unterscheiden. Von besonderem Interesse ist jedoch ein gut sichtbarer Turmrest in einer Weidefläche etwas westlich. Die 45. Turmstelle an der Limesstrecke 12, östlich von Welzheim Haghof, WP 12/45, untersuchte die Reichs-Limeskommission im Jahr 1902. Der Bau zeigt gleich mehrere Besonderheiten: Es handelt sich um den westlichsten Holzturm, der an der

raetischen Limesstrecke bislang bekannt ist. Ein quadratischer, 11 × 11 m messender Grabenzug mit einer Tiefe von ursprünglich etwa 1 m umgibt die eigentliche Turmstelle. Die Anlage liegt mehrere Meter außerhalb, d. h. nördlich der Limeslinie. Mit Sicherheit bestand dieser Turm also, bevor die Steinmauer errichtet wurde. Interessanterweise handelt es sich um einen reinen Holzturm, der nicht in Stein ausgebaut wurde. Es ist daher eher unwahrscheinlich, dass der Turm während der gesamten Limeszeit bestand; vielleicht verbirgt sich in einem der nahen „Grabhügel" der bislang unentdeckte Überrest eines Steinturmes, des Nachfolgers von Wachtturm 45?

Eine Überraschung erlebten auch die Ausgräber eines noch 2 m hohen Grabhügels im Jahr 1902. Statt der erhofften keltischen Grablege mit Beigaben stieß man bei der Aufdeckung auf die Reste eines Kalkofens. Der damals aufgezeichnete Profilschnitt zeigt, dass das 2,7 × 2,5 m große Ofeninnere bis auf das Niveau der vorgeschichtlichen Grabgrube hinabreichte. Durch den Einbau in die bestehende Hügelschüttung sparte man sich die Mühe, ein Fundament für den Ofen zu bauen. Für das Alter dieses Kalkofens ergab sich kein An-

Praktische Hinweise

Lage: Die Anfahrt erfolgt am besten über die Bundesstraße B 29 Stuttgart–Aalen, in der Ortsmitte von Mögglingen folgt man den braunen Schildern auf die Landstraße nach Norden in Richtung Heuchlingen. Rund 1 km nach dem Kreisverkehr am Ortsausgang quert am Waldrand der Limesverlauf (Limesstele). Nach etwa 50 m ist linker Hand ein Wanderparkplatz ausgeschildert. Dort beginnt ein archäologischer Rundweg.

haltspunkt, doch ist er sicherlich römischen Ursprungs. Einerseits liegt die Stelle heute sehr abgelegen, andererseits sind entlang der Raetischen Mauer wiederholt Kalköfen nachzuweisen. Für den Bau der Limesmauer benötigten die römischen Maurer enorme Materialmengen. Der anstehende Muschelkalk lieferte sowohl den Werkstein als auch den Kalk für das Anmischen des Mörtels. Brennholz für den Betrieb der Kalköfen lieferten die Wälder der Umgebung, und auch Wasser zum Löschen des Kalks und Anmischen des Mörtels fand sich zumeist nicht weit entfernt. Wir dürfen daher davon ausgehen, dass der Bau der Raetischen Mauer zwar eine ungeheure Ar-

beitsleistung war und viele Monate, wenn nicht Jahre gedauert haben dürfte, aber die Baukosten hielten sich vermutlich in einem überschaubaren Rahmen. Die Arbeitskraft der zum Bau eingesetzten Soldaten war vorhanden und das Material stand an der Baustelle kostenfrei zur Verfügung.

Abschließend sei dem Besucher noch folgende Warnung mitgegeben. Im Grubenholz geistert nach dem Volksaberglauben der „Grubenholzmann". Er ist ein neckischer Geist, der Holzdiebe festhält oder ihnen auf den Rücken sitzt und sich lange Strecken tragen lässt, so dass sie von seiner Last fast erdrückt werden und todmüde nach Hause gelangen!

AALEN
Das größte Reiterlager nördlich der Alpen

Natürlich war keine Legion in der ehemaligen Reichsstadt stationiert, auch einen *Numerus* oder eine Kohorte hätte man in dem Lager oberhalb des Flüsschens Aal vergeblich gesucht. Eine *Ala* lag in dem Alenkastell von Aalen!

Mittlerweile zur Großen Kreisstadt herangewachsen und längst aller militärischen Traditionen ledig, kann der Ort seine Vergangenheit als wichtigster Militärplatz der Provinz Raetien nicht abschütteln. Will es offenbar auch gar nicht, wenn man sieht, wie intensiv in Aalen der Römer gedacht wird. Die Geschäftstelle der Deutschen Limes-Straße lädt zum Reisen, die Limes-Thermen zum Baden und das Limesmuseum zum Entdecken ein.

Ausgangspunkt aller Aktivitäten ist und war das Kastellgelände „Die Maueräcker" westlich der Altstadt. Unter dem Namen „*Oppidum Alahense*" bereits den Humanisten des 16. Jh. als Fundplatz römischer Altertümer ein Begriff, befand sich hier in der Limeszeit das größte Reiterlager nördlich der Alpen. Die 1000 Soldaten der *Ala II Flavia milliaria* bildeten lange Zeit die schlagkräftigste Einheit der Provinz Raetien, ihr Kommandeur war neben dem Statthalter in Augsburg der ranghöchste Vertreter Roms, der Garnisonsort gleichzeitig auch Hauptsitz der Militärverwaltung des raetischen Limesabschnitts. Dabei war es allein die geographische Lage, die den Platz für die Strategen des rö-

Das heutige Limesmuseum wirkt regelrecht klein gegenüber den Fundamenten des Stabsgebäudes in Aalen.

mischen Heeres so interessant machte. 1000 Reiter benötigen, um beständig einsatzbereit zu bleiben, 2000 Pferde; die wiederum brauchen große, ebene Wiesenflächen für ihren Auslauf und gleichzeitig saftige Weiden. 1000 Reiter benötigen im Ernstfall auch entsprechend gute Verkehrswege, damit sie möglichst rasch und möglichst frisch ihr Ziel erreichen. Das Umland von Aalen bot offenbar diese Voraussetzungen. Die verkehrsgünstige Lage ist im Zeitalter des Automobils auch für das ungeschulte Auge an den Straßenverbindungen ablesbar: von Aalen führen gut ausgebaute Bundesstraßen nach Westen, Süden und Nordosten. In die Sprache der Limeszeit übersetzt, konnten die Aalener Reiter in zwei Tagen am Mittleren Neckar und je in einem Tag im Nördlinger Ries oder an der Donau stehen. Zur raetisch-obergermanischen Grenze oder an jeden Punkt der westlichen „Teufelsmauer" waren es maximal ein paar Stunden.

Ob die Soldaten der 2. flavischen Reitereinheit tatsächlich viel Zeit auf Einsätzen außerhalb der Region oder gar der Provinz verbrachten, wissen wir nicht. Die Freilegung ihres über 6 ha großen Steinkastells und seiner verschiedenen Einrichtungen zeigt jedenfalls, dass sie auch über längere Zeiträume hinweg in ihrem Lager anwesend gewesen sein müssen. In den Jahren 1979–1986 wurde das größte Gebäude im Lagerinneren, die *Principia* ausgegraben. Ihre konservierten Fundamente bilden das Zentrum des Freigeländes hinter dem Limesmuseum. Vielfach ist es für einen Besucher ja sehr schwer, sich anhand nur kniehoch erhaltener Grundmauern eine Vorstellung von einem zerstörten Gebäude zu machen. Das gelingt sicher auch in der *Principia* von Aalen nicht ohne weiteres. Aber auch ohne dass man das ehemalige Stabsgebäude vor seinem inneren Auge wieder in ganzer Pracht auferstehen lässt, ist es schon eindrucksvoll, allein seine Ausdehnung am Boden abzuschreiten. Nur die Vorhalle weist bereits eine Länge von über 60 m und eine Breite von knapp 22 m auf! Ihr aufwendiges Fundament belegt, dass ihre hohe Dachkonstruktion keine stützenden Pfosten im Inneren benötigte. Ohne Scheu konnten hier also die Reiter mit ihren Pferden bei schlechtem Wetter trainieren oder sogar kleine Manöver in Formation abhalten.

Das Kastell war zu Zeiten der Reichs-Limeskommission noch großteils unbebaut, heute ist der mittlere Teil als Archäologischer Park in die Freiflächen um das Limesmuseum integriert, der südwestliche mit Wohnhäusern bebaut. In dem nordöstlich gelegenen St.-Johann-Friedhof befindet sich die gleichnamige Kirche, unmittelbar vor dem durch Pflasterungen markierten Haupttor, der *Porta praetoria* des Kastells. Für ihre Errich-

tung wurden große Kalksteinquader der Kastellumwehrung verwandt. Offenbar wurden diese Quader aber nicht mehr direkt aus den römischen Mauern gebrochen, sondern waren vor dem Einbau in das Kirchenschiff bereits in einem großen Steinbau aus frühkarolingischer Zeit verwendet worden. Damit bestätigt sich für Aalen eine Beobachtung, die wir auch an anderen römischen Kastellplätzen machen können. Die massiven Steinbauten der Militärlager wurden im Frühmittelalter häufig zu Keimzellen herrschaftlicher oder kirchlicher Strukturen. Das Kastell bleibt die Wiege der römischen wie auch der mittelalterlichen Reichsstadt Aalen.

Organisationsstruktur am Limes

Das römische Heer in den beiden Provinzen Obergermanien und Raetien bestand aus insgesamt nicht mehr als 50 000 Soldaten. Rund ein Drittel davon waren Legionstruppen aus Mainz, Straßburg oder Regensburg. Aber abgesehen von Centurionen, die einzelne *Numeri* kommandierten, oder den für Sonderaufgaben abgestellten Beneficiariern, waren Legionäre nicht am Limes stationiert. Als schwer bewaffnete und bestens ausgebildete Eliteverbände standen die Legionen im Hinterland in Reserve.

Auch einige der in den Limeskastellen stationierten Truppen waren sicherlich für den Dienst an der Grenze überqualifiziert oder auch schlicht ungeeignet. So ist es beispielsweise nicht vorstellbar, dass die etwa 4500 hoch bezahlten und gut ausgerüsteten Reiter der *Alae* auf Wachttürmen positioniert waren. Sie standen eher für taktische Aufgaben, wie Fernaufklärung oder auch Vergeltungszüge in das Limesvorland, in Bereitschaft. Selbst von den Kohorten werden sich nicht alle Einheiten am regulären Wachtdienst beteiligt ha-

ben, da sie zu Spezialaufgaben herangezogen wurden oder wie die Bogenschützen aus Friedberg gar nicht an der Grenzlinie stationiert waren. Lediglich bei den zahlreichen, seit der Zeit Kaiser Hadrians belegten Verbänden der *Numeri* scheint es sich um echte Grenztruppen gehandelt zu haben. Insgesamt waren in Friedenszeiten wohl höchstens 25 000 Soldaten am Limes stationiert, 45 pro Kilometer Grenzlinie.

Anhand der wenigen schriftlichen Zeugnisse zeichnet sich ab, dass die Kommandanten einzelner Kastelle den Oberbefehl über einen bestimmten Grenzabschnitt innehatten, und offenbar umfasste ihr Kommando auch regelhaft mehrere der kleineren Hilfstruppeneinheiten. Dies bedingt aber gleichzeitig, dass dem Befehlshaber einer solchen Truppenverbandes viel Freiheit gegeben war, seinen Grenzabschnitt nach seinen Vorstellungen zu organisieren. Vielleicht kommt dies in den unterschiedlichen Bauformen entlang des Limes zum Ausdruck. Doch dem Versuch, solche Kommandobezirke mit archäologischen Mitteln aufzuspüren, sind enge Grenzen gesetzt. Dennoch hat beispielsweise die Theorie sehr viel für sich, demzufolge ein Kastell nicht im Zentrum seines zugewiesenen Limesabschnitts lag, son-

dern an einem seiner Anfangs- bzw. Endpunkte. Auf diese Weise befanden sich an den Nahtstellen zweier Grenzabschnitte stets befestigte Garnisonen der Grenztruppen.

DAS LIMESMUSEUM AALEN
Im besten Schwabenalter

„Wie häufig am Freitagnachmittag, kurz vor dem Dienstschluss der Turmbesatzung, drängen sich vor dem Limesübergang die roh zusammen gezimmerten Holzkarren, auf denen die Germanen ihre Waren anbringen. Im Unterschied zu ihren römischen Geschäftspartnern scheinen die einheimischen Händler mit den bisherigen Abschlüssen noch nicht recht zufrieden zu sein. Die Verhandlungen werden sicher wieder bis zum Abend andauern. Viel Zeit bleibt dann nicht mehr, um die Siedlung noch vor Einbruch der Dunkelheit zu erreichen. Die Römer auf ihren gut ausgebauten Straßen müssen natürlich keine Angst haben, dass ihnen der Wagen auf dem Heimweg in einem Schlammloch stecken bleibt.

Und zu Hause warten dann ein sicheres Haus aus festem Stein und ein warmes Bad. Ja, auf der anderen Seite der Grenze müsste man leben können, denken sich wohl auch die beiden blonden Knaben, die sich etwas abseits auf Baumstümpfen niedergelassen haben …"

Die beschriebene Szene des Zinnfiguren-Dioramas „Ein Sommertag des Jahres 213 n. Chr. am raetischen Limes" gehört sicher zu den Klassikern des im Jahr 1964 eröffneten Limesmuseums, damals noch ein eher bescheidenes Haus im Vergleich zu seinem mittlerweile gereiften und vielleicht auch fülligerem Erscheinungsbild. Doch nach 40 Jahren sehr erfolgreicher Vermittlung aller Aspekte rund um das Thema Limes darf man

Lebendige Geschichte
für Groß und Klein:
Römertage in Aalen.

Praktische Hinweise

Museum: Limesmuseum Aalen, St.-Johann-Straße 5, 73430 Aalen, Tel. 0 73 61/96 18-19,
Fax 0 73 61/96 18-39, limesmuseum.aalen@t-online.de bzw. http://www.aalen.de; geöffnet
Di. bis So. und an Feiertagen 10–12 und 13–17 Uhr, kostenlose Führung jeden ersten So. im
Monat, 14.30 Uhr, sonst nur n. V. (24./25. und 31. Dez. sowie 1. Jan. geschlossen).

wohl auch etwas selbstbewusster auftreten. In dieser Zeit wurde das Museum mehrmals umgestaltet, vergrößert und seine Ausstellungen an den gewandelten Geschmack der Besucher angepasst. Die behandelten Themen blieben dabei jedoch stets erhalten: Die römischen Provinzen, die Reichsgrenze, Limesverteidigung, Bewaffnung der Soldaten und, und, und. Zur Vermittlung dienen neben den erwähnten Zinnfiguren auch verschiedene Modelle, Karten, Nachbauten und die immer gerne gezeigten Reliefs der Trajanssäule aus Rom. Doch den Schwerpunkt des Museums bilden ohne Zweifel authentische Funde der Ausgrabungen am Limes. Die bedeutendsten Objekte aus den Untersuchungen des Landesdenkmalamts Baden-Württemberg erreichen das Limesmuseum dank einer engen fachlichen Zusammenarbeit stets ohne Zeitverzug. Sämtliche ausgestellten Originale stammen entweder aus den Kastellplätzen am Limes oder lassen sich unter das Thema „Römisches Militär" einreihen. Die Palette der Fundstücke reicht vom tonnenschweren Steinaltar bis zu kleinen Besitzermarken aus Bronzeblech und von römischem Goldschmuck bis zu gespaltenen Eichenpfählen der Limespali-

sade. Als besondere Leistung des Museums darf sicherlich gelten, dass nahezu alle Funde als Foto mit einer Kurzbeschreibung auch im Internet präsentiert werden (www.uni-tuebingen.de/uni/ymu). Doch dieses Fernstudium kann und soll keineswegs den Besuch vor Ort ersetzen. Aber wenn – gerade an den turbulenten Tagen vor den Schulferien – einmal die Vielzahl der verkleideten kleinen Römerinnen und Römer den Museumsbesuch beeinträchtigt hat, ist es gewiss ein tröstlicher Ersatz, dass man das eine oder andere Objekt noch einmal in Ruhe zu Hause studieren kann. Womit wir abschließend noch das in Aalen angebotene museumspädagogische Programm für Groß und Klein und die zahlreichen Sonderausstellungen lobend hervorheben wollen.

Das heutige Zweigmuseum des Archäologischen Landesmuseums Baden-Württemberg gehört sicher zu den modernsten archäologischen Museen und ist gleichzeitig ein absolutes Muss für alle Interessierten an den römischen Grenzen. Im Rahmen der jüngsten, noch bis zum Herbst 2005 laufenden Ausbaumaßnahme wird das Freigelände umgestaltet und um den Nachbau einer Reiterbaracke weiter ergänzt werden.

RAINAU-BUCH
Zum Baden ans Römerlager

W ohl kaum ein zweites Limeskastell hat – zumindest in den Sommermonaten – einen so hohen Freizeitwert, wie das in der Gemeinde Rainau, Ortsteil Buch gelegene gleichnamige Ko-

hortenkastell. Ein im Jahr 1972 unmittelbar neben dem Kastellplatz angelegter Stausee zur Regulierung der Jagst ist Kern eines ausgedehnten Naherholungsgebietes und lädt im Sommer zum

Steinfundamente zwischen Wildrosen: Die Kastellumwehrung von Rainau-Buch ist durch Hecken sichtbar gemacht.

Schwimmen und Segeln ein. Den zahlreichen Besuchern während der Saison wird dabei auch gleich ein Stück Limesgeschichte präsentiert.

Auch wenn die hier möglicherweise schon vor dem Jahr 160 n. Chr. stationierten Soldaten einer unbekannten *Cohors equitata* noch keinen Badesee vor der Kastelltür besaßen und die Situation in dieser Form nicht der antiken Wirklichkeit entspricht, so wirkt die umgebende Landschaft heute doch auf eine gewisse Weise intakt. Auch wenn der 1,2–2,1 km entfernte Limesbogen selbst nicht auszumachen ist, hat man doch einen weiten Fernblick in nahezu alle Richtungen. Unmittelbar neben dem Seeufer befinden sich die konservierten Grundrisse eines Badegebäudes sowie zweier Steinbauten des *Vicus*. Der größere der beiden besaß eine repräsentativ gestaltete Schaufassade, die dem knapp 200 m entfernten Osttor des Lagers zugewandt war. Die Funktion des Gebäudes ist unklar. Aufgrund seiner Nähe zu dem Kastellbad denkt man an ein staatliches Gästehaus oder an einen Wohnbau für Offiziere. Ein Teil der zivilen Siedlung fiel nach seiner Ausgrabung zwischen 1976–1979 dem Neubau der Bundesstraße zum

Opfer. Allerdings entschädigten die bei den archäologischen Untersuchungen angetroffenen Befunde für den Verlust. Holzverschalte Keller und vor allem zahlreiche Brunnen lieferten äußerst vielfältige Funde, aus denen nur ein Versteck von Bronzegefäßen besonders herausgehoben sei. Unter Sauerstoffabschluss hatten sich nicht zuletzt auch zahlreiche organische Materialien erhalten. Die Objekte werden heute im Limesmuseum in Aalen gezeigt.

Entlang des beschilderten Rundweges, unter der Bundesstraße hindurch, sind es einige hundert Meter vom See zum Gewann „Haldenäcker", auf dem sich das Kastell befindet. Bei der Anlage des Naherholungsgebiets wurden 1972 das Südtor und Teile der Südfront ausgegraben und konserviert. Der Rest des Lagers präsentiert sich dem Besucher zunächst nur als sanft geneigte grüne Wiese. Dennoch fällt es nicht schwer, die Größe des Lagers, seine Tore und Türme im Gelände „abzulesen". Grund dafür ist eine ringsum gepflanzte Hecke, die genau dem Verlauf der Kastellmauern folgt und in der einzelne Bäume die Lage der Wehrtürme angeben. Ohne die beständigen Fol-

Praktische Hinweise

Lage: Ab der Ausfahrt Aalen/Westhausen, der Autobahn A 7 Ulm–Würzburg, der Bundesstraße B 29 etwa 1 km in Richtung Aalen folgen, dann auf die Bundesstraße B 290 nach rechts Richtung Ellwangen abbiegen. Nach etwa 3 km folgt die Ausfahrt zum Stausee Buch. Der dortige Parkplatz ist Ausgangspunkt des Rundwanderweges zum Kastell, dem Freigelände am Limes und dem Limestor; das Parken dort ist allerdings während der Badesaison gebührenpflichtig.

gekosten einer Steinkonservierung konnte so mit natürlichen Mitteln das Kastell wieder sichtbar gemacht werden. Ein kleines Bronzemodell im Zentrum zeigt das Lager mit allen Mauerzügen und der dichten Bebauung im Inneren. Das Original besaß bei einer Gesamtausdehnung von 2,1 ha Fläche nahezu quadratischen Grundriss von ca. 140×150 m. Alle vier nachgewiesenen Tore hatten eine doppelte Durchfahrt, und Grabungen wiesen sowohl Eck- als auch Zwischentürme entlang der Seiten nach. Bis hierher reichten die Ergebnisse der insgesamt vier Wochen lang durchgeführten Ausgrabungen der Reichs-Limeskommission im Jahr 1897. Etwas länger dauerte die geophysikalische Untersuchung des Kastells 1992 schon. Dafür umfasste sie auch das gesamte Lagerareal einschließlich der vier umgebenden

Wehrgräben und benötigte keine Bodeneingriffe. Besonders interessant waren die Ergebnisse zur Innenbebauung. Neben zwei bereits bekannten, in Stein errichteten Gebäuden (*Principia* und Getreidespeicher) konnten Lage und Ausdehnung von sechs in Fachwerktechnik errichteten Kasernenbauten erkannt werden. Die Baracken unterteilten sich in einzelne Räume von $4 \times 4,5$ m, in deren Innerem sogar noch Herdstellen zu erkennen waren. Wie in einem Lehrbuch zur römischen Kastellforschung war es den Archäologen so möglich, die Unterbringung und Verteilung der 480 Soldaten der Kohorte auf die einzelnen Gebäude abzuzählen. Das Kastell Rainau-Buch, kann – ohne dass es notwendig war, den Spaten anzusetzen – damit als eines der in seiner Inneneinteilung am besten bekannten Lager des Limes gelten.

RAINAU-DALKINGEN
Der Kaiser an der germanischen Grenze

Zwischen den Ortschaften Schwabsberg und Dalkingen zieht der Limes zunächst ein Stück nach Nordosten, knickt um nach Süden, wendet sich dann wieder genau nach Osten – kurz, es sieht so aus, als ob er seine Hauptrichtung erst wieder finden muss, sich gleichsam einpendelt für sein Fernziel, den knapp 30 km entfernten Hesselberg. An diesem kleinen Limesbogen, gut 2 km Luftlinie vom Kohortenkastell in Buch entfernt, befindet sich eines der interessantesten Objekte am raetischen Grenzabschnitt.

Das Limestor von Dalkingen ist in der Tat ein außergewöhnliches Bauwerk. Nirgendwo an den römischen Reichgrenzen ist bislang ein ähnliches Gebäude bekannt geworden. Sollte der Grund für seinen aufwendigen Umbau zu Beginn des 3. Jh. richtig erkannt sein, so wäre die kleine Anlage zudem ein Zeugnis für große Weltgeschichte – doch der Reihe nach. Vor seiner vollständigen archäologischen Untersuchung und Freilegung in den Jahren 1973 / 1974 zog der markante Schutthügel, der im Limeswerk als Wachtposten WP 12/81 gezählt wird, bereits zahlreiche Forscher an. Deren Schürfungen ließen zum Glück noch so viel Substanz übrig, dass sich die Baugeschichte lückenlos rekonstruieren ließ. Anfangs verlief hier ein massiver Zaun, der von einem Holzturm gesichert wurde. Erst in einer zweiten Bauphase wurde anstelle des Zaunes die Limespalisade errichtet. In ihren Verlauf eingefügt, findet sich ein nahezu quadratischer Holzbau mit 14 m Seitenlänge, bei dem es sich bereits um ein kleines, befestigtes Torhaus der Zeit kurz nach 150 n. Chr. gehandelt haben könnte. Zu beiden Seiten eines über 3 m breiten Mittelganges, der auf die Palisade zielt, liegen Raumreihen, die an Militärbaracken erinnern. Vermutlich bestand an dieser Stelle bereits seit Anlage der durchgehenden Grenzsperren ein Limesübergang. Wir überspringen nun weitere Abschnitte der komplexen Baugeschichte der Anlage und blicken auf das Gebäude, wie es sich dem Betrachter zwei Generationen später, zu Beginn des 3. Jh. darbot, als die Limespalisade bereits durch die Raetische Mauer ersetzt war.

Modell des Dalkinger Limestores.

Unser Torbau zeigt immer noch die gleiche Größe und Form. Jedoch begrüßt nun eine aufwendig gestaltete Schaufassade den Reisenden, der sich aus dem Inneren der Provinz der Grenze nähert. Neben und über dem eigentlichen Tor erhebt sich eine, durch vorspringende Pfeiler und rautenförmig gesetztes Schmuckmauerwerk, architektonisch reich gegliederte Fassade. Tiefe Fundamente verraten, dass unser Bauwerk jetzt auch merklich in die Höhe strebte, wahrscheinlich ist eine Gesamthöhe von über 10 m. Insgesamt erinnert so das Tor nun weniger an einen Wehrbau als vielmehr an einen römischen Triumphbogen. Dazu passt auch, dass bei den Ausgrabungen Bruchstücke einer überlebensgroßen Kaiserstatue aus Bronze gefunden wurden, die das Bauwerk einst geschmückt hat. Wir dürfen die Frage, welcher Kaiser sich hier darstellen ließ gleichzeitig sicher mit der Frage nach dem Anlass für den Bau dieses

Praktische Hinweise

Lage: Das Limestor ist Teil des „Freilichtmuseums am Raetischen Limes" und wird sowohl über den zugehörigen Rundwanderweg wie auch den Limes-Wanderweg erschlossen. Parkmöglichkeiten bestehen am östlichen Ortsrand von Schwabsberg, unmittelbar vor der Anlage und am westlichen Ortsrand von Dalkingen. Von dort ist es jeweils knapp 1 km.

monumentalen Tores verbinden. Ein Blick in die Geschichte zeigt nun, dass Rom im Jahr 213 n. Chr. Krieg mit den Germanen im Vorfeld des Limes führte. Hierzu begab sich der oberste Feldherr *(Imperator)* des Reiches, Kaiser Caracalla, persönlich nach Raetien, um das römische Heer über die Grenze nach Norden zu führen. Schon nach wenigen Wochen hatte er einen entscheidenden Sieg errungen, der in Rom gefeiert wird und dem Kaiser den Ehrentitel *Germanicus Maximus*, größter Germanensieger, einbringt. Wir können aus den wenigen schriftlichen Berichten nicht entscheiden, wo Caracalla im Rahmen seines Feldzuges den Limes überschritt und an welcher Stelle er wieder in das Reichsgebiet zurückkehrte. Die An-

nahme, dass das westliche Raetien Ausgangspunkt der militärischen Operationen war, ist jedoch sehr plausibel. Das Dalkinger Tor könnte daher die Stelle bezeichnen, an der das römische Heer bzw. der Kaiser in das feindliche Germanien hinein aufbrach. Der Triumphbogen sollte also tatsächlich an einen realen Sieg erinnern und stellt so einen der wenigen Punkte dar, wo wir die Große Reichsgeschichte auch am Limes fassen können. Das spätere Schicksal dieses stolzen Bauwerks war ebenfalls mit gewaltsamen Ereignissen verbunden. Vermutlich geht das Limestor bereits beim ersten großen Ansturm der Germanen auf die raetische Grenze 233 n. Chr. in einer Feuerbrunst unter und wird nicht wieder aufgebaut.

WANDERSTRECKE:
DER LIMES-WANDERWEG AM MAHDHOLZ
Entlang des Schuttwalles der „Teufelsmauer"

Etwa 5 km westlich des Kastells Aalen liegt der über 550 m hohe Kolbenberg, eine der markantesten Erhebungen nördlich des Remstales. Hier verlässt der Limes seinen bisher parallel zur Rems verfolgten West-Ost-Verlauf und zieht nach Ost-Nordost, um in einem weiten Bogen das Nördlinger Ries zu umschließen. Vermutlich diente dabei die Kuppe des Kolbenbergs zur Vermessung und war Ausgangspunkt einer rund 38 km

langen Fluchtlinie bis zum Hesselberg in Mittelfranken. Der im Wesentlichen geradlinige Verlauf der „Teufelsmauer" zeigt in dem Abschnitt an insgesamt drei Stellen Unregelmäßigkeiten: am Kocherübergang bei Hüttlingen, am Jagstübergang bei Rainau und östlich von Pfahlheim, wo er das Kastell Halheim umgeht, das sonst vor der Limesflucht zu liegen gekommen wäre. Entlang der 5 km langen Limesstrecke zwischen den beiden Nach-

Praktische Hinweise

Lage: Ein gut erreichbarer Wanderparkplatz und zugleich Ausgangspunkt für die hier beschriebene Route liegt an der Landstraße zwischen den Ortsteilen Schwabsberg und Buch. Die Anfahrt erfolgt am besten über die Bundesstraße B 290. Direkt am ausgeschilderten Parkplatz kreuzt der Verlauf der „Teufelsmauer" die heutige Straße.
Der Routenvorschlag ist Teil eines größeren Rundwanderweges zum „Freilichtmuseum am Raetischen Limes", der auch noch an das Limestor von Dalkingen führt (s. S. 108).
Tipp: Zu Kastell, Limestor und Wanderweg erschien als Band 9 der Reihe „Führer zu archäologischen Denkmälern in Baden-Württemberg" von Dieter Planck, Das Freilichtmuseum am rätischen Limes im Ostalbkreis, Stuttgart 1983.

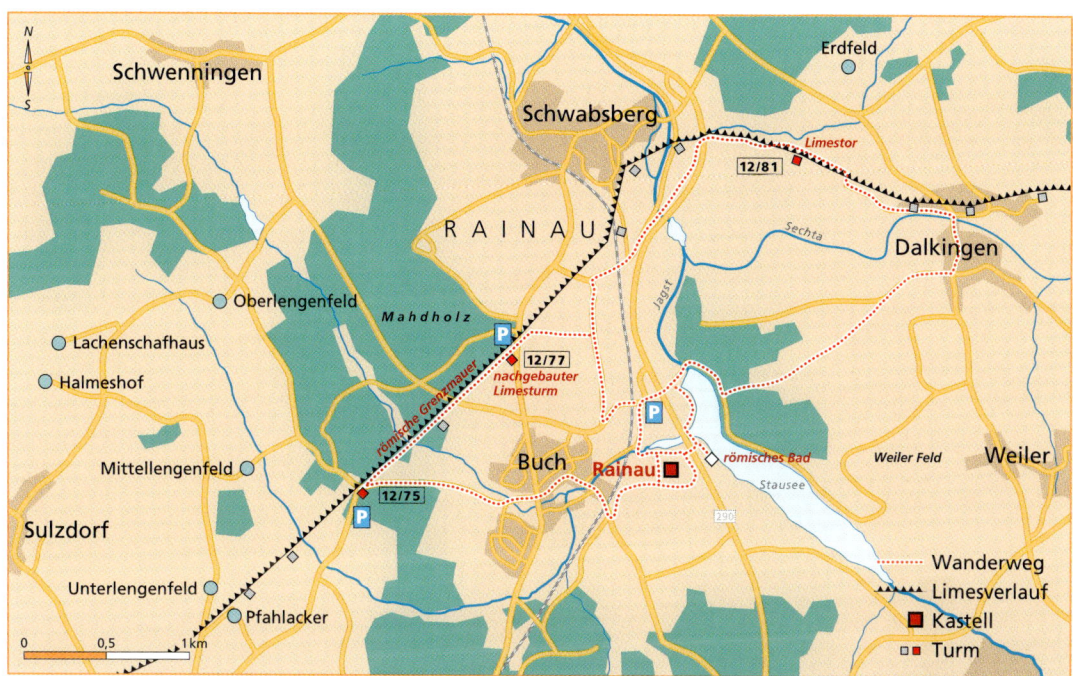

barflüssen Jagst und Kocher versucht die Grenzlinie jedoch zu der Hauptrichtung Kolbenberg-Hesselberg zurückzufinden, was ihr auch annähernd gelingt. In diesen Abschnitt gehört die Limesstrecke am Mahdholz.

Vom Ausgangspunkt der Wanderung aus kann man zunächst entweder die rund 2 km zum Kastell Buch zurücklegen und von dort durch den heutigen Ort an das südwestliche Ende der beschriebenen Limesstrecke laufen (insgesamt gut 6 km), oder man beschränkt die Wanderung auf den Limesverlauf selbst (ca. 2 km). Auch der kürzeste Besuch wird zumindest den wenige hundert Meter entfernten Wachtposten WP 12/77 umfassen. Hinweistafeln erschließen hier die Reste des Originalturmes, ein rekonstruiertes Teilstück der Raetischen Mauer und den Nachbau eines hölzernen Limesturmes. Aber man sollte sich auch die Zeit nehmen, um dem ausgeschilderten Limes-Wanderweg entlang der Waldkante zu folgen. Der nahezu überall gut sichtbare Schuttwall der „Teufelsmauer" gehört zu den am besten erhaltenen

Abschnitten in Baden-Württemberg. Ihr Steinversturz erreicht in einzelnen Partien 0,6 m Höhe und eine Breite von 0,5 m. Sicherlich ist der erste Eindruck weniger imposant, als beim Blick auf gut erhaltene Abschnitte des Wall-Graben-Systems am Obergermanischen Limes. Unter dem Steinriegel steckt allerdings überall noch das Fundament einer wohl 3 m hoch zu rekonstruierenden Mauer. Wir dürfen davon ausgehen, dass hier das gesamte Steinmaterial an Ort und Stelle liegen blieb, nachdem die „Teufelsmauer", vom Zahn der Zeit zermürbt, in sich zusammengesunken war. Solche unberührten Partien, die offenbar nie vom Pflug berührt wurden, sind überaus selten am Raetischen Limes. An ihnen finden wir die meisten Hinweise auf die einstige Gestalt der Steinbefestigung. So berichteten schon die Ausgräber während der ersten überlieferten Untersuchungen von starkem, gelblichem Mörtelbewurf außen auf den Resten der Mauer. Ja man will sogar regelmäßige Ritzungen beobachtet haben, die als Scheinfugen angesprochen werden können, also

Holzturm, Palisade, Steinmauer: Am Mahdholz wird der Ausbau des Raetischen Limes greifbar.

Steinmaterial in vielen Fällen sehr kleinteilig und von minderer Qualität. Soweit wir es sagen können, wurde die Raetische Mauer nicht in der sorgfältigen Zweischalen-Bauweise errichtet, die wir sonst von römischen Gebäuden, auch von den Limestürmen her kennen. Ein Verputz hätte nicht nur unsauber gesetzte Mauerpartien versteckt, sondern das Bauwerk zudem vor der Witterung geschützt, wie das auch heute mit gutem Grund der Fall ist.

Aber wir sollten uns in die Zeit zurückversetzen, in der die Mauer errichtet wurde. Um das Jahr 200 n. Chr. stellte die Raetische Mauer das nördlichste steinerne Bauwerk Europas dar. Abgesehen von den im Westen siedelnden Germanen, die Kontakte zu den römischen Provinzen am Rhein unterhielten, hatte die Bevölkerung nördlich des Limes noch nie mit Mörtel errichtete Steingebäude gesehen. Wir dürfen uns die psychologische Wirkung einer solchen „steinernen Wand", die großteils schnurgerade quer durch das ganze Land verlief, sicherlich auch im Sinne einer bewussten Abschreckungsstrategie seitens der Römer vorstellen. Zu welchen technischen Leistungen musste ein Gegner in der Lage sein, der solche Werke in den Wald setzte? Sicherlich ist es spekulativ, aber man kann sich vorstellen, dass auch damals Menschen von weit her an den Limes reisten, um dieses großartige Bauwerk zu bestaunen.

nachträglich in den Verputz gezogene Linien, die rot ausgemalt, ein rechteckiges Quadermauerwerk darstellen sollten. War die „Teufelsmauer" ursprünglich also eine strahlend weiße Wand, die zudem mit rotem Fugenstrich farblich verziert war? In der Tat gibt es viele gute Argumente, sich die Grenzmauer in dieser aufwendigen Gestaltung vorzustellen. Zunächst war das verfügbare

Mittelfranken

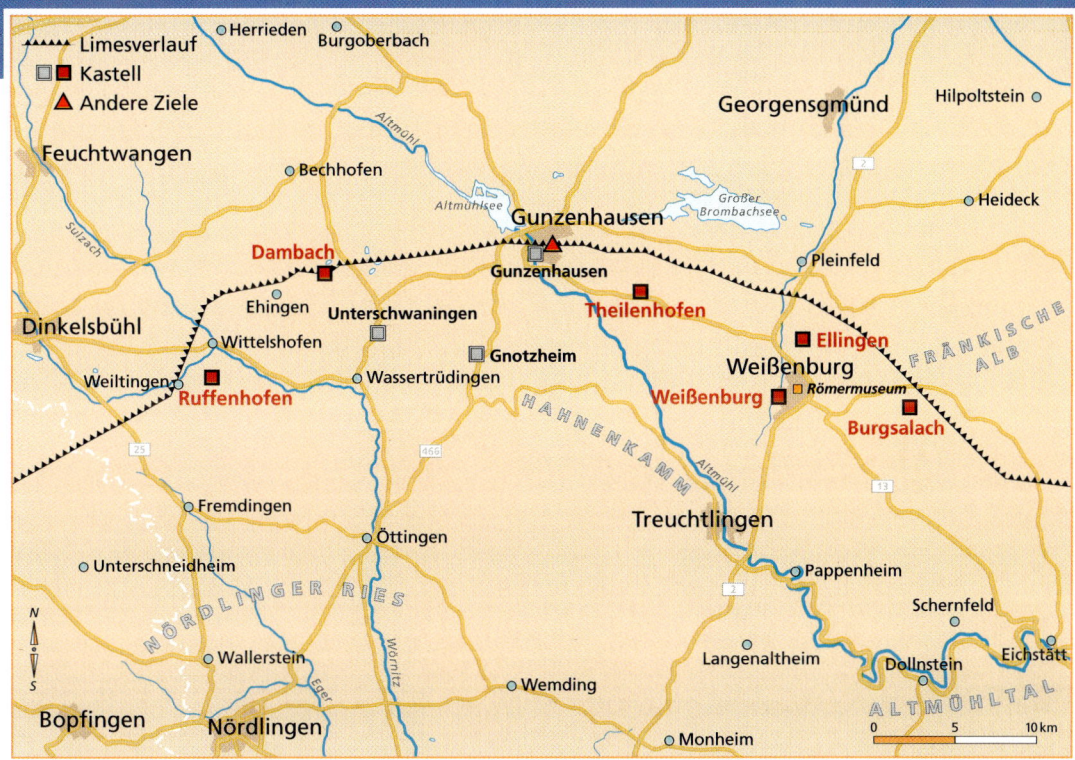

Der nördlichste Bogen des Raetischen Limes reicht vom Hesselberg bis in die Region um Gunzenhausen und Weißenburg. Anlass für das weite Ausholen der Grenze war zunächst der Wunsch, das fruchtbare Nördlinger Ries zu schützen. Gleichzeitig folgt der Limesverlauf in groben Zügen auch der geologischen Linie zwischen den ertragreichen Ackerflächen der Lias-Böden im Süden und der Keuperstufe im Norden. Vor dem Limes breiteten sich in der Römerzeit unwirtliche, vermutlich auch unwegsame Waldlandschaften aus, die aufgrund der unfruchtbaren, teilweise sumpfigen Sandböden nur spärlich oder gar nicht besiedelt waren. Die „Teufelsmauer" führt vorbei an den Kastellen Ruffenhofen und Dambach, in einem flachen Bogen nach Norden um den Hesselberg herum, und erreicht bei Gunzenhausen ihren nördlichsten Punkt. Die wenig regelhafte Ausformung der Grenze in diesem Abschnitt ist Ausdruck ihrer allmählichen, phasenweisen Entwicklung. Dicht an den Sperranlagen gelegene Kastelle wie Theilenhofen und Ellingen ergänzen hier vorhandene ältere Plätze in Gnotzheim, Weißenburg und vermutlich auch Oberhochstatt. Ab der Altmühl zieht der Grenzverlauf nach und nach wieder Richtung Südosten.

RUFFENHOFEN
Römerstätte „in Blüte"

Als isolierter, vorgeschobener Außenposten der Albhochfläche überragt der Hesselberg die zu seinen Füßen liegende Landschaft um rund 200 m und beherrscht mit seinem lang gezogenen Sattel die Umgebung. Mit einem scharfen Knick nach Norden beginnt der Limes am Ortsrand von Weiltingen diesem Hindernis auszuweichen. Etwa 3 km weiter östlich, im Ortsteil Ruffenhofen, liegt auf dem ehemaligen „Burgfeld", einem flachen Höhenrücken über der Wörnitz, eines der größten Truppenlager am Raetischen Limes.

Steht man auf dem Kastellgelände, nehmen den Betrachter vor allem die offene Landschaft und die weite Aussicht nach Norden und Westen gefangen. Obwohl in dieser Richtung, rund 2 km entfernt, auch der Limes vorbeizieht, richteten die römischen Vermesser das 3,7 ha große Lager für 1000 Soldaten nicht wie sonst üblich auf die Grenze,

sondern nach Nordosten auf den Hesselberg aus. Zwar wird auf dem mittleren Sattel des Höhenrückens eine römische Signalstation vermutet, doch dürfte dies für die Drehung nicht ausschlaggebend gewesen sein. Vielmehr bestand das Lager wohl bereits, bevor der Verlauf der Grenzsperren festgelegt wurde. Seine Aufgabe lag in der Überwachung der Talniederungen von Wörnitz und Sulzach, die nördlich des Kastells zusammenfließen. Ab hier verlief eine der Fernstraßen in Richtung der Provinzhauptstadt Augsburg entlang der Wörnitz nach Süden durch das Nördlinger Ries, vorbei an Donauwörth und über die Donau.

Nach dem Ende der Römerzeit verschwanden das Kastell und die vorgelagerte Zivilsiedlung nahezu vollständig aus dem Landschaftsbild, nicht aber aus dem Gedächtnis der hier lebenden Menschen. Der große Bedarf an Material für den Haus-

Am Hesselberg entsteht mit dem „Römerpark Ruffenhofen" eine originelle touristische Attraktion am Limes.

Praktische Hinweise

Lage: Ruffenhofen liegt direkt an der Deutschen Limes-Straße zwischen Weiltingen und Wittelshofen. Die Zufahrt zu dem knapp 1 km südöstlich gelegenen Kastellgelände ist ausgeschildert.

Museum: Die Abteilung „Römerpark Ruffenhofen" des Weiltinger Heimatmuseums im Rathaus zeigt Originalfunde, schildert die Vorgehensweise moderner archäologischer Methoden wie Geophysik oder Luftbildarchäologie und erlaubt am Computer-Bildschirm einen Besuch des Kastells „per Mausklick". Zentrum der Ausstellung ist aber sicherlich das 9 m² große Modell des Kastells, das originalgetreu nach aktuellen Untersuchungen erstellt wurde. Geöffnet So. 13–17 und Do. 9–12 Uhr; Gemeindeverwaltung, Schlossweg 11, 91744 Weiltingen; Informationen über den „Römerpark in Blüte" und zu Gruppenführungen unter Tel. 0 98 54/2 04; info@roemerpark-ruffenhofen.de bzw. www.roemerpark-ruffenhofen.de.

bau beraubte seit dem Mittelalter die römischen Anlagen all ihrer, mit dem bloßen Auge sichtbaren Überreste. Mit Steinen des Kastells soll im 14. Jh. angeblich die trutzige St.-Nikolaus-Kirche in Ruffenhofen errichtet worden sein, eine andere Überlieferung berichtet sogar, dass das Gotteshaus direkt auf einem römischen Tempel stehe. Die Hoffnung, in den ausgedehnten Ruinen schöne Funde zu machen, verlockte im 19. Jh. zahlreiche Privatleute zu Schürfungen. Die wissenschaftliche Forschung beschäftigte sich mit dem Platz erst 1892, in Form begrenzter Ausgrabungen der Reichs-Limeskommission. Auf deren Ergebnisse bauen die seit einigen Jahren neu aufgenommenen Untersuchungen des Bayerischen Landesamtes für Denkmalpflege auf. Nicht nur die Innenbebauung des Lagers wurde mittlerweile durch die Luftbildarchäologie und zerstörungsfreie geophysikalische Methoden erfasst, sondern nahezu die gesamte nähere Umgebung des Kastells. Zuvor gänzlich unbekannte Straßen, Gebäudezeilen und Grabareale werden wie in einem Stadtplan sichtbar. Die aufwendigen Forschungen sind Teil des mit der Region Hesselberg abgestimmten Schwerpunktprogramms „Römerpark Ruffenhofen". Die Anstrengungen zielen auf bessere touristische Präsentation, aber auch auf den verstärkten Schutz des archäologischen Denkmals hin, etwa durch den Ankauf von Ackerflächen und deren Umwandlung in Wiesengelände.

Welche Attraktionen bietet der Ort dem Besucher? – Für denjenigen zunächst sicher wenig, der mit der ungestörten Landschaft oder dem herrlichen Fernblick allein nichts anfangen kann, den man beispielsweise auch vom Hesselberg auf den gesamten Limesverlauf genießt. Dort, und natürlich auch auf dem Kastellgelände selbst, erschließen Informationsstelen am Wegrand die römische Vergangenheit. So lässt sich das römische Ruffenhofen in etwa eineinhalb Stunden erwandern. Langfristig ist wohl gerade das intakte, ländliche Umfeld das größte Kapital des Platzes. Zu empfehlen ist ferner das gerade fertig gestellte Museum im nahen Weiltingen. Seine Abteilung „Römerpark Ruffenhofen" soll mittelfristig noch direkt an den Kastellplatz umsiedeln. Es sind jedoch die zum Teil sehr kurzfristigen Höhepunkte, die einen Abstecher nach Ruffenhofen wirklich zu etwas Besonderem machen: In den Jahren 2003 und 2004 – und es bleibt zu hoffen, dass dies nicht das Ende war – konnte man das Kastell „in Blüte" erleben. Die bekannten und genau lokalisierbaren römischen Strukturen wurden hierbei durch farbig abgesetzte Bepflanzungen sichtbar gemacht. Eine Hecke verdeutlichte den Verlauf der Kastellmauer, Sonnenblumen die Lage der *Principia*, Ringelblumen die Position des Getreidespeichers vor dem südöstlichen Lagertor ... Ingesamt eine ungewöhnliche, aber sehr charmante Art der Vermittlung, die gut zu diesem Platz passt.

DAMBACH
Wind und Wasser als Helfer der Archäologie

Wie schon beim Nachbarkastell Ruffenhofen ist von dem hochinteressanten Platz nur wenig bekannt und noch weniger sichtbar. Seit den Grabungen der Reichs-Limeskommission fanden hier bislang lediglich Notbergungen statt, die ebenso wie die Masse der Zufalls- und Lesefunde aus dem *Vicus* noch nicht veröffentlicht sind.

In sumpfiger Tallage beim heutigen Kreutweiher bestand zunächst in trajanischer Zeit ein kleines Holz-Erde-Lager von knapp 1 ha Fläche (84 × 115 m). Die topographische Lage des Kastells ist nicht mehr erfahrbar, da das Gelände durch Entwässerungsgräben, Teiche und früherem Lehmabbau stark verändert ist. Dieses ältere Kastell war nach Norden, zum Limes hin ausgerichtet. Der Verlauf der einstigen Wehrmauer fällt hier in etwa mit dem Straßenzug am Südrand des Kreutweihers zusammen. Vermutlich wurde das Lager

für einen *Numerus* mit rund 150 Soldaten errichtet, der zuvor in dem nur 5 km entfernten Unterschwaningen stand. Diese Vorverlegung kleinerer Kastelle unmittelbar an die Grenzlinie lässt sich auch in Gunzenhausen, Ellingen und Böhming beobachten.

Der noch heute sehr feuchte Untergrund an der Hammerschmiede verursachte bereits in römischer Zeit erhebliche bautechnische Probleme. So mussten die Kastell- und Wohnbauten mit aufwendigen Holzkonstruktionen fundamentiert werden. Dennoch behielt man den ungünstigen Standort bei und erweiterte im späten 2. Jh. die Kastellumwehrung sogar auf 2,2 ha. Dabei nutzte man die beiden Kastellmauern im Norden und Süden weiter und vergrößerte das Lagerareal lediglich an den beiden Längsseiten. Auf diese Weise konnte man die beiden 80 m langen Mauerpartien beibehalten. Mit einer Ausdehnung von

Ruhe nach dem Sturm: Zu den Aufräumarbeiten nach dem Orkan „Wiebke" 1990 gehörten auch Ausgrabungen in Dambach.

Praktische Hinweise

Lage: Der Kastellplatz von Ehingen-Dambach liegt 1 km nordöstlich des Ortsteils Dambach. Für die Anfahrt folgt man entweder der Beschilderung der Deutschen Limes-Straße oder man nimmt die Kreisstraße Wassertrüdingen–Ansbach (St. 2221), zweigt in Unterschwaningen ab nach Lentersheim und folgt dort zunächst der Beschilderung nach Ehingen. Nach dem Ortsausgang von Lentersheim biegt man jedoch nach rechts ab in Richtung Brunn. Die ehemalige Hammer-schmiede und der Kreutweiher liegen rechter Hand nach etwa 2,5 km.

187 × 115 m zeigt das Kastell von Dambach eine merkwürdig lang gestreckte Form. Seine besondere Baugeschichte erklärt nicht nur die ungewöhnliche Lage parallel zur 100 m entfernten „Teufelsmauer", sondern auch die Tatsache, dass das Lager nicht mehr zum Limes hin orientiert ist, sondern nach Osten ausgerichtet ist.

Die archäologisch bedeutsamen Flächen liegen zum Teil im feuchten Talgrund des Moosgrabens. Hier wurde beim Bau von Teichanlagen wiederholt organisches Material aus römischer Zeit angetroffen, insbesondere Leder, Holz und andere Pflanzenreste. Im anschließenden Waldareal befinden sich im Einzelnen noch unbestimmte Gebäude des zugehörigen *Vicus*. Archäologische Sondagen legten 1990 in den Wurzeltellern von Bäumen, die durch Windwürfe ausgerissen wurden, Reste der Lagerdorfbebauung frei. Doch unter den Befunden des *Vicus* ragt vor allem eine ovale Schanze, 250 m östlich des Kastells, heraus. Ihr 1,5 m hoher Erdwall mit drei Eingängen lässt sich noch gut im Gelände ausmachen. Er besitzt im Süden sowie an den Schmalseiten Zugänge. Der Zeitpunkt der Erbauung ist ungewiss, die Form lässt jedoch Rückschlüsse zu. So erinnert die gut 40 × 35 m messende Anlage an vergleichbare römische Rundschanzen, etwa vom Zugmantel im Taunus (s. S. 27). Etwas kleiner war eine Anlage, die erst vor kurzem in Künzing an der niederbayerischen Donau entdeckt wurde. Bei diesen Rundschanzen denkt man unwillkürlich an kleine Amphitheater, in denen Gladiatoren-kämpfe, Tierhatzen oder Paradeübungen der hier stationierten Reitersoldaten stattgefunden haben könnten. Gerade an den raetischen Kastellplätzen wurden wiederholt prunkvolle Rüstungsteile entdeckt, die von solchen Übungen zeugen. Mit entsprechenden hölzernen Zuschauertribünen ausgestattet, hätte hier sicherlich die gesamte Bevölkerung der limeszeitlichen Ansiedlung Platz gefunden.

Entlang des anschließenden Streckenabschnitts ist der Limesverlauf als schmaler Damm bzw. als Baumreihe noch gut auszumachen. Ein 2 km langer Wanderweg führt durch den Wald nach Osten bis an den Dennenloher Stausee (Wachtposten WP 13/35–13/38). Am östlichen Ufer des Sees ist ein Stück der Raetischen Mauer wieder aufgebaut und mit einer Hinweistafel ausgeschildert (s. Abb. S. 92). Anhand von archäologischen Untersuchungen und den vor Ort erhaltenen Fundamenten ließ sich der etwa 1,2 m starke Mauerzug mit einer Höhe von knapp 3 m rekonstruieren. Wir wissen nicht, ob – und wenn ja, mit welchen technischen Mitteln – die Mauerkrone gegen die Witterung geschützt war. Nirgendwo am Raetischen Limes ließen sich bisher spezielle Abdeckplatten o. Ä. feststellen. Der Nachbau zeigt, dass die insgesamt eher schwache und vor allem ohne einen Wehrgang angelegte Grenzmauer keine Wehranlage darstellte, sondern als unübersehbare Demarkationslinie wirken sollte. Das Mauerwerk dürfte daher auch hier ursprünglich weiß verputzt und mit rotem Fugenstrich bemalt gewesen sein. Mit viel Fantasie kann man sich so die „Teufelsmauer" auf ihrer gesamten Länge von 167 km vorstellen.

Bevölkerung am Limes

Wer waren die Menschen, die sich während der Limeszeit in den Kastellplätzen niederließen oder nur unweit der Grenze die Felder einer *Villa rustica*, eines landwirtschaftlichen Betriebes, bewirtschafteten? Wir haben uns angewöhnt, von „den Römern" zu sprechen, obwohl wir wissen, dass nur ein verschwindend kleiner Teil der am Limes stationierten Soldaten aus dem italischen Mutterland stammte. Der weitaus größte Teil der Grenztruppen kam aus anderen Provinzen des Römischen Reiches. Viele dieser Soldaten sind nun nach ihrer Dienstzeit von 25 Jahren, oder mehr, nicht wieder dorthin zurückgekehrt, wo sie einst geboren wurden. Sie blieben in ihrer neuen Heimat, dem germanisch-raetischen Grenzland. Zahlreiche Villenbesitzer waren Veteranen, ehrenhaft und mit einem kleinen Vermögen an gespartem Sold entlassene Soldaten. Ehemalige Militärangehörige und ihre Familien bildeten

sicher eine zahlenmäßig starke wie politisch einflussreiche gesellschaftliche Gruppe in der Provinzbevölkerung.

Anhand archäologischer und epigraphischer Indizien, vor allem der Namensforschung, lässt sich die Herkunft weiterer Bewohner der Grenzregion feststellen. Vermutlich kamen bereits mit den ersten römischen Truppen, die den Rhein in Richtung Osten überschritten, vor allem Kelten aus den gallischen Provinzen nach Germanien und aus dem Inneren der Alpen. Der römische Historiker Tacitus nennt sie bezeichnenderweise „Leute, die die Not kühn gemacht hat". Sicherlich dürfen wir uns die Möglichkeiten für sozialen und wirtschaftlichen Aufstieg und damit der Attraktivität der frisch dem Römischen Reich einverleibten Gebiete ähnlich groß vorstellen wie die der „Neuen Welt" unserer Tage, Amerika. Eine Gruppe von Bewohnern zeigt sich in keiner der Untersuchun-

Nicht jeder „Römer" kam aus Rom: Die meisten Einwohner der Provinzen waren germanischer oder keltischer Abstammung.

gen, die es zu diesem Thema gibt. Nämlich Menschen, die bereits im Land lebten, bevor die Römer kamen. Wir kennen weder Siedlungen, Gräberfelder noch sonstige Zeugnisse einer zwischen dem Rhein bzw. den Alpen und dem Limes ansässigen Bevölkerung. Das Fehlen solcher Hinweise macht es mehr als nur wahrscheinlich, dass das Land mit Ausnahme weniger Regionen weitgehend unbesiedelt war, als die römischen Kohorten einmarschierten.

THEILENHOFEN
Wettpflügen in historischem Boden

Die Wiener Hofbibliothek bewahrt elf Pergamentblätter einer römischen Straßenkarte aus dem 4. Jh. auf. Auf ihnen sind die wichtigsten Verkehrswege des Römischen Reiches dargestellt, darunter auch eine Route entlang des Raetischen Limes. Die nach ihrem ehemaligen Eigentümer, dem Augsburger Ratsherrn Konrad Peutinger (1465–1547), *Tabula Peutingeriana* genannte Karte verrät uns die antiken Namen der Kastellorte von der Altmühl bis zur Donau. Daher wissen wir, dass die ehemalige Ansiedlung auf einem Hochplateau nördlich des heutigen Theilenhofen den Römern als *Iciniacum* bekannt war.

Wohl unter Kaiser Trajan um 100 n. Chr. errichtete das römische Militär hier zunächst ein Holz-

kastell, das vermutlich noch vor der Mitte des 2. Jh. in Stein ausgebaut wurde. Das 2,7 ha große Kastell war wie üblich nach Norden, zum Limes hin orientiert. Seine 1,5 m starke Wehrmauer schützten vier Eck- und acht Tortürme in Verbindung mit zwei vorgelagerten Spitzgräben. Ungewöhnlich ist lediglich der Grundriss des Kastelltores im Süden, der *Porta decumana*. Ihre einspurige Tordurchfahrt zeigt einen halbkreisförmig nach innen eingezogenen Vorhof, der an den Eingang zum Kleinkastell bei Burgsalach erinnert (s. S. 129). Wurde das Tor möglicherweise erst zu Beginn des 3. Jh. in dieser „modernen" Form umgebaut?

Westlich des Steinkastells wurde 1976 im Luftbild ein etwas kleineres Holz-Erde-Lager ent-

Praktische Hinweise

Lage: Zwischen Gunzenhausen und Ellingen liegt Theilenhofen, direkt an der Deutschen Limes-Straße (hier identisch mit der Bundesstraße B 13). Links der Abzweigung nach Pfofeld, etwa 750 m nordwestlich des Ortskerns, befindet sich die ehemalige römische Niederlassung.
Museen: Die Archäologische Staatssammlung in München zeigt Funde von der Altsteinzeit, über die Kulturperioden der vorrömischen Zeit und die römische Periode bis zum Frühmittelalter. Neben den beiden bekannten Stücken aus Theilenhofen sei an dieser Stelle lediglich auf andere Hort- und Waffenfunde aus dem raetischen Limesgebiet hingewiesen, so aus Eining oder Künzing. Lerchenfeldstraße 2, 80538 München, Tel. 0 89/21 12-4 02, archaeologische.staatssammlung@extern.lrz-muenchen.de bzw. www.archaeologie-bayern.de; täglich geöffnet 9–16.30 Uhr (montags geschlossen).
Museum auf dem Maxberg, Maxberg 6, 91807 Solnhofen, Tel. 0 91 45/4 11; geöffnet 1. Apr. bis 31. Okt., täglich 8.30–12 und 13–16.45 Uhr, 1. Nov. bis 31. März, sonn- und feiertags 10–16 Uhr (Gruppen n. V.).

deckt. Bei dieser nur gering befestigten Anlage, von dem keine Innenbauten bekannt sind, könnte es sich um ein Baulager gehandelt haben, oder es weist auf die (kurzzeitige) Anwesenheit einer zweiten Militäreinheit in Theilenhofen hin.

Ziegelstempel, Besitzerinschriften und ein kleiner Fortuna-Altar aus dem Badegebäude nennen uns die in *Iciniacum* stationierte Truppe. Das Kastell diente als Garnison der *Cohors III Bracaraugustanorum*, einer 500 Mann starken, teilberittenen Kohorte, die ursprünglich aus dem Norden des heutigen Portugal kam. *Bracara Augusta*, das heutige Braga, war eine kleine Landstadt in der römischen Provinz *Hispania Tarraconensis*. Aus der Stadt und der umgebenden Region wurden insgesamt sechs Kohorten rekrutiert, von denen noch eine weitere, nämlich die *Quintana*, die „Fünfte", in Raetien stationiert war, genauer gesagt, in dem auch nach ihr benannten Künzing.

Der Kastellvicus, von dem kaum etwas bekannt ist, erstreckte sich unter den heutigen Feldern im Süden und reichte bis an den Ortsrand von Theilenhofen. Ausgerechnet hier veranstaltete im Herbst 1974 das Weißenburger Amt für Landwirt-schaft ein Wettpflügen. Im Zuge dieser sportlichen Betätigung wurde ein historisches Dokument zerstört, das bis dahin fast 1700 Jahre lang ungestört im Boden geruht hatte. Es hätte uns helfen können, die Ereignisse besser zu verstehen, die sich um die Mitte des 3. Jh. in Raetien abspielten, als germanische Einfälle die Provinz erschütterten. Offenbar fiel in diesem Zusammenhang ein steinernes Wohnhaus vor dem Südtor des Kastells einem Schadensfeuer zum Opfer. Dabei gerieten, unter Umständen, die sich nun nie wieder rekonstruieren lassen, ein prachtvoller bronzener Reiterhelm sowie ein eiserner Infanteriehelm und weitere Fundstücke in den Boden. Beide sind heute in der Archäologischen Staatssammlung in München bzw. als Kopie auch im Römermuseum Weißenburg zu sehen. Ihre Geschichte können sie uns jedoch nicht mehr erzählen.

Das Badegebäude, 250 m westlich des Steinkastells, ist 1968–1970 ausgegraben worden, seine konservierten Fundamente sind in dem Tälchen neben einem modern angelegten Weiher sichtbar. Vor Ort informieren Hinweistafeln. Die vergleichsweise große Entfernung zum Truppenlager ergibt

Heute ohne Marmorluxus: Die konservierten Fundamente des Badegebäudes in Theilenhofen.

sich vermutlich aufgrund der lokalen Wasserverhältnisse. Wie in den Bädern in Pfünz und Weißenburg verwendete man auch in Theilenhofen Marmorplatten aus Solnhofen für den Bodenbelag. Sie sind ausgebaut und werden heute im Museum auf dem Maxberg, südlich von Solnhofen, aufbewahrt. Zum Inventar des Auskleideraumes (Apodyterium) gehörte ein Weihestein für die Fortuna Balnearis. Wie häufig am Limes ist die Göttin hier in ihrer speziellen Funktion als Beschützerin der Badenden und ihrer Gesundheit angesprochen. Um die Mitte des 3. Jh. wurde das Bad vermutlich zusammen mit Kastell und Vicus zerstört.

Die Kenntnis eines Kastells in der Flur „Weil" (von lat. villa) ging vermutlich auch in nachrömischer Zeit nie ganz verloren. Noch im 17. Jh. waren hier offenbar mehrere Fuß hohe Mauerreste sichtbar. Heute ist das Gelände vollständig eingeebnet. Die Nordostecke des Lagers ist seit der Flurbereinigung durch eine moderne Gedenksäule an der Landstraße nach Pfofeld markiert, die übrigen drei Ecken des Lagers sind durch Baumgruppen gekennzeichnet. Die heutigen Feldwege folgen dem Verlauf der Wehrmauern, so dass sich bei einem Besuch die Ausdehnung des Kastells gut im Gelände ablesen lässt.

ELLINGEN
Kein gewöhnliches Kastell

Nur selten kann ein Limeskastell so umfassend und gründlich untersucht werden, dass es möglich wird, seinen Grundriss vollständig freizulegen. Bei dem Numeruskastell Ellingen war dies der Fall. Allerdings zeigten sich hier so ungewöhnliche Baubefunde, dass die gewonnenen Ergebnisse auf andere Lager derselben Größenordnung kaum zu übertragen sind. Der Grund dafür ist, dass in Ellingen ganz besondere Soldaten stationiert waren.

Nach kleineren Grabungen durch die Reichs-Limeskommission wurde das Kastell in den Jahren 1980–1982 vollständig archäologisch untersucht und teilrekonstruiert. In vorgeschobener Position zu dem großen Aalenkastell in Weißenburg be

stand das nur 90 × 80 m (0,72 ha) messende Lager bereits seit den ersten Regierungsjahren Kaiser Hadrians. Die Anlage steht demnach vermutlich in direktem Zusammenhang mit dem Limesausbau in der Zeit um 115/125 n. Chr. Zunächst befand sich hier, etwa 1,7 km hinter der Grenze, ein reines Holzkastell, dessen einfache Bohlenumwehrung ein innerer Erdwall abstützte. Seine beiden einander gegenüberliegenden Tore im Norden und Süden entsprechen der Ausstattung vergleichbarer Numeruskastelle. Leider ist die zu dieser Bauphase gehörende Innenbebauung nur unvollständig bekannt. Zwei Generationen später errichtete man eine nur 1,2 m breite, fundamentierte Steinmauer, die auch weiterhin eine Erd-

Praktische Hinweise

Lage: Von der Bundesstraße B 2 aus fährt man zunächst durch die Stadt hindurch. Das Kastell liegt etwas östlich, an der Straße nach Höttingen, deren Verlauf in etwa dem antiken Limesbegleitweg von Theilenhofen nach Pfünz entspricht. Vom Stadtkern aus ist die Anfahrt mit „Römerkastell Sablonetum" gut ausgeschildert. Direkt am Parkplatz stehen eine erläuternde Hinweistafel und eine Kopie der Bauinschrift.

„Handverlesen" am Sand: Die Nordfront des Kastells Ellingen.

rampe als stabilisierende Hinterschüttung besaß. Vorgelagert war ein 5–6 m breiter und 2 m tiefer Wehrgraben. Nahezu den halben Innenraum nahm nun eine einzelne, 51 m lange und 17 m breite Doppelbaracke ein. Sie besaß insgesamt 24 Schlafräume *(Contubernia)*. Zusammen mit zwei weiteren Unterkünften bot das Lager damit ausreichend Platz für rund 250 Soldaten. Bereits dieser Befund entsprach nicht den Erwartungen an ein „normales" Kastell.

Es ist daher in doppelter Hinsicht ein Glücksfall, dass uns ein weiterer Fund nähere Aussagen zu der in Ellingen stationierten Garnison erlaubt. Bei den Ausgrabungen entdeckte man über 80 größere und zahllose kleine Bruchstücke einer Steininschrift, die einst über der südlichen Tordurchfahrt angebracht war. Sie datiert den Steinausbau des Kastells in das Jahr 182 n. Chr., also in die Regierungszeit des Kaisers Commodus (180–192 n. Chr.). Bemerkenswert ist zunächst, dass zeitgleich auch Baumaßnahmen am Kastell in Böhming durchgeführt wurden (s. S. 139). Vermutlich wurde in diesen Jahren der gesamte

Grenzabschnitt im östlichen Raetien reorganisiert und verstärkt. Der Inschriftentext ist jedoch auch aus anderen Gründen bemerkenswert. So erfahren wir den antiken Namen des Platzes: *Sablonetum* (der lat. Name bedeutet in etwa „am Sand"). Noch heute tragen die Orte Ellingen, Weißenburg und Roth diesen Beinamen, der die vorherrschenden Böden treffend charakterisiert. Insbesondere fällt nun allerdings die Nennung der in Ellingen tätigen Truppe auf. Denn hier war kein normaler *Numerus* stationiert, sondern bereits den Umbau führten die Leibgarde des Statthalters, die *Pedites singulares*, aus. Diese Fußsoldaten waren handverlesen, einzeln – daher der Name (!) – aus allen Militärverbänden der Provinz ausgewählt worden. Ursprünglich nahmen sie spezielle Wacht- und wohl auch Repräsentationsaufgaben in der Provinzhauptstadt Augsburg wahr. Dass man die Leibgarde für Baumaßnahmen heranzog, war ungewöhnlich. Doch die Gebäudegrundrisse in Ellingen machen es sogar wahrscheinlich, dass die Garde auch nach dem Umbau des Lagers hier stationiert blieb. So deutet die einzelne, übergroße Mannschaftsbaracke ebenso auf eine besondere Truppe, wie die ohne die üblichen Büroräume angelegte *Principia*. Vermutlich wird die Garde für den in der Inschrift ebenfalls genannten damaligen Statthalter Quintus Spicius Cerialis entbehrlich geworden sein, nachdem Ende der 70er Jahre des 2. Jh. Soldaten der neu aufgestellten Legion *(Legio III Italica)* in Regensburg die Aufgabe des „Personenschutzes" übernommen hatten.

Sablonetum blieb bis in die erste Hälfte des 3. Jh. besetzt. Danach wurde der Ort offenbar planmäßig geräumt. Funde der Ausgrabungen befinden sich im Weißenburger Römermuseum. Die heutige Präsentation vor Ort versucht, den Zustand einer verfallenden Ruine wiederzugeben. So wurden die Fundamente der nördlichen Wehrmauer rekonstruiert, ebenso sind die Lagerstraße *(Via sagularis)* und die Gräben im Gelände angedeutet. Bei den Sandsteinen des sichtbaren Mauerwerks handelt es sich um wieder verwendetes Material aus abgebrochenen Bauernhäusern der Umgebung. Da auch die Steine der römischen Ruine jahrhundertelang als billiges Baumaterial fortgeschafft worden waren, könnte so der eine oder andere Mauerstein wieder an seinen Ursprung zurückgekehrt sein. Der Standort auf dem samt seiner Erdrampe knapp 4 m hoch aufgebauten Nordwestturm erlaubt es, die ehemalige Kastellausdehnung der im Westen und Süden durch Hecken gekennzeichneten Mauerzüge abzumessen.

Kastelle am Limes

Die Truppen am Limes waren in festen Lagern *(Castra hiberna* oder *Castella)* untergebracht, in denen sich außer den Unterkünften für die Soldaten auch Werkstätten, Vorratsspeicher, Magazine und gegebenenfalls Ställe befanden. Schon im 1. Jh. hatte sich im römischen Heer eine standardisierte Bauform herausgebildet, die gleichermaßen für die Lager der Legionen, Kohorten wie der *Numeri* galt. Die rechteckigen Kastellumrisse der Limeszeit mit ihren abgerundeten Ecken erinnern an die Form von Spielkarten. Wir finden sie entlang der Grenze sowohl bei den ersten, noch in Holz errichteten Lagern, als auch bei den in Stein ausgebauten Kastellen der entwickelten Limeszeit. Normalerweise waren den etwa 3,5 m hohen, zinnenbewehrten Mauern ein oder zwei, nur ausnahmsweise auch drei oder mehr Spitzgräben vorgelagert. Türme sicherten die Kastellecken, die Tore und bei größeren Lagern auch die Mauerpartien dazwischen. Der Verteidigungswert eines Kastells bei größeren Kampfhandlungen sollte nicht überschätzt werden. Die Umwehrung war vor allem dazu da, die Soldaten der Garnison und ihre Ausrüstung vor einem Überraschungsangriff zu schützen, aber auch, das Betreten bzw. Verlassen des Lagers zu kontrollieren. Unsere Limeskastelle waren geschützte Kasernen, keine Festungen. Durch jeweils ein Tor in jeder Kastellseite führten Straßenzüge *(Via principalis, Via praetoria, Via decumana)* in das Zentrum des Lagers. Hier befanden sich die *Principia*, das Stabsgebäude, benachbart die Getreidespeicher *(Horrea)* und das Haus des Kommandanten *(Praetorium)*. In den vorderen und hinteren Kastellbereichen waren Mannschaftsbaracken *(Centuriae)* platziert, in denen in der Regel auch jeweils eine Hundertschaft untergebracht war. Eine Baracke unterteilte sich in zehn Stuben *(Contubernia)*. Die gleichförmige Bauweise der Kastelle hatte den Vorteil, dass sich Soldaten auch in fremden Garnisonsorten leicht zurechtfanden. Doch selbst bei gleichen Einheiten führte das nicht dazu, dass

So originalgetreu wie möglich: Das Kastelltor von Welzheim.

ihre Lager vollkommen identisch angelegt wurden. Wir kennen am Limes keine zwei exakt gleichen Kastelle. Das liegt zunächst an dem Umstand, dass Einheiten nicht vollständig in einem Kastell untergebracht waren oder sich ihr Lager mit fremden Kontingenten teilten, wie den oft belegten Kundschaftern *(Exploratores)*. Zudem bestanden zwischen den verschiedenen Truppen Unterschiede: So waren beispielsweise die Reiter in den Alen zusammen mit ihren Pferden in speziellen, sehr breiten Baracken untergebracht, und die Soldaten der Legion besaßen in ihren Stuben wesentlich mehr Platz als die Soldaten der kleineren Hilfstruppeneinheiten.

WEISSENBURG IN BAYERN
Spanische Reiter an der Rezat

Östlich von Weißenburg zieht der Limes hinauf auf die Jura-Hochfläche der Fränkischen Alb. Doch hier öffnet sich die Landschaft noch einmal nach Norden und bildet zwischen Altmühl und Schwäbischer Rezat eine natürliche Einfallspforte von und nach Germanien. Die Massierung von Limeskastellen zwischen Ruffenhofen im Westen und Weißenburg zeugt von der besonderen Aufmerksamkeit, die das römische Militär dieser Region zukommen ließ.

In der *Tabula Peutingeriana* erscheint Weißenburg als *(Statio) Biricianis* an der Straße von

Theilenhofen nach Pfünz. Hier bestand ab etwa 90 n. Chr. zunächst ein Holz-Erde-Kastell auf dem flach zur Rezat hin abfallenden „Kesselfeld", dessen Name mit dem lateinischen *Castellum* in Verbindung steht. In dem Lager war die 500 Mann starke *Ala I Hispanorum Auriana* stationiert, lange Zeit die schlagkräftigste Truppe der Provinz, nach der doppelt so starken Reitereinheit aus Aalen. Vermutlich befehligte ihr Kommandeur auch die benachbarten Truppen.

Mit Seitenlängen von knapp 175 × 180 m und einer Gesamtgröße von 3,1 ha ist das fast quadratische Kastell eines der größten Lager am mittelraetischen Limesabschnitt. Im Anschluss an eine offenbar planmäßige Niederlegung dieser ersten Wehranlage in den Jahren 140 bzw. 150/160 n. Chr. erfolgte der Ausbau des Kastells in Stein. Als Material nutzte man durchweg sorgfältig behauene Handquader aus dem Muschelkalk der nahen Jurahöhen. Die Außenseiten der Wehrmauern trugen hellen Kalkmörtelverputz. Eine Umbauphase lässt sich in das ausgehende 2. Jh. datieren, bei der die *Porta decumana* mit halbrund vorspringenden Tortürmen verstärkt wurde. Vorbild dürften die zeitgleichen Tore des Legionslagers von Regensburg gewesen sein. Die imposante, zum Limes hin ausgerichtete Anlage wurde vor 15 Jahren unter wissenschaftlicher Leitung in voller Höhe wieder aufgebaut. Die weithin bekannte Silhouette des Tores wurde inzwischen zu einem Wahrzeichen der Stadt und dient als Logo der „Region *Biriciana*", die zu Ausflügen in die römische Umgebung einlädt. Das Ende des antiken *Biriciana* kam gut 50 Jahre nach diesem letzten Ausbau der Kastellmauern. Zerstörungs- und Brandschichten in fast allen bislang untersuchten Arealen zeugen von einer plötzlich eintretenden Feuerkatastrophe, die das Kastell und die ausgedehnte Zivilsiedlung vor seinen Toren traf. Wie ein kleiner Münzschatz aus dem Lagerinneren belegt, dessen jüngste Prägung in die Jahre 253/254 n. Chr. datiert, wurde Weißenburg vermutlich das Opfer eines der zahlreichen Germaneneinfälle kurz nach der Mitte des 3. Jh.

Vom Militärlager zur zweiten Attraktion Weißenburgs sind es nur knapp 200 m zu Fuß, durch das Areal des ehemaligen Lagerdorfes. Bei ihr handelt es sich um die sog. „Großen Thermen". Sie wurden vermutlich nicht für die am Ort stationierten Reiter errichtet, sondern für die Bewohner des *Vicus*. Seit 1985 sind die überdurchschnittlich gut erhaltenen Originalmauerzüge unter einem viel beachteten Schutzbau in Form einer Zeltdachkonstruktion zu besichtigen. Wesentliche Details des insgesamt sechs Mal umgestalteten Badegebäudes lassen sich noch heute an der vorbildlich präsentierten Ruine erkennen. Ihre noch bis zu 2,5 m hoch erhaltenen Mauern bestehen aus Jurakalkstein, Badebecken und Stufen waren allerdings mit geschliffenen Solnhofener Mar-

Praktische Hinweise

Lage: Man erreicht Weißenburg von Norden am besten über Ansbach, bzw. Roth, von Westen über Aalen und Nördlingen und von Süden entweder über die Autobahn A 8, Abfahrt Augsburg-West/Donauwörth oder die Autobahn A 9, Abfahrt Ingolstadt-Nord/Eichstätt. Weißenburg liegt am Schnittpunkt der Bundesstraßen B 2 und B 13. Die römischen Denkmäler befinden sich westlich der Bahnlinie vor den Toren der Altstadt und sind aus jeder Richtung mit Wegweisern „Castrum Biriciana" und „Römische Thermen" gut ausgeschildert. Parkmöglichkeiten bestehen vor Ort.
Das Kastellareal ist ganzjährig während der Tagesstunden zugänglich.
Römische Thermen: Am Römerbad, 91781 Weißenburg in Bayern, Tel. 09 41/90 71 27; geöffnet ab Palmsonntag, spätestens ab 1. Apr. bis 1. Nov., täglich 10–12.30 und 14–17 Uhr; Führungen auf Anfrage.

Nach dem Vorbild der Legion: Die *Porta decumana* in Weißenburg.

morplatten belegt. Zusammen mit den Resten von dekorativer Wandmalerei zeigt die Anlage damit einen repräsentativen Charakter, der weit über seine bloße Funktion hinausgeht. Sicherlich versuchte man bewusst, das Luxusniveau klassischer Thermen zu imitieren. Einen guten Eindruck vom Aussehen der einstigen Anlage geben ein Modell neben der Museumskasse und die gelungenen Rekonstruktionszeichnungen.

Anders als auf dem heutigen Rundweg für Museumsbesucher begann in römischer Zeit das Badevergnügen auf der Nordseite des Gebäudes. Man betrat zunächst eine über 320 m² große Gymnastikhalle *(Basilica)*, bevor man weiterging in die

Warm-, Lauwarm- und Kaltbäder mit Wasserbecken und in das Schwitzbad. Neben einem sorgfältig ausgeführten Terrazzoboden sind in einigen Räumen die Reste der Fußbodenheizung *(Hypokaustum)* und die mit Hohlziegeln verkleideten Wände erhalten, an denen die erwärmte Luft entlangströmte. Aus dem Kaltbad führte ein fast mannshoher Abwasserkanal nach Norden in Richtung Rezat. Bei den Ausgrabungen fanden sich im Schlamm zahlreiche Kleinfunde wie Kosmetika und Schmuck sowie Münzen und Spielgerät. Die Funde, die viel über die Aktivitäten neben dem eigentlichen Badebetrieb verraten, sind im städtischen Römermuseum ausgestellt.

DAS RÖMERMUSEUM WEISSENBURG
Schätze, die ein Museum füllen

Dass Weißenburg heute zu Recht als „Römerstadt" bekannt ist, verdankt es neben dem Kastell und den Großen Thermen auch noch einer dritten, vielleicht seiner spannendsten Attraktion.

Sie befindet sich im historischen Zentrum der ehemaligen Freien Reichsstadt nahe der St.-Andreas-Kirche im Ausstellungsfundus des Römermuseums Weißenburg. Das Zweigmuseum der

Praktische Hinweise

Museum: Römermuseum, Martin-Luther-Platz 3, 91781 Weißenburg in Bayern, Tel. 0 91 41/ 90 71-24, Fax 0 91 41/90 71-21, akut@weissenburg.de; geöffnet 1. März bis 30. Dez., täglich 10– 12.30 und 14–17 Uhr; Führungen auf Anfrage.

Archäologischen Staatssammlung in München ist in dem Gebäude einer Posamenten-Manufaktur untergebracht. Borten, Fransen, Quasten und Schnüre werden heute allerdings am Stadtrand gefertigt, so dass die historischen Räume des klassizistischen Baus für eine archäologische Ausstellung über Weißenburg und sein Umland zur Verfügung stehen. Wichtige Originalfunde geben einen Einblick in die Geschichte von der Steinzeit bis zum Frühen Mittelalter. Der Schwerpunkt liegt dabei aber eindeutig auf der römischen Epoche. Zahlreiche Exponate stammen aus den benachbarten Kastellorten Ellingen, Theilenhofen, Dambach und Ruffenhofen sowie natürlich von den langjährigen Ausgrabungen innerhalb des Limeskastells und des *Vicus* von Weißenburg.

Zu den wichtigsten Funden zählt zweifellos die bronzene Entlassungsurkunde (Militärdiplom) des Boiers Mogetissa vom 30. Juni 107 n. Chr. Nach 25 Jahren Dienst in der *Ala I Hispanorum Auriana* wird ihm, seiner Frau Verecunda und der gemeinsamen Tochter Matrulla das römische Bürgerrecht verliehen. Zur Bestätigung des Urkundentextes werden sieben Zeugen namentlich angeführt. Die keltischen Boier siedelten in der westlichen Slowakei, dem Weinviertel und dem Wiener Becken. Als Mogetissa zur Zeit Kaiser Domitians (81–96 n. Chr.) in die Armee eintrat, wurde die *Ala Hispanorum* gerade nach Weißenburg verlegt. Vermutlich verbrachte er nicht nur seine gesamte Dienstzeit in *Biriciana*, sondern ließ sich mit seiner Familie später auch hier nieder, wie der Fund des Militärdiploms beweist.

Zu den schönsten Funden gehört eine römische Brunnenmaske, die von einer *Villa rustica*, einem römischen Gutshof aus der Gegend von Schambach stammt. Die flache Scheibe aus Bronze zeigt den Gott Neptun, nicht nur Herr des Meeres, sondern auch der Flüsse, Seen und – wie in diesem Fall vermutlich – der Quellen. Das dicht gelockte Haupt- und Barthaar seines Antlitzes ist voller Fische und Muscheln. Die verschiedenen Seetiere sind durch eingearbeitete Silber- und Kupferfäden optisch besonders hervorgehoben.

Doch den Mittelpunkt des Museums bildet ohne Zweifel der große römische Schatzfund von Weißenburg. Während der Germaneneinfälle zwischen 233 und 259/260 n. Chr. vertraute man insgesamt 156 Metallgegenstände dem Erdboden an. Das wertvolle Inventar eines kleinen Heiligtums war sorgsam deponiert und sollte auf diese Weise wohl vor einer Plünderung geschützt werden. Doch auch die rechtmäßigen Eigentümer hatten offenbar keine Gelegenheit mehr, den Hort wieder

Parademasken. Bronzen aus dem Weißenburger Schatzfund.

Ein Klassiker: Der Apoll von Weißenburg.

Römermuseums. Nach dreijähriger Restaurierung konnten die 120 schönsten Gegenstände der Öffentlichkeit präsentiert werden. Darunter befinden sich elf silberne Votivbleche mit Götterdarstellungen, Teile bronzener Paraderüstungen und -masken sowie allein 20 Bronzegefäße, die eine ganze Wandvitrine füllen. Unter den zahlreichen eisernen Objekten, wie Werkzeugen, Wagenteilen, und einer Waage, fällt vor allem ein eiserner Klappstuhl auf, dessen zeitlose Konstruktion an moderne Campinghocker erinnert. Am bekanntesten sind jedoch vor allem die 16 kleinen, bronzenen Götterfiguren, die in Einzelvitrinen präsentiert werden. Die technisch wie künstlerisch in höchster Qualität gearbeiteten Statuetten u. a. von Herkules und Merkur, Venus und Juno zählen zu den bedeutendsten römischen Funden Deutschlands. Anhand ihrer unterschiedlichen Fertigungstechnik verraten sie die Herkunft aus verschiedenen Werkstätten. Die Stücke zeigen bei aufmerksamer Betrachtung erstaunlich exakt gearbeitete Details, wie beispielsweise die nur 2 cm großen Stiefel eines Laren – eines altrömischen Schutzgeistes der Familie, der Feldmark und der Kreuzwege –, die bis in kleinste Einzelheiten naturgetreu ausgeführt sind.

zu heben, den sie nur 70 m südlich der Großen Thermen verborgen hatten. Erst im Jahr 1979 gelang einem Mathematiklehrer beim Anlegen eines Spargelbeetes die Wiederentdeckung. Der anschließende Erwerb des Fundes durch den Freistaat Bayern war Anlass für die Gründung des

Im Jahr 2005 will die Archäologische Staatssammlung gemeinsam mit der Stadt Weißenburg das Römermuseum noch attraktiver gestalten und als zentrales Vermittlungszentrum für den Limes in Bayern ausbauen.

BURGSALACH
100 Fuß für 100 Soldaten

Mit dieser Wehranlage begegnet uns am Obergermanisch-Raetischen Limes etwas Neues. Zu dem Kleinkastell von Burgsalach gibt es in der ganzen europäischen Festungsarchitektur der Römerzeit keine direkten Vergleiche. Jedoch

finden wir ähnliche Anlagen an der einstigen römischen Reichsgrenze in Nordafrika. Von dort stammt auch die Bezeichnung *Centenarium* (lat. *centum* für hundert), die für Burgsalach ebenfalls verwendet wird.

Vorbilder in Afrika?
Mit dem Kleinkastell
von Burgsalach wird
in der späten Limes-
zeit ein neuer Bautyp
greifbar.

Burgsalach wurde in den Jahren 1916–1919 systematisch untersucht und komplett freigelegt. Damals stand das Mauerwerk noch bis zu 2 m hoch. Der Ausgräber prägte den Begriff *Burgus* für den massiven Wehrbau, doch wird dieser lateinische Ausdruck in der Limeszeit noch nicht für Kastellanlagen verwandt. Erst ab der Spätantike begegnet er für beinahe jede Art befestigter Plätze. Der kompakte Grundriss der Befestigung bildet ein exaktes Quadrat mit scharf ausgebildeten Ecken. Seine Seitenlänge von 32,6 m entspricht genau 100 römischen Fuß. Ein Wehrgraben wurde nicht festgestellt. Lediglich auf der Südseite befand sich ein Tor, das zurückgesetzt in einem halbkreisförmig einziehenden Vorhof lag. Derartige zurückversetzte Toranlagen sind unter den Limeskastellen ein Indiz für ein spätes Baudatum. Über dem Tor erhob sich vermutlich ein Wehrturm, möglicherweise darf man sich auch die gesamte Anlage zweigeschossig vorstellen! Die Räume im Inneren waren unmittelbar an die Wehrmauer angebaut, so dass im Zentrum des Kastells ein offener Innenhof blieb, an den sich ein überdachter Umgang anschloss. In den Ecken des Hofes fanden sich zwei Zisternen, so dass die kleine Anlage nicht auf eine

Wasserversorgung von außen angewiesen war. Direkt gegenüber dem Eingangstor lag ein halbrunder Raum, der vermutlich das Fahnenheiligtum darstellt. Wie in den *Principia* regulärer Kastelle waren hier wohl die Feldzeichen der Einheit untergebracht. Dies weist darauf hin, dass die Truppe taktisch selbstständig war und nicht von einem der benachbarten Kastellplätze aus abkommandiert wurde. Die Räume rechts und links deutet man als Wohnung des Kommandanten, den großen Raum links des Tores als Magazin und den kleinen Raum unmittelbar neben dem Eingang als Treppenaufgang. Dazwischen lagen genau zehn Räume mit jeweils 20 m² Grundfläche für die Mannschaften. Jeder besaß einen separaten Eingang und eine eigene Herdstelle. Die heutige Situation ist etwas verwirrend, da sich die aus Holzfachwerk bestehenden Zwischenwände der einzelnen Quartiere nicht erhalten haben. Bei einer Belegung von acht bis zehn Soldaten pro Raum, ließe sich hier eine Einheit von knapp 100 Mann *(Centurie)* gut unterbringen. Leider haben wir keine Indizien über die an diesem Ort stationierte Truppe. Da der Bautypus Parallelen in Nordafrika besitzt, wäre es interessant zu wissen, ob auch die

Praktische Hinweise

Lage: Burgsalach liegt 8 km östlich von Weißenburg an der Deutschen Limes-Straße. Die Raetische Mauer durchquert als weithin sichtbare „Pfahlhecke" den südlichen Ortsbereich. Von der Ortsmitte aus folgt man den Wegweisern zum römischen *„Burgus"* bis zum Parkplatz des „Naturparks Altmühltal" am Waldrand neben den Sportanlagen. „Auf den Spuren der Römer" sind ab hier zwei unterschiedlich lange Rundwanderwege ausgeschildert. Am Ausgangspunkt und verschiedenen Stationen unterwegs stehen erläuternde Hinweistafeln. Gut 1,3 km hinter dem Limeszug befindet sich in der Flur „Harlach" das Kleinkastell.

Soldaten in Burgsalach Beziehungen zu diesem fernen Reichsteil unterhielten.

Die kleine Befestigung liegt über 1 km abseits des eigentlichen Grenzverlaufes. Ihr Tor orientiert sich deutlich zu der wichtigen Verkehrsverbindung zwischen den Kastellen Weißenburg und Pfünz oder, anders gesagt, zu der Hauptroute zwischen dem nördlichen Limesbogen in Raetien und der Donau. Der schnurgerade Verlauf der Römerstraße ab hier nach Südosten hat sich bis heute als Feldweg oder Erddamm im Gelände noch über viele Kilometer hinweg erhalten. Direkt am Burgus knickt die Trasse nach Westen ab. Es wird daher darüber nachgedacht, ob das Kleinkastell zur Kontrolle des Straßenverlaufes erbaut wurde oder zur Überwachung der Grenzlinie. Mit einer Datierung in die späte Limeszeit, zwischen 210 und 240 n. Chr. stellt Burgsalach jedoch einen der jüngsten Militärplätze am Limes dar und scheint

dessen letzte Ausbau- und Sicherungsphase anzuzeigen. Da wir in dieser Zeit allgemein bereits von einer Reduzierung der Truppen am Limes ausgehen, ist eine Verstärkung durch eine zusätzliche Einheit eher unwahrscheinlich. Vielmehr sieht es so aus, als wären die verbliebenen Soldaten am Limes in derartigen Kleinkastellen zusammengefasst worden.

Etwa 350 m südöstlich des Burgus ist 1978 auf einem Luftbild ein 90 × 105 m messendes Grabengeviert entdeckt worden. Der vom Boden aus nicht sichtbare Grundriss weist auf ein knapp 1 ha großes Numeruskastell in Holz-Erde-Technik hin. In seiner Nordwestecke zeigt sich ein etwa 50 × 48 m großer Einbau, möglicherweise eine spätere Reduktion der Lagerfläche. Aus dem Umfeld beider Lager sowie links und rechts der Römerstraße sind archäologische Funde bekannt, die von einer zugehörigen Kastellsiedlung stammen könnten.

WANDERSTRECKE:
AUF DEM „SCHLOSSBUCK" BEI GUNZENHAUSEN
Am nördlichsten Punkt der „Teufelsmauer"

Vermutlich war es die leicht gangbare Furt in der Altmühl östlich von Gunzenhausen, die die römischen Strategen veranlasste, den Limes noch bis zu diesem Punkt nach Nordosten führen zu lassen, möglicherweise spielte auch der markante Höhenzug des „Schlossbucks" östlich der Stadt eine Rolle. Jedenfalls finden wir auf seinem

Rücken etwa 2 km außerhalb des Stadtkerns den am weitesten nach Norden vorgeschobenen Wachtposten des Raetischen Limes.

„Errichtet aus den hier ausgegrabenen Steinblöcken einer alamannischen Ringmauer und aus Steinen der Römermauer" ist auf dem 1901 eingeweihten Bismarkdenkmal zu lesen. Das Monu-

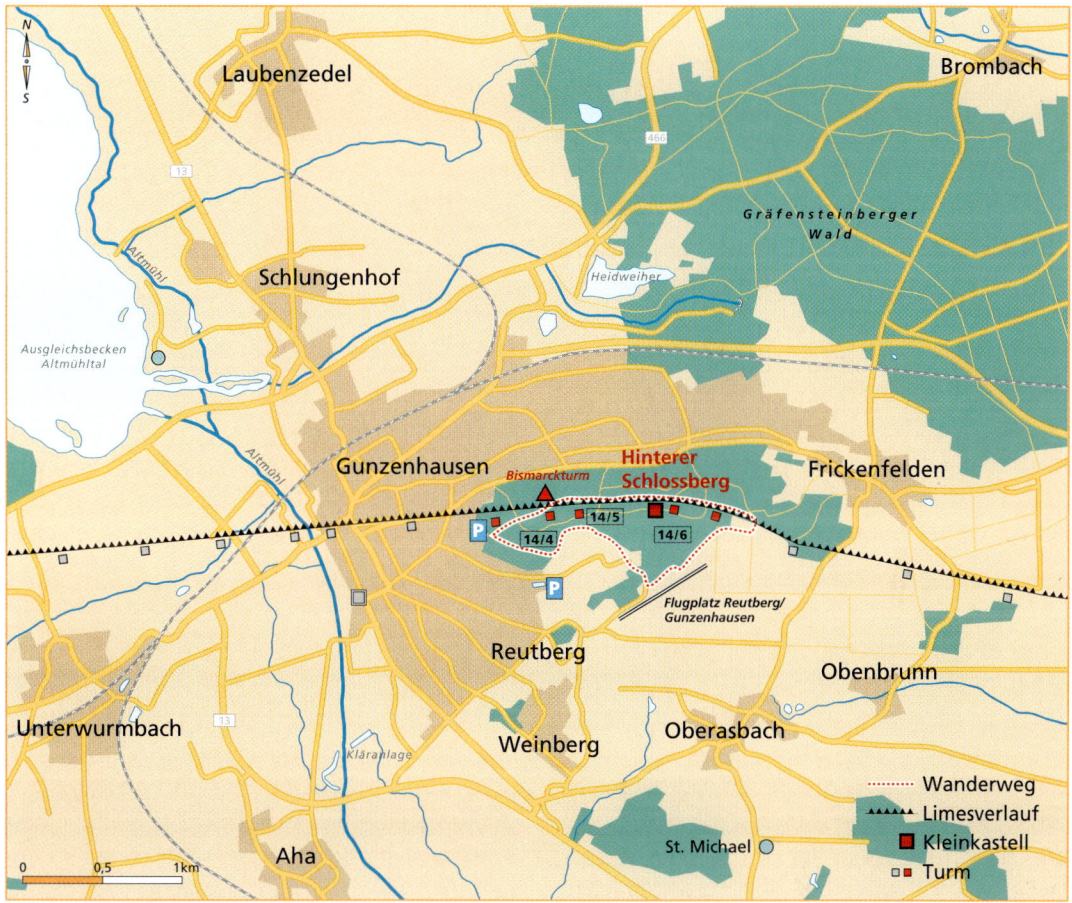

ment zu Ehren des Reichskanzlers in Form eines roh gefügten Obelisken steht tatsächlich innerhalb einer kleinen Ringwallanlage. Allerdings zeigten Ausgrabungen 1980, dass die Befestigung nicht von den frühen Germanen, sondern schon 1000 Jahre vorher von den frühen Kelten errichtet wurde. Bereits als die Römer kamen, dürfte sie ruinös gewesen sein, doch möglicherweise wurde sie dann im Mittelalter als Fliehburg noch einmal reaktiviert. Der dichte Laubwald behindert heute die Fernsicht von dem rund 70 m über der Altmühl gelegenen „Schlossbuck". Römische Holzfällerkommandos werden allerdings dafür gesorgt haben, dass während der Limeszeit ein weiter Ausblick über die Flussniederung möglich war. So liegen unmittelbar

neben dem Bismarkdenkmal die Fundamente des Wachtpostens WP 14/4. Sein mit Seitenlängen von 4,7 × 6,3 m ungewöhnlich großer und zweigeteilter Grundriss könnte mit einer Funktion als Richt- oder Signalstation zusammenhängen. Die 11 km lange Limesgerade im Westen zielt jedenfalls deutlich auf diese Turmstelle. Möglicherweise besteht auch ein Zusammenhang zwischen dem besonderen Turmgrundriss und einem Limesdurchgang, der neben der Turmstelle beobachtet wurde. Dass der Fernverkehr über die Grenze nicht die Route am Fuße des Hanges nahm, wo unter der heutigen Pfarrkirche sogar ein kleines Kastell nachgewiesen ist, lag vermutlich an dem unwegsamen, sumpfigen Gelände entlang der Altmühl.

Übereinander gebaut: Auf dem „Schlossbuck" von Gunzenhausen ziehen die Fundamente des Turmes über die Limesmauer hinweg.

Folgt man dem Wanderweg über den Höhenrücken nach Osten, so erreicht man bereits nach 165 m den nächsten Wachtturm, WP 14/5. An seinen konservierten Grundmauern ist deutlich zu erkennen, wie dieser Turm nachträglich in die bereits bestehende Limesmauer eingefügt wurde. Auch sein Grundriss ist ungewöhnlich groß (5,5 × 7,5 m). Obwohl beide Türme sehr dicht aufeinander folgen, müssen sie eine Höhe von mindestens 5 m besessen haben, andernfalls wäre durch die Hangneigung keine direkte Sichtverbindung untereinander möglich gewesen. Der leider wenig gepflegte Wanderweg folgt weiterhin dem Verlauf der einstigen Limesmauer. Unter seiner Trasse zeichnen sich verschiedentlich die Reste des Schuttwalles der Limesmauer ab. Nach einem kleinen Sattel, an dem der moderne Sportpfad den Limesweg verlässt, erreicht man mit der

Praktische Hinweise

Lage: Die Anfahrt erfolgt zunächst über die alte Bundesstraße B 13 bis an den südlichen Rand der Innenstadt. Ab hier folgt man am besten der Ausschilderung „Waldbad am Limes", nimmt jedoch von der Leonhardsruhstraße beim Alten Friedhof den Abzweig bergauf in die Krackerstraße (Sackgasse). Am Waldrand beginnt der mit einem blauen Querbalken ausgeschilderte, 4 km lange Wanderweg „Burgstallrundweg". Seine Markierung 1 bringt uns bis zu WP 14/6, die Markierung 2 führt abseits des Limes über den kleinen Flugplatz und das Stadtbad zurück an den Ausgangspunkt.
Museum: Das Museum für Vor- und Frühgeschichte in Gunzenhausen zeigt auf drei Etagen Exponate von der Jungsteinzeit bis ins Frühe Mittelalter. Römische Funde stammen vom Limes, aus dem Kastell und verschiedenen Plätzen der Umgebung, wie Theilenhofen, Gnotzheim und Munningen. Geöffnet im Sommer (1. Mai bis 15. Okt.) 10–12 und 13–17 Uhr (montags geschlossen), im Winter (16. Okt. bis 30. Apr.) Di. bis Fr. 13–17 Uhr, So. 10–12 und 13–17 Uhr (montags geschlossen), Brunnenstraße 1, 91710 Gunzenhausen, Tel. 0 98 31/50 83 06, stadt@gunzenhausen.de bzw. www.gunnet.de/museum.

nächsten Hügelkuppe den „Hinteren Schloss-buck". Etwa 20 m vom Limes zurückversetzt, ist hier ein Kleinkastell nachgewiesen, dessen Reste sich noch schwach im unruhigen Bodenrelief abzeichnen. Die heute sehr stark überwachsene Stelle ist schwer zu finden und lediglich durch ein im Quadrat verlaufendes Gräbchen und einen niedrigen Steinriegel erkennbar. Eine Hilfe bei der Suche ist daher der bereits selbst ehrwürdige Gedenkstein mit der Aufschrift *„Castrum Romanum"*, aus einer Zeit in der man den römischen Denkmalen Gunzenhausens mehr Aufmerksamkeit schenkte. Wieder leichter aufzufinden sind der Hügel des Holzturmes und das Steinfundament von Wachtposten WP 14/6, rund 70 m weiter entlang des Wanderweges. Ein unmerklicher Knick in dem verschliffenen Steinriegel der „Teufelsmauer", etwa auf halber Strecke zwischen dem Kleinkastell und dem Turm, zeigt uns den nördlichsten Punkt der Provinz Raetien an. Ab hier

zieht der Grenzverlauf zunächst allmählich, auf der Höhe des Fränkischen Jura östlich von Weißenburg dann deutlicher nach Südosten auf die Donau zu. Der Schuttwall der Grenzmauer bleibt entlang des anschließenden Waldsaumes noch wenige hundert Meter sichtbar, bevor er sich auf der nächsten kleinen Anhöhe verliert.

Leider sind sowohl der Wanderweg als auch die beschriebenen Turmstellen seit den letzten Pflegemaßnahmen vor 25 Jahren wieder „in einem nicht mehr befriedigenden Zustand". Es bleibt zu wünschen, dass die Stadt Gunzenhausen die Mittel für eine Kennzeichnung des Weges und Reparatur der Anlagen findet. Es wäre sicher auch im Sinne des Ehrenbürgers der Stadt, des Obermedizinalrats Dr. Dr. Heinrich Eidam, auf dessen ehrenamtliche Tätigkeit als Streckenkommissar der Reichs-Limeskommission die Erforschung und Präsentation dieses hochinteressanten Limesabschnitts maßgeblich zurückgehen.

Von der Altmühl zur Donau

Die drei größeren Kastellplätze am östlichen Ende der Raetischen Mauer Pfünz, Kösching und Pförring liegen auffällig weit von der Grenze entfernt im Hinterland. In unmittelbarer Nähe zu den Sperranlagen finden wir stattdessen kleinere Wehrbauten, die dem Limes aber zum Teil erst in einer späteren Ausbauphase hinzugefügt wurden. Dieser Unterschied in der Grenzsicherung dürfte darauf zurückzuführen sein, dass das nördliche Vorfeld des Limes siedlungsleer war und anders als in der Gegend um Weißenburg auch keine Fernstraßen die Grenze passierten. Daher war es nicht notwendig, die bestehenden Kastellplätze nach dem endgültigen Ausbau der Grenzsperren an den Limes vorzuverlegen. Stattdessen genügten für den Wachtdienst wohl kleine Einheiten, deren Lager wir im Einzelnen auch noch nicht alle kennen können. Nördlich des Kastells Eining endet die über Land geführte raetische Limesstrecke an der Donau. Ab hier bildet der Fluss eine natürliche Grenze, die mit anderen Mitteln als einem Limes zu kontrollieren war. Ein eigener lateinischer Ausdruck für diese spezielle Grenzform, *Ripa* (Ufer), weist bereits auf derartige Unterschiede hin. Ab dem Legionslager von Regensburg reihen sich nun große und kleine Kastellplätze am Südufer der Donau bis zu deren Mündung ins Schwarze Meer.

PETERSBUCH
Vom Wachtdienst auf einem Limesturm

Die vier bis fünf Mann einer Turmbesatzung wurden jeweils für einen längeren Zeitraum vom nächstgelegenen Kastell abkommandiert. Die Limestürme mussten daher sowohl für den eigentlichen Wachtdienst genügen als auch Schlaf- und Kochmöglichkeiten, Vorrats- und Aufenthaltsräume bieten. Die Hauptaufgabe der in den Wachttürmen untergebrachten Soldaten bestand darin, einen unbefugten Grenzübertritt dem benachbarten Wachtturm zu melden, der das Signal an den nächsten Turm weitergab, bis diese Meldelinie an dem nächsten Kastell endete. Vermutlich rückte dann von hier eine Abteilung aus, um die Eindringlinge im Hinterland zu fassen oder ihren Rückzug über den Limes abzuschneiden. Gleichzeitig alarmierte man die Bewohner der Provinz. Trotz unterschiedlicher Meinungen im Detail, sind sich die Archäologen mehrheitlich einig, dass dieses schematische Bild dem realen damaligen Leben am Limes entspricht.

Blicken wir mit diesem Wissen auf ein konkretes Beispiel. Der Wachtturm Nummer 63 am 14. Streckenabschnitt liegt etwa im Zentrum der nördlichen Provinzgrenze Raetiens, im heutigen Oberbayern nahe der Ortschaft Erkertshofen. Östlich des markanten Limesknicks bei Petersbuch verläuft die „Teufelsmauer" hier auf einer Länge von 10 km annähernd in West-Ost-Richtung. Nur wenig entfernt von der Grenzlinie zieht sich das tief eingeschnittene Tal der Anlauter durch die Hochfläche der Frankenalb, dem der Limeszug durch den Umweg nach Süden offenbar ausweicht. Das nächstgelegene Kastell befindet sich rund drei Stunden Fußmarsch entfernt. Die Turmbesatzung trat daher vermutlich mehrere Tage lang ihren Dienst an. Um Tag und Nacht Ausschau zu halten, waren deshalb vermutlich mindestens vier Mann gleichzeitig in einem Turm stationiert. Ein Grenz-zwischenfall musste entweder 13 km weit nach Westen zum Kastellplatz Burgsalach oder gut 10 km weit nach Osten zum Kastellplatz Böhming gemeldet werden. Sowohl in Böhming als auch in Burgsalach waren jedoch nur Numeruseinheiten stationiert. Die 120 Reiter der *Cohors I Breucorum* aus Pfünz lagen im Hinterland und mussten offenbar über Melder benachrichtigt werden. In jedem Fall waren die Soldaten der Turmbesatzung bei Problemen sicher mehrere Stunden auf sich allein gestellt, bevor Unterstützung eintreffen konnte. Vor diesem Hintergrund wird die massive Bauweise der steinernen Türme am Limes verständlich.

Ein standhaftes Geschichtszeugnis: Der Turm von Erkertshofen.

Praktische Hinweise

Lage: Erkertshofen, ein Ortsteil der Gemeinde Titting, liegt nördlich von Eichstätt zwischen Pollenfeld und Titting. Der Limesverlauf zieht mitten durch den Ort. Zum nachgebauten Wachtturm folgt man der kleinen Straße nach Osten in Richtung Herlingshardt und Emsing. Der Turm erhebt sich unübersehbar hinter dem heutigen Sportplatz. Parkmöglichkeiten bestehen vor Ort.

Der Steinturm östlich von Erkertshofen wurde im Jahr 1992 im Rahmen der Flurbereinigung errichtet. Er befindet sich in etwa an der Position des originalen Wachtpostens WP 14/63. Sein Baumaterial, von Hand zugerichteter Kalkstein, stammt, wie in römischer Zeit auch, aus den nahen Brüchen. Die Dachdeckung mit Holzschindeln stützt sich auf die Beobachtung, dass bei den wenigsten Turmstellen am Limes bislang Ziegel oder anderes dauerhaftes Material angetroffen wurde. Ebenfalls durch Ausgrabungen belegt, ist der Zugang im ersten Stock, für den man in römischer Zeit vermutlich eine einziehbare Holzleiter benutzte. Die fest installierte Treppe in Erkertshofen ist hingegen ein Zugeständnis an moderne Sicherheitsvorschriften. Das eigentliche Erdgeschoss war nur von innen zugänglich. Hier dürften Lebensmittel und andere Vorräte gelagert worden sein. Als Schlaf- bzw. Aufenthaltsraum, aber wohl auch zum Kochen, diente der mit kleinen Fenstern ausgestattete Raum im ersten Stock, während das zweite Obergeschoss für den Wachtdienst vorgesehen war. Hinweise auf Heizanlagen fehlen. Zumindest unserer heutigen Vorstellung von einem Limesturm entspricht auch die stabile hölzerne Galerie im zweiten Obergeschoss. Ob die römischen Türme am Raetischen oder Obergermanischen Limes eine solche Aussichtsplattform tatsächlich benötigt haben, können wir nicht sagen. Archäologische Hinweise für ihre Existenz sind jedenfalls bislang noch sehr spärlich.

Direkt an dem Turm beginnt ein etwa 3,5 km langer Limeslehrpfad, der sich auf insgesamt vier Stationen mit der Geschichte des Limes und seinen Bauwerken beschäftigt. Er verläuft zunächst entlang der Straße, an einem Limesgedenksteine von König Max II. von Bayern aus dem 19. Jh. vorbei. Im anschließenden Wald ist der Schuttwall der „Teufelsmauer" gut erhalten. Hier liegen die Turmstellen WP 14/64 und WP 14/65. An erstgenannter Turmstelle zeigt sich der kleine Turmhügel des Holzvorgängers, und die bis zu 1,2 m hoch erhaltenen Grundmauern des jüngeren Steinturmes sind freigelegt und restauriert. Der folgende Wachtposten WP 14/65 liegt an einem steilen, nach Südosten abfallenden Hang, etwas abgerückt von der Limesmauer. Seine Position ist ausgesprochen ungünstig, um von hier aus das Vorfeld des Limes zu kontrollieren. Unerschrockene Wanderer, die den Weg entlang des Limes noch fortsetzen möchten, haben zunächst die steilen Ab- und Anstiege zweier Seitentäler der Anlauter zu überwinden. Der Verlauf der Limesmauer lässt sich an den Hängen jedoch noch gut verfolgen. Schwer erkennbar liegen dann zwischen WP 14/66 und WP 14/67 eine kleine römische Schanze und eine Feldwache im Wald. Die gut sichtbare Turmstelle WP 14/68 folgt auf der Hochfläche kurz vor Hirnstetten am Straßenrand. Deutlich kenntlich ist hier, wie die ältere Holzturmruine von der steinernen Limesmauer durchschnitten wird. Der Schuttwall, der durch Lesesteine zusätzlich überhöht ist, zieht noch etwa 1 km durch offenes Gelände. Durch den weithin sichtbaren Heckenbewuchs lässt sich erahnen, welchen Eindruck die römische Grenzsperre in der offenen Landschaft auf einen antiken Betrachter gemacht hat. Der Name des nach dem kleinen Waldgebiet folgenden Ortes Pfahldorf weist unmittelbar auf die römische Grenzlinie hin.

PFÜNZ
Zeugnisse eines Überfalls

Das Kastell von Pfünz liegt in einiger Entfernung vom Limes. Von der Altmühl aufwärts sind es ab hier noch über 15 km bis an die Limesmauer bei Kipfenberg und fast ebenso weit nach Norden an den Limeszug bei Titting. Diese vergleichsweise große Distanz zur Grenzlinie ist ein eigentümliches Merkmal der Limeskastelle im östlichen Bereich der raetischen Grenze.

Pfünz kontrollierte in römischer Zeit eine wichtige Brücke über die Altmühl. Der heutige Name des Ortes Pfünz leitet sich vom lateinischen Wort für Brücke, *pons,* ab. Die antike Bezeichnung *Vetoniana*, die sich in der *Tabula Peutingeriana* überlieferte, scheint sich daher schon während der Limeszeit umgangssprachlich nicht durchgesetzt zu haben. Das Kastell lag an der von Kaiser Domitian errichteten wichtigen Heerstraße vom Donauübergang bei Kösching an die äußere Reichsgrenze, dem Limesbogen zwischen Weißenburg und Gunzenhausen. Die Besatzung bildete spätestens ab dem Jahr 90 n. Chr. die *Cohors I Breucorum*, deren Mannschaften ursprünglich im heutigen Ungarn rekrutiert worden waren. Das Lager bildete ein leicht verschobenes Rechteck von 189 × 145 m (2,7 ha) Seitenlänge. Es war nach Norden zum Altmühlübergang ausgerichtet. Aus seinem Inneren sind Teile der *Principia* sowie wenigstens ein steinerner Speicherbau *(Horreum)* dokumentiert. Die Grundrisse beider Gebäude sind, ebenso wie die Kastellumwehrung, leicht verschoben.

In dem tiefer gelegenen Tal der Altmühl, aber auch auf der südlich anschließenden Hochfläche,

Die Station an der Brücke: Das nachgebaute Kastell von Pfünz.

Praktische Hinweise

Lage: Von Eichstätt aus erreicht man nach etwa 6 km die Altmühl abwärts Pfünz, einen Ortsteil von Walting. Das heutige Dorf im Flusstal überragt der östlich anschließende Kirchberg, auf dem in römischer Zeit das Kohortenkastell lag. Die Zufahrt ist ausgeschildert, Parkmöglichkeiten bestehen direkt am Kastell.
Museum: Das Museum für Ur- und Frühgeschichte auf der Willibaldsburg in Eichstätt, Burgstraße 19, im Südflügel des Gemmingenbaus, 1. Obergeschoss, zeigt die Geschichte der Region von der Steinzeit bis zum Frühmittelalter. In der römischen Abteilung sind vor allem Funde aus den Kastellplätzen Pfünz und Böhming, aber auch der großen limeszeitlichen Siedlung von Nassenfels zu sehen. Kontaktadresse: Ingolstädter Str. 32, 85072 Eichstätt, Tel. 0 84 21/8 94 50, Fax 0 84 21/8 09 26. Geöffnet 1. Apr. bis 30. Sept., Di. bis So. 9–18 Uhr und 1. Okt. bis 31. März 10–16 Uhr (am 1. Jan., Faschingsdienstag, 24./25. und 31. Dez. geschlossen).

befand sich eine ausgedehnte zivile Ansiedlung von der Wohnhäuser und Werkstätten, ein Gräberfeld, das Kastellbad und mehrere Tempelbauten bekannt sind. Das ursprüngliche Holz-Erde-Lager wurde in der Mitte des 2. Jh. unter Kaiser Antoninus Pius in Stein ausgebaut. Etwa 30 Jahre später mussten die Militärbauten erneuert werden. Es ist nicht sicher, ob Altersschwäche oder Schäden während der Markomannenkriege der Grund hierfür waren. Der erste große Germaneneinfall in die Provinz Raetien im Jahr 233 n. Chr. richtet jedoch große Zerstörungen im Kastellareal an. Es ist ungewiss, ob das Lager danach bereits wieder vollständig instand gesetzt war, als im Jahr 260 n. Chr. ein offenbar völlig überraschender Überfall das Kastell zerstört. Die Ausgräber der Reichs-Limeskommission stießen in den Mauerresten des Kastells auf Brandschutt und Menschenknochen, darunter das Skelett eines angeketteten Mannes im Inneren der *Principia*. In einer der Wachstuben des südlichen Tores standen noch drei dort abgestellte Schilde der Torwachen, die offenbar keine Zeit mehr hatten, ihre Waffen zu ergreifen. Eindrücklich wie nur selten bewahrten so die archäologischen Zeugnisse in Pfünz einen Ausschnitt aus der unruhigen Geschichte der römischen Grenzprovinzen in der Mitte des 3. Jh.

Nahezu die gesamte steinerne Nordfassade des Kastells ist in den Jahren 1992–1994 neu errichtet worden. Anders als in Weißenburg ging hier dem Wiederaufbau leider keine detaillierte archäologische Untersuchung voraus, die unser Wissen um den hochinteressanten Kastellplatz vermehrt hätte. Aufbauend auf das Originalmauerwerk wurden das Nordtor mit den seitlichen Tortürmen vollständig nachgebaut, ebenso die beiderseits anschließenden Mauerzüge sowie der nordwestliche Eckturm mit seiner eher ungewöhnlichen Zinnenbekrönung. Als Baumaterial diente, wie schon in römischer Zeit, handbehauener Kalkbruch, für die Torbögen verwendete man Tuffstein.

In den begehbaren Türmen der *Porta praetoria* im Norden befinden sich Kopien der wichtigsten Inschriftenfunde aus Pfünz. Im östlichen Torturm ist eine römische Wachtstube nachgestellt, in der Soldaten in vollständiger Ausrüstung zu sehen sind. Auch die Grundmauern der anderen Tore wurden anhand der Ausgrabungsbefunde konserviert. Die antiken Spitzgräben der Kastellumwehrung blieben bis heute im Original erhalten, da ihr Verlauf in den anstehenden Jurafels eingehauen ist.

Vor dem Nordtor beginnt ein 800 m langer Rundweg um das Kastell, der in verschiedenen Stationen das Lager, seine Beziehung zum Limes und den Römerstraßen behandelt.

Die Funde aus dem Kastell und *Vicus* von Pfünz befinden sich großteils im Museum für Ur- und Frühgeschichte auf der Willibaldsburg in Eichstätt.

BÖHMING
Die Kirche im Kastell

In der Altmühlniederung westlich von Böhming war in der Limeszeit eine kleine Militäreinheit stationiert, deren Namen wir nicht kennen. Das befestigte Truppenlager befand sich 800 m vom Limes entfernt, der nördlich der Altmühl über die Jurahöhen verläuft (s. S. 134). Dieses Kastell war nicht in Richtung Grenze ausgerichtet, sondern nach Nordwesten auf einen antiken Flußüber- gang. Die Ausgrabungsbefunde der Jahre 1898 und 1905 durch die Reichs-Limeskommission weisen auf ein ursprünglich um 120 n. Chr. er- richtetes Holz-Erde-Kastell hin. Es fand sein Ende in einem ausgedehnten Brand. Möglicherweise spiegelt sich hierin eine gewaltsame Zerstörung des Platzes in Zusammenhang mit kriegerischen Ereignissen wider. Wir kennen aber auch Fälle, in denen an baufälligen Anlagen absichtlich Feuer gelegt wurde, um weniger Mühe mit dem Abbruch zu haben. Insgesamt wissen wir leider zu wenig über diese erste frühe Anlage. Wesentlich besser sind unsere Kenntnisse hingegen zum Neubau

des Lagers. Denn schon bald, nachdem die For- scher der Reichs-Limeskommission den Spaten angesetzt hatten, stießen sie vor dem südwest- lichen Kastelltor auf einen Inschriftenstein. Er ist heute zusammen mit anderen Funden dieser Aus- grabungen auf der Willibaldsburg in Eichstätt zu sehen. Hierbei handelt es sich um eine Bauin- schrift, die den Neubau der Kastellumwehrung in Stein für das Jahr 181 n. Chr. bezeugt. Zu diesem Zeitpunkt waren die Markomannenkriege soeben siegreich abgeschlossen worden, und in Böh- ming, wie auch in anderen Kastellplätzen der Re- gion, sollten nun offenbar die Grenzanlagen ver- stärkt werden. Jedenfalls fanden in dieser Zeit auch in Ellingen und im benachbarten Pfünz Bau- maßnahmen statt. Das Vorhaben in Böhming wurde zunächst von einem Arbeitstrupp der so- eben in Regensburg stationierten Legion begon- nen und offenbar von der Kohorte aus Pfünz be- endet. Warum die Legionäre vor Vollendung abge- zogen wurden, wissen wir nicht. Leider werden

Auf historischem Grund: Die Pfarrkirche von Böhming.

Praktische Hinweise

Lage: Böhming ist ein Ortsteil von Markt Kipfenberg. Die Gemeinde liegt westlich der Autobahn A 9 Nürnberg–München, Ausfahrt Denkendorf oder Altmühltal. Auch entlang der Deutschen Limes-Straße erreicht man Böhming, von Eichstätt über Pfünz, die Altmühl weiter abwärts. Die Reste des Kastells liegen westlich des Ortes bei dem weithin sichtbaren Kirchenbau. Parkmöglichkeiten befinden sich unmittelbar am Kirchhof.
Kipfenberg selbst beherrscht die gleichnamige Burganlage aus dem 14. Jh., auf einem am östlichen Talrand gelegenen mächtigen Dolomitblock. Ende 1999 eröffnete dort das Römer und Bajuwaren Museum (Burg Kipfenberg, 85110 Kipfenberg), in dem neben der Limeszeit und dem Kastell Böhming auch die Landnahme der ersten Germanen dargestellt wird. Geöffnet Apr., Mai, Sept., Okt. täglich 10–16 Uhr; Juni, Juli, Aug. täglich 10–18 Uhr; Nov. bis März Sa. und So. 10–16 Uhr (an Feiertagen geöffnet; Sonderöffnungszeiten für Gruppen und Führungen n. V.); Tel. 0 84 65/9 05-7 07, Fax 0 84 65/9 05-7 08; bajuwarenmuseum@altmuehlnet.de.

auch Name, Art und Größe der in Böhming selbst stationierten Truppe nicht genannt. Vielleicht war die Einheit der Kohorte aus dem rund 12 km flussaufwärts gelegenen Pfünz unterstellt, möglicherweise war sogar eine Abteilung zu diesem Nachbarkastell abkommandiert.

Im Zuge des Kastellneubaus errichteten die Soldaten der *Cohors I Breucorum* bzw. der *Legio III Italica* jedenfalls ein 95 × 78 m (0,7 ha) großes Steinkastell. Es besaß im Südwesten und im Nordosten zwei gegenüberliegende, von Wehrtürmen gesicherte Toranlagen. Obwohl wir außer wenigen Mauerzügen des Stabsgebäudes im Inneren keine Anhaltspunkte zu dem Lager haben, entspricht sein bekanntes Aussehen dem eines normalen Numeruskastells. Bis heute ist vor Ort insbesondere noch der Verlauf dieser Kastellumwehrung sichtbar. Als flaches Plateau zeigt sich der rechteckige Lagergrundriss auf der Flur „Kirchfeld", alle vier Mauerseiten sind hier in Form von bis zu 1,5 m hohen Geländekanten erkennbar. Die Situation ist insofern besonders eindrucksvoll, weil sich inmitten dieses Rechtecks die Pfarrkirche von Böhming samt umgebendem Friedhof und zugehörigem Messnerhaus erhebt. Der kleine Kirchenbau in isolierter Lage ist bereits von der vorüberführenden Landstraße aus gut zu sehen, doch auch ihr leicht erhöhter Standort über die umliegenden Wiesen wird deutlich. Links und

rechts der Friedhofspforte befinden sich erläuternde Hinweistafeln. Sonst sind vor Ort keine römischen Überreste sichtbar. In einer Entfernung von etwa 100 m sind vor dem südwestlichen Kastelltor auch ein kleiner Fortunatempel und ein Badegebäude bekannt. Rings um die Kirche fanden sich Spuren eines vergleichsweise großen *Vicus* und des dazugehörigen Gräberfeldes. Der ausgedehnte römische Friedhof zieht sich nach Südosten bis in den Randbereich des heutigen Ortes. Die Römerstraße führte vermutlich knapp oberhalb der Hochwasserlinie entlang der Geländekante südwestlich aus dem Kastell und weiter nach Süden.

Unmittelbar südlich des Ortkerns von Kipfenberg und etwa 3 km von dem Numeruskastell in Böhming entfernt, liegt der Michaelsberg über der Einmündung des Birktalbaches in die Altmühl. An der äußersten Spitze des steilen Bergvorsprungs befinden sich die Ruinen der Michaelskapelle. Zur Hochfläche hin trägt er mehrfach gestaffelte, ausgedehnte Abschnittsbefestigungen. Die Wallanlagen datieren vermutlich bereits in die Urnenfelderzeit, mit Sicherheit wurde der Berg jedoch zur Zeit der Ungarneinfälle im 10. Jh. massiv ausgebaut. Damals dürfte ein Großteil der steinernen Überreste aus dem Kastell als Baumaterial hierher transportiert worden sein, wo Unmengen römischer Dachziegel gefunden wurden.

Zivilsiedlungen

Bei jedem größeren Militärlager am Limes lag auch eine zivile Siedlung, der sog. Kastellvicus. Er entwickelte sich aus dem Lager der Marketender, der Handwerker und Händler, die im Tross der Soldaten an den Feldzügen teilnahmen. Schon seit der Mitte des 1. Jh. n. Chr., lange bevor entlang des Limes feste Standlager errichtet worden waren, zählten Kastellvici zu Dauereinrichtungen. Ihre Siedlungsfläche umschloss die Lager auf allen Seiten oder konzentrierte sich entlang der Hauptausfallstraße. Innerhalb eines *Vicus* befand sich in der Regel auch das Militärbad, das Soldaten wie Zivilisten zugänglich war. Gelegentlich haben wir Hinweise auf weitere öffentliche Bauten, wie Herbergen oder Tempel. Am Rand der Siedlung lag ein gemeinsamer Friedhof für Soldaten und Vicusbewohner. Im Unterschied zu den Kastellen waren die *Vici* in der Regel nicht mit einer Umwehrung befestigt. Die häufig festzustellenden genormten Gebäudegrößen sowie die regelmäßigen Baufluchten machen es wahrscheinlich, dass das Militär bei der Planung der Siedlung beteiligt war.

Archäologisch sind die Werkstätten von Töpfern, Schmieden, Metallgießern, Glasmachern, Beinschnitzern, Schustern, Steinmetzen, etc. nachzuweisen. Aber auch Händler, Schankwirte und andere Angehörige des Dienstleistungsgewerbes suchten vom regelmäßigen Sold der Soldaten zu profitieren. Zudem hatte der eine oder andere Soldat an seinem Garnisonsort sicher auch Familienangehörige. Als Faustregel kann man sagen, dass die Bevölkerung einer Kastellsiedlung ebenso groß war, wie die Anzahl der am Ort stationierten Soldaten. Die langrechteckigen, bis zu 30 m messenden Gebäude bestanden aus Holzfachwerk und blickten mit einer ihrer Schmalseiten zur angrenzenden Straße hin. In dem der Straße zugewandten, häufig unterkellerten Hausteil lagen Verkaufsräume und Werkstätten; im hinteren Hausteil waren Wohnungen und Lagerräume untergebracht. Da wir von keinem Kastellplatz Hinweise auf eine Selbstverwaltung der Zivilsiedlung besitzen, ist anzunehmen, dass der Kommandant des Kastells auch die Geschicke des zugehörigen *Vicus* lenkte.

Ausgrabungen im Kastellvicus von Jagsthausen.

PFÖRRING
Mit den Nibelungen auf die Donaufähre

Die Endung seines Ortsnamens auf „-ing" spricht dafür, dass Pförring bereits in der ersten germanischen Siedlungsphase zu Beginn des Frühmittelalters gegründet wurde. Entlang der römischen Straße, die aus Westen bei Pförring an die Donau führt, reihen sich heute Ortsnamen wie Ettling, Theißing, Kösching, Lenting, usw., gleich Perlen an einer Kette auf. Offensichtlich bestand die ehemalige römische Fernverbindungsstraße auch nach dem Fall des Limes weiter und war eine Leitlinie bei der germanischen Aufsiedlung der Gegend. Reste der zusammen mit dem Kastell, um das Jahr 80 n. Chr. entstandenen Römerstraße lassen sich heute noch westlich von Pförring bis Kösching auf insgesamt 12 km Länge gut verfolgen. Insbesondere entlang des 4 km langen Feldweges zwischen Theißing und Ettling zeigt sich der antike Straßenkörper, den zu beiden Seiten Straßengräben begleiten. Dass diesem Verkehrsweg noch lange eine überregionale Bedeutung zukam, zeigt das Nibelungenlied. Es schildert, wie die Burgunderfürsten Giselher und Gunter ihre Schwes-

ter Kriemhild auf ihrer Brautfahrt zu König Etzel über diese alte Römerstraße bis nach Pförring geleiten. Der Ort wird hier „ze Vergen" (bei den Fährleuten) genannt, ab hier verläuft die „Nibelungenstraße" südlich der Donau.

Für die Limeszeit verzeichnet die *Tabula Peutingeriana* den Ort *Celeusum* als zweite Station entlang der von Eining *(Abusina)* kommenden Straße. Der Militärplatz diente hier zur Sicherung des Donauüberganges und wurde auf einem leichten Plateau zwischen der Donauniederung im Süden und dem Kelsbach, dessen Name noch an den römischen Ort erinnert, im Westen angelegt. Das Steinkastell von 3,9 ha Fläche besitzt einen nahezu quadratischen Grundriss (194 × 201 m) und war nach Nordwesten ausgerichtet. Aus Westen kommend, zielt auch der schnurgerade Verlauf der Römerstraße von Kösching *(Germanicum)* genau auf diese Anhöhe. Und noch einen dritten Namen besitzt der Platz, zumindest in der lokalen Überlieferung. Die anhand ihrer bis zu 5 m hohen Böschungskanten deutlich sichtbare Erhebung des Kastells trägt im Volksmund die Bezeichnung „Biburg". Im Jahr 1843 fand hier ein Gastwirt beim Erdabtrag eine Bauinschrift mit Nennung der *Ala I Flavia singularium.* Dieser schnellen Reitertruppe kam die Aufgabe zu, den wichtigen Donauübergang und die anschließenden Straßenabschnitte zu überwachen. Sie stellte wahrscheinlich seit der Gründung bis zum Ende der Limeszeit die Kastellbesatzung in Pförring. So bestimmten der wichtige Flussübergang und die Fernstraße die ganze Frühgeschichte des

Celeusum: Das Kastell von Pförring aus der Luft.

Praktische Hinweise

Lage: Pförring liegt von Ingolstadt aus etwa 20 km die Donau abwärts und ist gut erreichbar über die Bundesstraßen B 16 bzw. die B 299, entlang der auch die Deutsche Limes-Straße verläuft. Die „Biburg" liegt als flacher Tafelberg knapp 1 km nördlich der Ortsmitte. Von Pförring aus folgt man dem Friedhofsweg in Richtung Forchheim. In den Feldern rechts der von Neustadt kommenden B 299 zeigt sich das Lagerareal als rechteckige, baumgesäumte Erhebung. Neben der katholischen Pfarrkirche St. Leonhard am donauseitigen Ortsrand von Pförring sind drei römische Steindenkmäler im Außenbereich des ehemaligen Friedhofes unter einem Schutzdach sichtbar, darunter auch die erwähnte Bauinschrift. Die übrigen Funde befinden sich in der Archäologischen Staatssammlung in München (s. S. 119).

Ortes. Dies änderte sich erst durch den Bau einer festen Brücke 3 km weiter flussabwärts, östlich von Neustadt an der Donau.

Das gesamte Kastell von Pförring ist heute, ebenso wie seine umliegende Zivilsiedlung, noch unbebaut. Ausgrabungen der Reichs-Limeskommission fanden 1893 statt, später waren vor allem durch die Luftbildarchäologie weitere Erkenntnisse möglich. Nach den alten Grabungsberichten besaß die gut 1 m starke Kalksteinmauer im Inneren einen hölzernen Wehrgang. Die Bögen der vier Tordurchfahrten bestanden aus Tuffstein, die Tore selbst aus 16 cm starken, eisenbeschlagenen Holzbohlen. Um das Kastell verliefen zwei Wehrgräben, Zwischentürme wurden nicht festgestellt. Die erwähnten Luftbilder zeigen verschiedene Strukturen der Vicusbebauung; die bürgerliche Ansiedlung des antiken Ortes befin-

det sich in und unter den Feldern rings um die Anhöhe. Hier zeichnen sich entlang einer Ringstraße exakt ausgerichtete Grundmauern der teilweise sehr großen Steingebäude ab. Die Gesamtausdehnung des *Vicus* ist allerdings nicht bekannt. Eine leichte Wölbung in der Oberfläche der nördlich anschließenden Felder verrät dem kundigen Auge die Kastell-Ausfallstraße; eine weitere römische Straße befindet sich in der Flucht des heutigen Feldweges nach Osten (Richtung der Kirche St. Stephan). Die Wehrmauern des Kastells sind mit Sträuchern und Hecken bestanden, vor seiner Westecke ist von Nordwesten aus ein neuzeitlicher Bierkeller in die Wehrmauer eingebaut. Die Fundamente des Osttores und des nördlichen Eckturmes sind konserviert, aber stark verfallen. Eine zentrale Erhöhung im Kastellinneren gibt die Lage der *Principia* wieder.

EINING
Zwischen Limeszeit und Spätantike

Etwa 3,5 km von Limesende in Hienheim entfernt, steht auf dem Hochufer der Donau bei Eining das Kastell mit der längsten Geschichte am Limes. Die Belegung des Militärplatzes beginnt bereits um das Jahr 80 n. Chr. und erstreckt sich über 400 Jahre bis an das Ende der römischen Herrschaft nördlich der Alpen im 5. Jh. n. Chr. Sei-

nen antiken Namen *Abusina* erhielt das befestigte Truppenlager wohl von dem kleinen Flüsschen Abens, das unterhalb von Eining in die Donau mündet. In römischer Zeit befand sich auf dem östlichen Hochufer ein wichtiger Straßenknotenpunkt. Die große Donausüdstraße von Augsburg nach Regensburg traf hier auf den Hauptver-

Praktische Hinweise

Lage: Der Ortsteil Eining liegt 6 km nördlich von Neustadt an der Donau auf dem rechten Flussufer. Direkt an der heutigen Staatsstraße am südlichen Ortsrand befindet sich ein Parkplatz für
die Besichtigung des „Römerkastells Eining". Mithilfe eines Handbuches und in der kleinen Ausstellung im Kassenpavillon kann sich der Besucher über das römische *Abusina* informieren. Im
Gelände selbst sind die Mauerreste der wichtigsten Gebäude konserviert und durch Hinweistafeln erläutert.
Das weitläufige archäologische Parkgelände ist geöffnet zwischen dem 1. Apr. und 31. Okt.,
Di. bis Fr. 13–17 Uhr, Sa., Sonn- und Feiertag 10–17 Uhr (1. Nov. bis 31. März geschlossen).
Römische Führungen und Ausflüge (Eining und die Ausgrabungen im römischen Bademuseum
von Bad Gögging) können über die Kurverwaltung im nahen Bad Gögging gebucht werden,
Tel. 0 94 45/95 75-0.

Im Krieg verschollen, heute rekonstruiert:
Altarstein im Kastell Eining.

kehrsweg aus dem nördlichen Teil Raetiens. Vor
allem aber markiert das Lager das Ende der
Landstrecke des Raetischen Limes.

Bereits um das Jahr 80 n. Chr. entstand in Eining
ein erstes Holz-Erde-Kastell, das unter Antoninus
Pius (138–161 n. Chr.) in Stein ausgebaut wurde.
Die insgesamt 147 × 125 m (1,8 ha) umfassende
Wehranlage entsprach auf den ersten Blick den
standardisierten Bauvorschriften des Militärs – mit
einer Auffälligkeit. Die Anlage der Mauern und
Tore bezeugt, dass das Lager ursprünglich wohl
nach Norden ausgerichtet werden sollte. Bemerkenswert ist nun aber, dass die Innenbebauung
von dieser Orientierung abweicht. Noch während
der Bauzeit oder nach Zerstörungen in den Mar-
komannenkriegen fand offenbar eine Umorientie-
rung des Lagers statt. Wie der vor Ort rekonstruierte Grundriss der *Principia* veranschaulicht, zeigt
das Stabsgebäude nach Osten und liegt daher ungewöhnlich breit in der Mittelachse des Kastells.
Durch diese Drehung der Kastellachse war es leichter möglich, den Verkehr entlang der Donausüdstraße durch das Kastellinnere zu leiten. In der Zeit
des Ausbaus der Wehranlage in Stein fällt auch die
Stationierung der „3. Kohorte der Briten" *(Cohors
III Britannorum equitata)* in Eining.

Kastell und Besatzung überdauerten den Fall
des Limes und die Räumung der nördlich der Donau gelegenen Provinzgebiete nach der Mitte des
3. Jh. *Abusina* blieb daher auch Bestandteil des

spätantiken Limes. Man versuchte nun jedoch, die Wehranlage besser zu schützen. Da die nähere Umgebung keine markante Höhe aufweist, die für einen Kastellneubau mehr Schutz versprochen hätte, wurde der alte Standtort beibehalten. In der Südwestecke des bisherigen Kohortenkastells entstand nun aber ein nur 40 × 40 m großes Binnenkastell, d. h. ein zweiter Wehrbau wurde in das bestehende Lager eingefügt. Mit vorgelagerten Wehrtürmen, Plattformen für Artilleriegeschütze und dem durch einen Zwinger geschützten Tor zeigt er bereits deutliche Elemente spätrömischer Festungsarchitektur. Diese architektonischen Unterschiede zu den limeszeitlichen Kastellen belegen das Bemühen um größtmögliche Sicherheit für die stationierten Soldaten. Da nur noch ein Zehntel der ursprünglichen Lagerfläche zur Verfügung stand, ist anzunehmen, dass auch die Kastellbesatzung deutlich verkleinert wurde. Vielleicht zogen Zivilisten in den Schutz der ursprünglichen Kastellmauern. Verschiedene Funde weisen darauf hin, dass die Garnison seit dem Ende des 4. Jh. aus germanischen Söldnern rekrutiert wurde, die aus dem heutigen Böhmen stammten. Offenbar in Zusammenhang mit einem Einfall der Alamannen oder Juthungen in das römische Grenzgebiet wurde das Kastell um 430 n. Chr. zerstört und nachfolgend aufgegeben.

In der Flur „Unterfeld", 1 km nördlich des Ortskerns von Eining, befinden sich die Reste eines weiteren, 11 ha großen Militärlagers. Hier dürfte während der Markomannenkriege um das Jahr 175 n. Chr. kurzzeitig ein Teil der *Legio III Italica* stationiert gewesen sein, bevor sie ihr Lager in Regensburg bezog. Unterkünfte für etwa die Hälfte der Legion, rund 3000 Soldaten, passten in die verfügbare Lagerfläche. Durch die unmittelbare Nähe zum Fluss ist anzunehmen, dass hier eine Versorgungsbasis für das weiter Donau abwärts gelegene Kriegsgebiet bestand. Ihre Umwehrung bestand nicht aus einer Steinmauer, sondern wie bei anderen kurzfristig bestehenden Lagern, aus einer Grassoden- oder Holz-Erde-Konstruktion. Geringe Reste sind östlich der Staatsstraße als Hohlweg und an der Südostseite auf einer Länge von ca. 250 m durch einen außen anliegenden Feldweg sichtbar. Im Westen reichte das Lager bis an das Donauufer. Die gesamte, von drei Gräben gesicherte Anlage ist aber nur aus der Luft erkennbar.

Reduktionsphasen

Ob Rückingen, Osterburken oder Jagsthausen, Schirenhof, Rainau-Buch oder Theilenhofen, sowohl am Obergermanischen als auch am Raetischen Limes können wir ersehen, wie Kastellbäder in einer letzten Bauphase reduziert wurden. Weniger häufig, doch offenbar ebenfalls weit verbreitet, waren derartige Verkleinerungen auch bei den Kastellen selbst. Das bekannteste Beispiel hierfür ist sicherlich das Binnenkastell von Eining, das um das Jahr 300 n. Chr. angelegt wurde. Dort, wo solche Maßnahmen am Limes durch neuere Untersuchungen zu datieren sind, können wir sie jedoch bereits vor der Mitte des 3. Jh. fassen. So gehören beispielsweise Verkleinerung und Rückbau des Bades in Schwäbisch Gmünd in die Jahre nach 233 n. Chr. Hintergründe dieser Reduktionsphasen waren nicht immer nur der Abzug der am Ort stationierten Soldaten. Offenbar erholten sich große Teile des Limes nach den schweren germanischen Einfällen dieser Zeit auch wirtschaftlich nicht mehr. Der Wiederaufbau war häufig wenig sorgfältig ausgeführt und wohl auch unvollständig. Viele Zivilsiedlungen im Hinterland scheinen sich von den erlittenen Zerstörungen gar nicht mehr erholt zu haben. Damit fehlte auch für Baumaßnahmen an den Kastellen die notwendige Infrastruktur. Baustoffe waren entweder knapp oder teuer, wie die häufige Verwendung von gebrauchtem oder minderwertigem Material bezeugt. Statt der speziell angefertigten Ziegel der Hypokaust-Heizungen fanden so beispielsweise Steinpfeiler Verwendung, die den Belastungen der hohen Temperaturen oftmals nicht gewachsen waren. In den baulichen Verkleinerungen, speziell der Bäder, spiegeln sich aber auch andere Vorgänge wieder. Ein jahrzehntelanger Raubbau an den Wäldern führte vielerorts offenbar zu einer dramatischen Verknappung von Holz, das sowohl für den Hausbau, für das Befeuern der Heizanlagen als auch für den Brand von Ziegeln und Keramik benötigt wurde.

REGENSBURG
Römisches in der Großstadt

Reginum, das spätere *Castra Regina*, „der befestigte Stützpunkt an der Regenmündung", gehört streng genommen nicht mehr zu den Kastellen am Limes. Doch der Standort der einzigen Legion Raetiens war neben seiner Lage an der Donau auch noch der östliche Eckpfeiler der Limesverteidigung. Die einfachen Soldaten der *Legio III Italica*, der 3. italischen Legion, errichteten Kastellbauten, ihre Centurionen befehligten kleine Einheiten am Limes und der Kommandeur der Regensburger Legion *(Legatus augusti)* war gleichzeitig Statthalter der Provinz.

Die antiken Quellen überliefern für die römische Ansiedlung am Donaubogen zwei Bezeichnungen. Beide leiten sich vom Namen des unmittelbar nördlich in die Donau mündenden Flusses Regen ab. Mit *Reginum* bezeichneten die Römer die ausgedehnte Lagervorstadt. *Castra Regina* bezieht sich hingegen auf das Legionslager selbst. Mit Regen und Naab erreichen zwei wichtige Verkehrsrouten aus Mitteldeutschland und Böhmen bei Regensburg die offene und fruchtbare Landschaft Niederbayerns. Spätestens seit den flavischen Kaisern sicherte das römische Militär diesen strategisch wichtigen Punkt an der Donau mit einem Kohortenkastell im heutigen Stadtteil Kumpfmühl. Doch die Markomannenkriege zeigten eindringlich, dass der militärische Schutz an diesem sensiblen Punkt der Provinzgrenze verstärkt werden musste. So wird eine der beiden von Kaiser Marc Aurel (161–180 n. Chr.) in Italien ausgehobenen Legionen mit rund 6000 Soldaten im Jahr 179 n. Chr. dauerhaft in einem neu errichteten Lager stationiert. Wie in der Limeszeit üblich, war das nach Norden, zur Donau hin gewandte Kastell rechteckig angelegt. Noch heute lassen sich in den Straßenzügen der Regensburger Altstadt Ausdehnung und Lage des insgesamt 25 ha umfassenden Lagerareals erkennen. Der mittelalterliche Verlauf von Oberer und Unterer Bachgasse kennzeichnet die knapp 550 m lange Westmauer, im St.-Peters-Weg erhielt sich die etwa 450 m lange Südmauer. Sichtbar sind die Südost- und die Nordostecke des ehemaligen Legionslagers am Ernst-Reuter- bzw. am Georgenplatz. Auch am Dachauplatz wurden knapp 60 m der östlichen Umwehrung freigelegt. Der Grund für den teilweise guten Erhaltungszustand der römischen

Uneinnehmbar: Die Mauer des römischen Regensburg.

Befestigung ist ihre Weiterbenutzung als Stadtmauer bis ins Mittelalter. Lediglich die Lagerfront im Westen wurde im Rahmen einer Stadterweiterung unter Herzog Arnulf im Jahr 920 vollständig abgebrochen. Die 2 m breite Mauer des Regensburger Legionslagers war einschließlich der Zinnen ursprünglich 10 m hoch. Sie bestand aus sorgfältig gearbeiteten, großen Sandsteinquadern, die von Brüchen Donau aufwärts mit Schiffen antransportiert wurden. Insgesamt waren für den Bau 30 000 m³ Steinmaterial notwendig.

Trotz seiner riesigen Ausdehnung besaß das Legionslager, wie die wesentlich kleineren Kohortenkastelle auch, lediglich vier Tore. Ihr Erscheinungsbild war jedoch ungleich imponierender.

Große Teile der *Porta praetoria*, des zur Donau weisenden Tores, haben sich im Original an der schmalen Straße „Unter den Schwibbögen" erhalten. Bevor er im vergangenen Jahrhundert freigelegt wurde, bildete der noch 11 m hoch aufragende römische Baukörper einen Teil der ehemaligen bischöflichen Brauerei. Weitere 3 m der Ruine verbergen sich, aufgrund des im Lauf der Jahrhunderte angefüllten Bodenniveaus, unter dem heutigen Straßenpflaster. Der mörtellos gesetzte Torbau besaß zwei Durchfahrten, an beiden Seiten geschützt von halbrund vorspringenden Türmen. Diese dürften ursprünglich 20 m hoch gewesen sein. Ihr Unterbau war fensterlos, erst in den oberen Etagen öffnete sich die Fassade durch neben-

Praktische Hinweise

Lage: Auf der Deutschen Limes-Straße nähert man sich entlang der B 16, aus dem 20 km entfernten Kehlheim. Die direkte Anfahrt führt über die Autobahnen von Nürnberg, Hof, München oder Passau.
Eine Stadtführung durch das römische Regensburg sowie ein Besuch der Römerabteilung im Städtischen Museum vermittelt die Tourist-Information Regensburg, Altes Rathaus, 93047 Regensburg, Tel. 09 41/5 07-44 10, Fax 09 41/5 07-44 19, tourismus@info.regensburg. baynet.de bzw. www.regensburg.de.

einander liegende Rundbogenfenster. Der Bautyp entspricht weitgehend dem Stadttor in Trier, der *Porta nigra*, und stammt in dieser Form vermutlich aus dem 4. Jh. Auch in nachrömischer Zeit wurde das Tor weiter benützt. Im Jahre 932 wird es *Porta aquarum*, „Wassertor", genannt.

Auch im Inneren des Lagers stießen Archäologen wiederholt auf römische Siedlungsspuren. Erwartungsgemäß zeigen sich auf einem Großteil der ehemaligen Lagerfläche Mannschaftsbaracken für die Soldaten der Legion. Dennoch darf man sich das Lagerinnere nicht schmucklos vorstellen. Auf beiden Seiten begleiteten Säulenhallen die Hauptstraßenachsen, *Via principalis* und *Via praetoria*. Im Untergrund der Niedermünster-Kirche sind Ausgrabungsbefunde zugänglich. Neben Zeugnissen des römischen Legionslagers aus der Mitte des 4. Jh. verdienen insbesondere die erhaltenen Grundmauern einer kleinen Saalkirche aus der zweiten Hälfte des 7. Jh. Beachtung.

Wie die anderen römischen Siedlungsplätze entlang des Limes ereilt auch Regensburg noch im 3. Jh. sein Schicksal. Wenigstens zwei Germaneneinfälle verwüsten das Umland und legen das Legionslager in Schutt und Asche. Auch die schutzlos vor den Toren gelegene bürgerliche Ansiedlung, die *Canabae legionis*, wird diesen Ereignissen zum Opfer gefallen sein. Im Rahmen der Militärreformen der Kaiser Diokletian (284–305 n. Chr.) und Konstantin (305–337 n. Chr.) wurde die Truppenstärke der Legion in Regensburg auf etwa 1000 Mann verringert. Die Mehrzahl der Soldaten verteilte man auf die spätrömische

Grenzlinie entlang der Donau. Vergleichbar mit dem Vorgehen im Kastell von Eining nutzte die Restbesatzung nicht mehr die gesamte Innenfläche des Lagers, und Zivilisten durften sich im Schutz der Wehrmauern ansiedeln. Wie in der Spätantike üblich, entwickelte sich Regensburg nun zu einer befestigten Garnisonsstadt. Das Militär zog sich vermutlich in den Nordostteil des ehemaligen Legionslagers zurück, wo ein separates Binnenkastell vermutet wird.

In der spätantiken Grenzwehr dienten mehr und mehr nichtrömische Söldner. Im ausgehenden 5. Jh. sind hier in Regensburg archäologisch zugewanderte Germanen bezeugt. Offenbar übernehmen diese *Baiovarii*, Männer aus Böhmen, nach dem Ende der Römerzeit nahtlos die Herrschaft in der Stadt. Mit der Residenz der baierischen Herzöge und dem Bischofssitz beginnt die zweite große Epoche von Regensburg.

In Regensburg-Großprüfening, im Westen der Stadt, befindet sich am Kornweg ein kleiner Ausstellungspavillon. Er zeigt einen Ausschnitt aus der römischen Vergangenheit des Stadtteiles gegenüber der Naabmündung. Gleichzeitig mit dem Legionslager bestanden hier ein kleines Kastell und eine zugehörige zivile Siedlung. Die Wehranlage wurde in ihrer letzten Bauphase offenbar durch eine 8–9 m hohe Mauer geschützt! Durch große Glasfenster fällt der Blick des Besuchers auf die archäologischen Überreste einer „römischen Brauerei" aus dem 2. Jh. n. Chr., bei denen es sich allerdings eher um Einrichtungen zur Verarbeitung von Flachs handeln dürfte.

DAS MUSEUM DER STADT REGENSBURG
Römisches im Kloster

Innerhalb der Stadtgeschichte von der Steinzeit bis zum 19. Jh. widmet die Dauerausstellung des Museums der Stadt Regensburg im ehemaligen Minoritenkloster den archäologischen Funden der Vorgeschichte, der Römerzeit bis um das Jahr 400 n. Chr. und der Frühgeschichte bis zum 10. Jh.

breiten Raum. Die römische Abteilung im Erdgeschoss gliedert sich in die Themenbereiche: Geschichte *Reginums*, Militär, Alltag in den Provinzen, antike Technik, Totenbrauchtum und Kult.

Hervorzuheben sind beispielsweise das anschauliche Modell vom Bau der Nordfront des Le-

Portraits für das Jenseits: Ehepaar der Limeszeit auf einem Grabstein.

Praktische Hinweise

Museum: Museum der Stadt Regensburg, Dachauplatz 2–4, 93047 Regensburg,
Tel. 09 41/5 07-24 48 (Kasse), www.museen-regensburg.de/stadtmuseum.html; geöffnet
Di., Mi., Fr., Sa., Sonn- und Feiertage 10–16 Uhr, Do. 10–20 Uhr, Faschingsdienstag
10–12 Uhr (am 1. Jan., 1. Mai, 1. Nov., 24./25. und 31. Dez. sowie am Karfreitag geschlossen);
Führungen auf Anfrage.

gionslagers oder die Kultbilder aus einem Merkurheiligtum auf dem Ziegetsberg. Das gewaltsame Ende der limeszeitlichen Anlagen veranschaulicht der nachgestellte Befund einer Ausgrabung, in dem zwei Bau- und Zerstörungsphasen der prachtvollen Straßenfronten des Legionslagers zu sehen sind. Kleinfunde und Bildwerke geben uns einen zum Teil sehr persönlichen Eindruck in den Lebensalltag der ersten Regensburger. So ist die Grabplatte der *Sarmannana* aus dem 5. oder 6. Jh. eines der ältesten Zeugnisse des Christentums in Bayern. Besonders eindrucksvoll ist jedoch die gewaltige Inschrift, die uns vom Bau des Legionslagers berichtet. Sie ist gewissermaßen die steinerne Gründungsurkunde der Stadt Regensburg. Die massiven Quader wurden bereits 1873 am heutigen Dachauplatz bei Aushubarbeiten für den Neubau einer Brauerei entdeckt. Im Bereich eines mittelalterlichen Stadttores vermutete man zu Recht auch die *Porta principalis dextra*, das heute nicht mehr sichtbare Osttor des Legionslagers. Neben den Fundamenten seiner nördlichen Tordurchfahrt stieß man am Donnerstag, den 8. Mai 1873 „beim Abräumen der Steine, die zum Neubau verwendet werden sollten ... nahe dem östlichen Ende des Torausganges" auf den ersten, 2 m langen Teil der Inschrift. Nach dem Fund eines zweiten Fragmentes, wenige Wochen später, ließ sich die insgesamt knapp 7 m lange Bauinschrift wieder vollständig herstellen. Der Text nennt den römischen Kaiser Marc Aurel und seinen Sohn Commodus mit ihren zahlreichen Ehrennamen und Siegestiteln und gibt uns so ei

ne Vorstellung von dem Personenkult, der insbesondere um die angebliche Abstammung der Kaiser gemacht wurde: „Der Imperator Caesar, des göttlichen Antoninus Pius Sohn, des göttlichen Verus, des größten Parthersiegers, Bruder, des göttlichen Hadrianus Enkel, des göttlichen Traianus, des Parthersiegers, Urenkel, des göttlichen Nerva Ururenkel Marcus Aurelius Antoninus Augustus, Germanensieger, Samatensieger, Oberster Priester, mit Tribunengewalt zum 36. Mal, Feldherr zum neunten Mal, Konsul zum dritten Mal, Vater des Vaterlandes, und der Imperator Caesar Marcus Aurelius Commodus Antoninus Augustus, der Samatensieger, der allergrößte Germanensieger, des Imperators Antoninus Sohn, des göttlichen Pius Enkel, des göttlichen Hadrianus Urenkel, des göttlichen Traianus, des Parthersiegers, Ururenkel, des göttlichen Nerva Urururenkel, mit Tribunengewalt zum vierten Mal, Feldherr zum zweiten Mal, Konsul zum zweiten Mal, haben die Umwehrung mit Toren und Türmen für die 3. italische Legion, die Einträchtige, machen lassen, unter der Leitung von Marcus Helvius Clemens Dextrianus, des kaiserlichen Legaten mit propraetorischer Gewalt der genannten Legion."

Durch die Nennung der einzelnen Ämter und Ehrentitel ergibt sich eine Datierung auf den Jahresbeginn 179 n. Chr. Demnach waren zu diesem Zeitpunkt die steinernen Wehranlagen des Lagers vollendet, das Kastell damit bezugsfertig. Seit dieser Zeit bis heute dürfte das Areal im Bereich der heutigen Altstadt durchgehend bewohnt gewesen sein.

WANDERSTRECKE:
DER LIMES WESTLICH VON KIPFENBERG
Vom „Pfahlbuck" zum „Maxstein"

Auf dem Weg, den auch in römischer Zeit die Wachen auf ihrem Arbeitsweg zurückgelegt haben dürften, erklimmen wir vom Numeruskastell Böhming aus die Hochfläche der Alb. Für den steilen Aufstieg entschädigt der Blick von halber Höhe aus ins Altmühltal. Doch zunächst wenden wir uns vom Kastell aus nach Norden, überqueren die Altmühl und laufen auf dem asphaltierten Weg nach rechts in Richtung Kipfenberg. Etwa 300 m nach dem letzten Haus geht es links an einem

Bildstock aus Beton mit des Jahresangabe 1988 hangaufwärts. Nach 200 m über einen buschgesäumten Wiesenweg erreicht man den Waldrand. Hier biegt die Route scharf nach links und folgt dem steilen, durch den dichten Buchenwald führenden Hohlweg „Römersteig". Der Wegverlauf ist in diesem Bereich durch spärliche gelbe Punktmarkierungen gekennzeichnet. Auf der Hochfläche, etwa 100 m über dem Talgrund, kreuzt ein moderner Schotterweg, dem wir nach links fol-

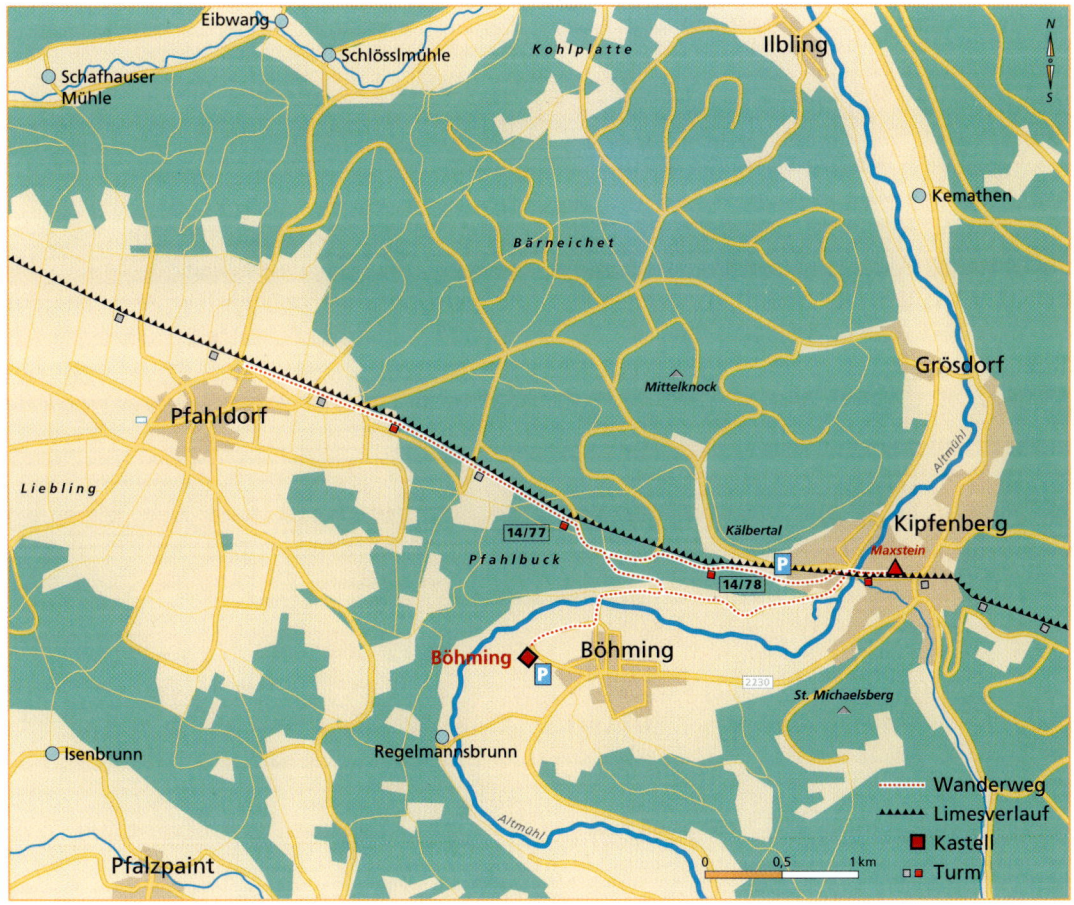

Aussicht vom Limesturm: Mauerfundament und Spur der Palisade auf dem „Pfahlbuck".

gen. In gut 300 m Entfernung schneidet der schnurgerade Limesverlauf den modernen Wirtschaftsweg an einer kleinen hölzernen Schutzhütte. Die deutlich erkennbare Flucht der Limesmauer lässt sich auch in dem dichten Hochwald mühelos verfolgen. Die Strecke zwischen Pfahldorf im Westen und dem Altmühltal gehört zu den besterhaltenen Abschnitten entlang der 167 km langen Raetischen Mauer. Der Schuttwall aus den verstürzten Mauersteinen blieb hier teilweise als über 1 m hoher Damm erhalten.

Auf einen Abstecher in Richtung Westen dem Limes entlang, zeigt sich nach knapp 100 m das gut sichtbare Fundament des Steinturmes von WP 14/77. Hier knickt der Limesverlauf leicht nach Norden ab. Wer seiner im Hochwald vorzüglich erhaltenen Trasse weiter folgen will, erreicht in etwa 2 km Entfernung Pfahldorf.

Zurück an der Schutzhütte wendet man sich jenseits des Schotterweges nach Osten entlang der Limestrasse und folgt dem schnurgeraden Schuttwall. Die Strecke ist ab hier bis Kipfenberg gut gekennzeichnet. Der Weg verläuft teilweise parallel zum Limes, teilweise auch direkt auf der Wallkrone. Nach knapp 1 km erreicht der Weg den schmalen Bergsporn zwischen dem Altmühltal und dem Kälbertal. Dicht an der immer noch vorzüglich erhaltenen Limesmauer befindet sich der Nachbau eines in Blockbauweise errichteten Wachtturmes mit schießschartenähnlichen Fensteröffnungen. Davor liegt das 1993 konservierte und leicht aufgemauerte Steinfundament von WP 14/78. Die Ausgräber schildern das Fundament als „aussergewöhnlich stark und unregelmäßig gebaut". Der Turm diente möglicherweise als Relaisstation für das in Luftlinie 1,3 km ent-

Praktische Hinweise

Der etwa 6 km lange Rundweg führt aus dem Tal der Altmühl beim Kastell Böhming zum Limes auf den Höhenrücken westlich von Kipfenberg und nach einem Abstecher in die Ortsmitte auf dem nördlichen Flussufer zurück. Ausgangspunkt ist der Parkplatz vor der Kirche. Alternativ gibt es auch einen Wanderparkplatz am westlichen Ortsrand von Kipfenberg, am Fuß des „Pfahlbuck".

fernte Kastell Böhming. Ferner fällt in einer Entfernung von 11 m vor der Mauerflucht eine schmale Rinne auf. Unter ihr verbirgt sich der 1 m tief in den anstehenden Felsuntergrund gehauene Palisadengraben. Auf einem kurzen Stück stehen hierin wieder die modern rekonstruierten Holzpfähle der Limespalisade. Hinweistafeln erläutern die archäologische Situation vor Ort.

Der sichtbare Limeszug endet 60 m weiter östlich mit dem steilen Abbruch der Hochfläche zum Altmühltal. Bis zum Flusslauf konnten keine Reste der Grenzsperren mehr festgestellt werden. Der ausgeschilderte Limes-Wanderweg führt von hier nach Kipfenberg. Mit dem Überqueren der Altmühl beginnt der 15. Streckenabschnitt des Obergermanisch-Raetischen Limes. Im Ortsbereich sind keine Zeugnisse der römischen Grenze sichtbar. Nach den Untersuchungen der Reichs-Limeskommission waren Sperranlagen hier im überschwemmungsgefährdeten Talgrund als hölzerner Flechtwerkzaun ausgeführt. Vor dem Gasthaus „Zum Limes" steht heute einer der Gedenksteine, die König Max II. im Jahr 1861 entlang des Limes in Bayern errichten ließ. Diese sog. „Hadrianssäulen" oder „Maxsteine" gehören zu den ältesten Kennzeichnungen des Limes. Sie finden sich an markanten Stellen, meist dort, wo größere Straßen den Verlauf der Grenze schneiden. Ihre Inschriften nennen als Erbauer des „Pfahlrains, limes Danubianus oder Vallum … später Teufelsmauer" die beiden römischen Kaiser Hadrian und Probus. Hadrian war, wie wir wissen, in der Tat für die Anlage der Holzpalisade verantwortlich. Allerdings regierte Marcus Aurelius Probus (nicht zu verwechseln mit dem gleichnamigen Philosophen auf dem Kaiserthron, der 161–180 n. Chr. herrschte) erst in den Jahren 276–282 n. Chr., als der Raetische Limes schon nicht mehr bestand.

Zum Weiterlesen

Dietwulf Baatz, Der römische Limes. Archäologische Ausflüge zwischen Rhein und Donau, Berlin 2000 (4. Aufl.).
Sicherlich der Wanderführer im Taschenbuchformat mit den meisten Details, eingebettet in die Kurzbeschreibung aller sichtbaren Denkmale. Aus der Feder des langjährigen Direktors der Saalburg.

Willi Beck, Dieter Planck, Der Limes in Südwestdeutschland[2], Stuttgart 1987.
Trotz des fortgeschrittenen Alters immer noch lesenswerte Darstellung des Limes in Baden-Württemberg, wertvoll insbesondere auch dank der vierfarbigen Wanderkarte. Leider vergriffen.

Thomas Becker, Stephan Bender, Martin Kemkes, Andreas Thiel, Der Limes zwischen Rhein und Donau. Ein Bodendenkmal auf dem Weg zum UNESCO-Weltkulturerbe. Archäologische Informationen aus Baden-Württemberg, Heft 44, Stuttgart 2001.
Kein archäologischer Führer, sondern eine knappe Beschreibung der Inhalte und Ziele des laufenden Antrages zur Aufnahme des Limes in das Weltkulturerbe.

Hermann Dannheimer (Hrsg.), Der römische Limes in Bayern. 100 Jahre Limesforschung. Ausstellungskataloge der Prähistorischen Staatssammlung, Band 22, München 1992.
Eine Kurzbeschreibung nicht aller bayerischen Kastellplätze, sondern aller raetischen (!) Kastelle in Bayern, plus eines ausführlich kommentierten Kataloges wichtiger Funde aus dem Freistaat.

Ernst Fabricius, Felix Hettner, Oskar von Sarvey, Der obergermanisch-raetische Limes des Römerreiches. 14 Bände – Abt. A: Streckenbeschreibungen; Abt. B: Beschreibungen der Kastelle, Berlin/Leipzig 1894–1937.
Das „Limeswerk" ist schon lange nicht mehr lieferbar und sicher auch eher etwas für Profis. Doch wer in einer öffentlichen Bibliothek die Gelegenheit hat, einen Blick hineinzuwerfen, wird es nicht bereuen.

Thomas Fischer, Günther Ulbert, Der Limes in Bayern, Stuttgart 1983.
Vgl. die Ausführungen zu Beck/Planck, Südwestdeutschland.

Anne Johnson, Römische Kastelle des 1. und 2. Jahrhunderts n. Chr. in Britannien und in den germanischen Provinzen des Römerreiches. Kulturgeschichte Antike Welt, Band 37, Mainz 1987.
Sachkundige Informationen zu Entwicklung, Bau und Funktion limeszeitlicher Kastelle, dank der Unterstützung von Dietwulf Baatz auch mit zahlreichen Beispielen aus Deutschland.

Cliff A. Jost, Der Römische Limes in Rheinland-Pfalz. Gesellschaft für Archäologie an Mittelrhein und Mosel und Archäologische Denkmalpflege Amt Koblenz 2003 (Archäologie an Mittelrhein und Mosel, Band 14).
Ausführliche, reich und originell bebilderte Darstellung des 70 km langen Limesabschnitts in Rheinland-Pfalz.

Walter Keller, Deutsche Limesstraße vom Main zur Donau, Treuchtlingen 1998.
Walter Keller, Die Römer am Limes, Treuchtlingen 1998.
Walter Keller, Deutsche Limesstraße vom Rhein zum Main, Treuchtlingen 1999.
Kleine, sehr handliche Taschenbücher für die Reise entlang der 1996 eröffneten Touristik-Route.

Martin Kemkes, Jörg Scheuerbrandt, Nina Willburger, Am Rande des Imperiums. Der Limes – Grenze Roms zu den Barbaren. Württembergisches Landesmuseum, Archäologische Sammlung, Führer und Bestandskataloge VII, Stuttgart 2002.
Der aktuelle Führer des Limesmuseums Aalen – fast besser als ein Besuch vor Ort.

Margot Klee, Der Limes zwischen Rhein und Main, Stuttgart 1989.
Vgl. die Ausführungen zu Beck/Planck, Südwestdeutschland.

Britta Rabold, Egon Schallmayer, Andreas Thiel, Der Limes. Die Deutsche Limes-Straße vom Rhein bis zur Donau. Stuttgart 2000.
Bildband zu den römischen Zeugnissen entlang der 700 km langen Touristik-Route.

Der römische Limes in Deutschland: 100 Jahre Reichs-Limeskommission. Archäologie in Deutschland. Sonderheft 1, Stuttgart 1992.
Eine Standortbestimmung der Archäologie zu den römischen Reichsgrenzen in Deutschland, mit Schwerpunkt auf den Erkenntnissen der historischen Forschung.

Egon Schallmayer (Hrsg.), Hundert Jahre Saalburg. Vom römischen Grenzposten zum europäischen Museum, Mainz 1997.
Bildband speziell zur baulichen Entwicklung des Archäologischen Parks auf der Saalburg, mit Fachaufsätzen zu verschiedenen Themen rings um die dortigen römischen Zeugnisse.

Außerdem ist im Konrad Theiss Verlag eine CD-ROM zum römischen Limes erschienen, eine DVD zu diesem Thema folgt.

Register

Bildnachweis

akg-images, Berlin: 53

Archäologische Staatssammlung München: 60 (Foto: B. Steidl); 127 (Foto: J. Wackenhut); 128

Bayerisches Landesamt für Denkmalpflege, München, Abt. Arch. Denkmalpflege Luftbildarch.: 65 (Foto: K. Leidorf); 129 (Foto: O. Braasch); 142 (Foto: K. Leidorf)

Bender, Th., Overath: 94, 98

aus: Cichorius, C. (Hrsg.), Die Reliefs der Trajansäule, 1896–1900; Szenen LVI und LXII/LXIII: 12, 64

Hajdu, R., Stuttgart: 82

Landesamt für Denkmalpflege Hessen, Wiesbaden, Abt. Arch. und Paläontologische Denkmalpflege: 28 (Foto: W. Schmidt); 41 (Foto: U. Seitz-Gray); 45 (Foto: O. Braasch); 52 (Foto: S. Bender)

Landesamt für Denkmalpflege Rheinland-Pfalz, Mainz, Abt. Arch. Denkmalpflege: 118

Landesamt für Denkmalpflege Rheinland-Pfalz, Koblenz, Abt. Arch. Denkmalpflege: 21 (Foto: A. Schmickler); 23 (Foto: R. Gensheimer); 26 (Foto: C. A. Jost)

Regierungspräsidium Stuttgart – Landesamt für Denkmalpflege: 13, 15 (Zeichner; Ege, M., Stuttgart); 97, 103, 112 (Foto: O. Braasch); 141

Römisch-Germanische Kommission des DAI, Frankfurt, Limesarchiv: 9

Wackenhut, J., Bad Herrenalb: 147

Weygang-Museum, Öhringen: 86

Württembergisches Landesmuseum Stuttgart; P. Frankenstein, H. Zwietasch: 90

Alle übrigen Abbildungen stammen vom Autor, Herrn Andreas Thiel, selbst.

Danksagung

Sicher wird es nicht gelingen, alle klugen Köpfe und helfenden Hände aufzulisten, die zum Gelingen beitrugen. Wer sich nachfolgend nicht wiederfindet, möchte mir dies bitte nachsehen. An dieser Stelle darf ich mich sehr herzlich bei Thomas Becker, Overath, Stephan Bender, Wiesbaden, Dr. Cliff Jost, Koblenz, Dr. Bernd Steidl, München, und Alexander Zimmermann, Pliezhausen, für ihren fachkundigen Rat und ihre freundschaftliche Unterstützung bedanken.